De l'ontologie

AUX MÊMES ÉDITIONS

DANS LA MÊME SÉRIE

L'Être et l'Essence
Le vocabulaire médiéval de l'ontologie
Deux traités *De ente et essentia*
de Thomas d'Aquin et Dietrich de Freiberg
traduction et commentaires par Alain de Libera
et Cyrille Michon

De la liberté du chrétien et Préfaces à la Bible
par Martin Luther
La naissance de l'allemand philosophique
traduction et commentaires par Philippe Büttgen

Esquisses pyrrhoniennes
Sextus Empiricus
traduction et commentaires par Pierre Pellegrin

Jeremy Bentham

De l'ontologie

et autres textes sur les fictions

Texte anglais établi par
Philip Schofield

Traduction et commentaires par
Jean-Pierre Cléro et Christian Laval

Éditions du Seuil

CET OUVRAGE EST PUBLIÉ SOUS LA DIRECTION
D'ALAIN BADIOU ET DE BARBARA CASSIN

Titre original : *Of Ontology*

ISBN 2-02-032332-X

« *Ici, plus que dans n'importe quel domaine, chaque langue contient [...] un système de concepts qui, précisément parce qu'ils se touchent, s'unissent et se complètent dans la même langue, forment* un *tout dont les différentes parties ne correspondent à aucune de celles du système des autres langues* » (Friedrich Schleiermacher, *Des différentes méthodes du traduire*, traduit par Antoine Berman). Bref, il y a *des* ordres philosophiques parce qu'on philosophe en langue.

Cette série voudrait mettre à la disposition de tout lecteur français des textes essentiels pour la philosophie, faisant date, structurant un champ ou une problématique ; des textes par là même « intraduisibles », toujours à retraduire. Et comme il s'agit souvent de l'instauration d'un vocabulaire, on pourra ouvrir le volume à des textes qui se répondent.

D'où le choix du bilingue, pour que l'œil revienne à l'original comme à un point d'arrivée. D'où la nécessité du glossaire qui pose les problèmes du point de vue de la langue et présente dans la langue maternelle une langue étrangère qu'on pourra ainsi entendre sans la connaître.

A. B et B. C.

Liste des sigles

B	*Works of Jeremy Bentham* (1838-1843), (éd. Bowring)
FG	*Fragment sur le gouvernement* (éd. 1996)
MSP	*Manuel de sophismes politiques* (éd. 1996)
IPML	*An Introduction to the Principles of Morals and Legislation* (éd. 1967)
C	*Chrestomathia* (éd. 1983)
D	*Deontology* (éd. 1983)
TSA	*A Table of the Springs of Action* (éd. 1983)
TF	*Bentham's Theory of Fictions* (éd. d'Ogden)
FRP	*La Formation du radicalisme philosophique* (Élie Halévy)
UC	University College London (Bentham Manuscripts) Le premier nombre, en chiffres romains, indique la boîte où sont conservés les manuscrits ; le second nombre, en chiffres arabes, indique le numéro du feuillet (ex. : UC, CII, 4).

Introduction
La théorie des fictions et l'utilitarisme

« Beaucoup de choses paraissent exister alors qu'elles n'existent pas. »
CICÉRON.

On croit savoir généralement que Jeremy Bentham (1748-1832) est le père de l'utilitarisme, ne serait-ce que parce qu'on lui a attribué le mot ; que la formule de sa doctrine se résume à faire « le plus grand bonheur du plus grand nombre », même si l'on ignore qu'il l'a reprise, non de Priestley, contrairement à ce qu'il affirme lui-même [1], mais de Hutcheson [2] ou de la traduction anglaise du traité de Beccaria [3]. On voit bien que l'utilitarisme est une théorie de l'action, qui ne se contente pas de conserver l'état social mais qui entend le réformer radicale-

1. *Article on utilitarianism, short version*, *Deontology*, éd. A. Goldworth, Oxford, Clarendon Press, 1983, p. 324, *Long version*, *id.*, p. 291. Il ne lui reconnaît toutefois qu'un mérite très verbal. Nous adopterons désormais, pour citer la *Deontology*, le sigle D, suivi du numéro de la page.

2. *Inquiry into the original of our duties and virtue*, 1725, 2e traité, sect. III, in *Collected Works of Francis Hutcheson*, éd. préparée par B. Fabian, Olms, Hildesheim, 1971, vol. II, p. 155. La formule de Priestley est très postérieure puisqu'elle a été écrite en 1768, dans l'essai *Sur les premiers principes du gouvernement et sur la nature de la liberté politique, civile et religieuse*. Voir É. Halévy, *La Formation du radicalisme philosophique*, Paris, PUF, 1995, I, p. 32. Nous adopterons désormais, pour désigner cette œuvre, le sigle FRP, suivi du numéro du volume en chiffres romains et du numéro de page.

3. Le *Traité des délits et des peines* paraît dans sa première traduction anglaise en 1767, soit trois ans après son édition en Italie et un an après celle de la traduction française de Morellet.

ment, tant sur le plan juridique que politique. On n'ignore pas, si l'on a suivi l'évolution du très ancien concept d'« utilité », en particulier à l'âge classique et dans les temps modernes, que l'utile a tendu à supplanter toutes les autres valeurs de justice, de morale, de vérité, en les contraignant à accepter son accompagnement étroit, voire en les transformant en simples déterminations de lui-même [1] ; le mouvement était prévisible et même déjà visible au XVIIe siècle, dans l'œuvre de Pascal où les mathématiques font état du « besoin » de certaines vérités et où les valeurs de la volonté prennent le relais des valeurs de l'entendement qu'on attendrait seules sur le terrain des sciences. Il s'approfondira au siècle suivant, lorsque Berkeley dénoncera la collusion des intérêts et de la vérité qui a produit le calcul infinitésimal, fécond mais faux en toute rigueur [2]. « L'utilité circonscrit tout », dira Diderot [3], et, pour imposer la moindre vérité en quelque domaine que ce soit, il faut être en position de montrer qu'elle est utile. L'utilitarisme était donc annoncé et dénoncé de longue date, avant de constituer effectivement l'horizon et la trame de toutes les valeurs. Il se pourrait même que le diagnostic de Lacan sur l'utilitarisme des sociétés occidentales [4] se révèle de mieux en

1. Hegel, dans la *Phénoménologie de l'esprit* (Paris, Aubier, 1941, II, p. 296), présente l'utilité comme la vérité de l'*Aufklärung*.

2. Dans *L'Analyste* (1734), Berkeley s'attaque à ceux qui sont « portés à confondre l'utilité d'une règle avec la certitude d'une vérité » (§ 10).

3. *De l'Interprétation de la nature*, § 6. Voir aussi § 19.

4. J. Lacan, *Le Séminaire*, liv. VII, « L'éthique de la psychanalyse », Paris, éd. du Seuil, 1986, p. 21 : « Ce qui s'est passé au début du XIXe siècle, c'est la conversion, ou réversion, utilitariste ». Lacan a pris connaissance de l'utilitarisme par l'édition de C. K. Ogden que lui a fait connaître Roman Jakobson (cf. Dossier, J. Lacan, p. 266). Cette caractérisation lacanienne a été prolongée, sous un angle différent, par Michel Foucault, dans *Surveiller et Punir* (Paris, Gallimard, 1976), à partir toutefois du seul dispositif panoptique. Enfin, des chercheurs en sciences sociales et en histoire de la pensée économique partagent aujourd'hui, par d'autres voies, le diagnostic de Lacan, en faisant de l'utilitarisme le socle des représentations de la modernité (voir les travaux d'Alain Caillé et le numéro spécial « Qu'est-ce que l'utilitarisme ? », de *La Revue du MAUSS*, n° 6, 2e semestre 1995).

mieux fondé, rendant énigmatique le peu de réflexion que, longtemps[1], surtout dans notre langue, ces sociétés produisent sur ce thème.

On ne sait pas assez que Bentham est l'auteur d'une « théorie des fictions », quand bien même on ne trouverait pas directement l'expression sous sa plume. Pourtant, dans le sillage plus ou moins direct de la *Bentham's Theory of Fictions* de C. K. Ogden[2], une série déjà longue d'études a permis de tracer des lignes de force. On désigne désormais ainsi le savoir qu'il est possible de produire sur des notions que le langage seul permet de poser, mais qui ne correspondent directement à aucune espèce d'objets empiriques et dont l'idéalité même ne va pas sans contradictions. Existant sur le mode du « comme si », elles n'en sont pas moins indispensables dans tous les secteurs d'activité, théorique et pratique. C'est le règlement de leur usage selon des lois qui tiennent à la linguistique, à la logique, et qui concernent plus généralement les façons les plus diverses de produire les concepts et les raisonnements, que l'on appelle, avec Ogden, « la théorie benthamienne des fictions ».

L'édition présente de *Of Ontology* vient toutefois combler la lacune la plus flagrante en mettant à la disposition du lecteur quelques grands textes sur lesquels s'appuient les commentaires. Cette édition bilingue apparaît comme un impératif : Bentham a dû sa notoriété mondiale à l'édition de ses manuscrits juridiques dans une version française, largement remaniée, écrite par le Genevois Étienne Dumont[3]. Or la traduction de Dumont,

1. Cette précision est nécessaire car il est difficile d'ignorer que, outre Halévy, Tocqueville, Durkheim et Guyau, par exemple, ont mis l'accent sur ce point.

2. C. K. Ogden, *Bentham's Theory of Fictions*, New York, Brace & Co, Londres, Kegan Paul, Trench, Trubner & Co., 1932. Nous désignerons désormais ce livre par le sigle TF, suivi du numéro de la page citée. L'ouvrage d'Ogden est la reprise partielle du volume VIII de l'édition Bowring concernant les textes sur le langage, la logique, la grammaire, la science.

3. Étienne Dumont (1759-1829), né à Genève, d'abord pasteur de l'Église protestante à partir de 1781, se lia très tôt au milieu

qui tient plus de l'adaptation et qui se limite aux textes juridiques et politiques, occulte complètement la théorie benthamienne des fictions et commet, sur la doctrine, d'évidents contresens, déplorés par Bentham lui-même. « Il ne comprend pas un mot de ce que je veux dire », a-t-il dit de Dumont[1], qui, par exemple, confond l'*entité fictive* avec la *fiction* comme entité imaginaire et trompeuse. Le commentaire ultérieur, tout spécialement en France, est resté longtemps sourd aux fines distinctions du texte anglais original. Il était temps que la langue française accueille et acclimate les termes benthamiens, sans les confondre avec de banales expressions de la langue courante. *Fiction*, *fictitious entity*, *real entity*, *paraphrasis*, *fallacy*, *sinister interest*, etc., désignent des concepts que la présente édition veut rendre sans les embellissements et les ornementations que Dumont apportait à sa version. Bentham est peu soucieux de beau style, et sa langue est faite de phrases riches d'incises, de distinctions, de « bifurcations » permanentes par lesquelles l'auteur semble vouloir se saisir synoptiquement de toute la complication de la question qu'il traite ou de la situation qu'il analyse[2]. Infatigable inventeur de mots, l'auteur ne

---

démocratique de Genève et quitta sa patrie en 1784 pour Saint-Pétersbourg après l'échec de la révolution de 1782. Il se rendit en Angleterre en 1786 pour devenir précepteur de l'un des fils de lord Landsdowne. C'est dans ce cercle qu'il fit la connaissance de Bentham en 1788. Après un séjour en France auprès de Mirabeau, Dumont revint en Angleterre et se consacra à la mise en ordre et à la publication de nombreux manuscrits de Bentham, tâche qu'il accomplit pendant une trentaine d'années. On lui doit la parution des ouvrages suivants : *Traités de législation civile et pénale* (1802), *Théorie des peines et des récompenses* (1811), *Tactique des Assemblées législatives, suivie d'un Traité des sophismes politiques* (1816), *Traité des preuves judiciaires* (1823), *De l'organisation judiciaire et de la codification* (1828). Dumont se brouille avec Bentham avant de mourir à Milan en 1829.

1. *Works of Jeremy Bentham*, éd. Bowring, Édimbourg, 1843, vol. X, p. 185. Nous choisirons désormais le sigle B, suivi du volume en chiffres romains et du numéro de la page pour citer cette édition.

2. J.-A. Miller a justement parlé du « style panoptique » de Bentham (« La machine panoptique de Jeremy Bentham », in *Ornicar*, n° 3, 1975, p. 36).

se satisfait pas toujours de ceux dont il dispose déjà dans la langue anglaise ou dans les autres langues, anciennes ou modernes. Sans oublier que Bentham relit et réécrit ses textes, les doublant de notes, si bien que l'utilitarisme, que l'on a, tout le long de ce siècle, condamné à la platitude avant même d'y avoir réfléchi, s'est exprimé dans une incroyable complication linguistique dont aucune traduction ne peut rendre compte si l'on ne présente, en regard, le texte original.

Si la théorie des fictions n'est pas une simple excroissance dans une œuvre dont le point de départ est indiscutablement juridique et politique, quelle place occupe-t-elle chez un auteur qui paraît d'abord essentiellement se tourner vers la réforme des institutions, en un temps où, à la charnière des XVIIIe et XIXe siècles, se déroulent simultanément la Révolution française et la révolution industrielle anglaise ? Il faut donc commencer par repérer la genèse et le jeu des catégories d'une théorie née d'une réflexion juridique et politique, mais qui, parce qu'elle consiste en un balancement entre la dénonciation des fictions et leur relative acceptation à d'autres conditions, s'est aussitôt étendue à d'autres domaines quand elle a voulu se fonder ontologiquement. Que vise Bentham dès lors qu'il sort délibérément de la perspective de la dénonciation, qui est principalement celle des premiers ouvrages publiés [1], pour accorder un rôle plus positif aux entités fictives ?

A coup sûr, cette recherche s'est profondément écartée, en son temps, de tous les efforts de structuration des sciences fournis par David Hume et les encyclopédistes. Hume considérait toutes les sciences comme des sciences humaines et entendait les organiser à partir d'une nature humaine dont le philosophe aurait la charge de trouver les lois de fonctionnement ; d'Alembert tentait de les classer à partir de prétendues facultés. Bentham récuse comme

1. Car c'est bien le ton de *L'Analyste* de Berkeley qui est adopté contre la fiction du contrat originel dans le *Fragment sur le gouvernement*, par exemple. Voir Bentham, *Fragment sur le gouvernement. Manuel de sophismes politiques*, Paris, LGDJ, 1996, p. 123-124. Pour citer ce livre, nous adopterons désormais le sigle FG ou MSP, suivi du numéro de la page.

autant de fictions fallacieuses les notions de « nature » et de « faculté » ; mais il ouvre alors le redoutable problème du principe de l'unification des sciences et des pratiques culturelles à partir de l'« utilité ». Sous le titre de *Chrestomathia*[1], terme forgé de *chrestikos* (« utile ») et de *mathos* (« connaissance », « science ») pour désigner l'ensemble des savoirs utiles, Bentham suggère nettement la possibilité d'un tel principe ; mais il a bientôt récusé, dans une note célèbre[2] qu'il adjoint à l'*Introduction to the Principles of Morals and Legislation*, l'appellation de « principe d'utilité » comme unification de chaque valeur et des valeurs entre elles, et il l'a jugée assez équivoque pour désirer la remplacer par « principe de bonheur ». On peut se demander toutefois si cette substitution est tellement plus heureuse et si elle ne fait pas que déplacer le problème ; sans doute ne s'agit-il plus de savoir à quoi s'applique l'utilité, mais la question est devenue celle des points d'application du plaisir et de la douleur, puisque le bonheur est un certain système de plaisirs et de stratégies à l'égard des douleurs. Il est difficile de les tenir pour des collectivités, mais il ne l'est pas moins d'y voir des individus ; groupes et individus sont des unités dont la consistance est également mise en cause par Bentham. Faut-il dire alors que les fragiles unités que sont les individus et les sociétés tirent leur sens des affects ? En ce cas, la théorie des fictions serait une théorie des passions. Or il n'est pas meilleur instrument que la théorie des fictions pour faire apparaître les passions comme autant de fictions[3]. Le principe d'unification

1. *Chrestomathia*, éd. M. J. Smith et W. H. Burston, Oxford, Clarendon Press, 1983. Nous abrégerons désormais cette référence par la lettre C, suivie du numéro de la page.

2. En juillet 1822, Bentham estime que l'appellation « *principe d'utilité* » a davantage fait obstacle à la compréhension de l'ensemble de son système que ne l'aurait fait celle de « *principe de bonheur* ». Pour désigner sa théorie politique, il ne se satisfera pas davantage du nom de « radicalisme », qu'il finira par trouver emphatique et susceptible d'être pris en mauvaise part. Voir Halévy, FRP, II, p. 242, note 39.

3. « Hume ne voit pas la connexion qui existe entre passion, d'une part, plaisir et peine, d'autre part. [...] La passion est une

recherché par son auteur est donc un problème, et il ne permet nullement de poser l'utilitarisme comme une sorte de solution dogmatique, généralisée et totalisante, à laquelle il a tendu tout au long de sa recherche.

Forgée pour répondre au scepticisme théorique et pratique, cette théorie n'en est pas moins relativiste, et l'on se tromperait le plus souvent[1] en la réduisant à un sensualisme ou en la comprenant comme un dogmatisme du bonheur. Plaisirs et douleurs ont des contenus fort variables au cours de l'histoire et ils s'appliquent à des unités diverses selon les situations. L'acte de séparer ce qui est tenu pour réel et ce qui est tenu pour fictif n'est jamais définitif. Ce relativisme qui, comme celui de Galilée[2], cherche la règle de passage d'une perspective à une autre, sans se contenter de constater les contradictions, va plus loin encore. Il est essentiel à la théorie des fictions de prendre souvent pour objet ce qui lui sert aussi de schème constitutif et de trame fondamentale. Ainsi la passion est-elle dénoncée par Bentham, dans la philosophie de Hume, comme une illusion produite par le plaisir et la douleur, mais elle est prise aussi comme élément des calculs utilitaires par le législateur et le déontologue[3]. Ce résultat doit encore être généralisé et étendu au traitement même auquel la théorie des fictions soumet les méthodes, car elle les décrit et les utilise par ailleurs pour s'élaborer elle-même.

Ce traitement est flagrant lorsque la *théorie newtonienne des fluxions* permet à Bentham de prendre des exemples tout en structurant l'ensemble de sa doctrine,

---

entité fictive engendrée par l'émotion » (« Hume's virtues », *in* D, p. 350).

1. Nous apportons cette nuance, car quelques déclarations benthamiennes sont nettement sensualistes. Ne dit-il pas, par exemple : « Dès que je quitte le domaine de la sensation, l'océan de l'erreur commence » (B, vol. VIII, p. 330) ?

2. Nous utiliserons librement le terme « galiléen » pour qualifier le relativisme selon lequel Galilée a pensé le mouvement physique, mais qui peut s'étendre à toutes sortes de mouvements, y compris ceux du psychisme.

3. Le mot *déontologie* a été forgé par Bentham à partir du mot grec *deon*, qui signifie « ce qu'il faut », « ce qui convient ». Voir Glossaire, p. 257.

entièrement construite sur l'idée mathématique et mécanique de « dérivée ». Il l'est aussi lorsque la *théorie des chances*, dont les concepts de « probabilité » (*probability*), de « chance » (*chance*), d'« espérance » (*expectation*) sont décrits comme des objets, structure néanmoins la recherche benthamienne. Les problèmes posés par ces inévitables renversements, des objets en schèmes et des schèmes en objets, portent toutefois à se demander si le scepticisme humien a été dépassé. L'articulation des méthodes chez Bentham est aussi délicate que le nœud des procédés utilisés par Hume lorsqu'il analyse les passions, par exemple. Se pose, de plus, la question de ce que peut être la vérité. Le grand art de Hume est de montrer, sans jamais verser dans l'irrationalisme, que la raison qui s'érige en juge et en principe d'explication de l'ensemble des activités est elle-même constituée par un faisceau d'activités qui ne sont pas rationnelles. Bentham ne facilitera guère le dépassement du scepticisme, car sa distinction des entités réelles et des entités fictives ne peut prétendre être vraie et légitime sans recourir elle-même aux deux entités fictives que sont, inévitablement dans son système, la « légitimité » et la « vérité ». Qu'est-ce qui permet de distinguer les entités réelles des entités fictives et de discerner, entre ces entités fictives, lesquelles sont bien fondées et lesquelles ne le sont pas, lorsque la vérité même est tenue pour une fiction [1] ? La théorie des fictions ne nous fait-elle pas entrer dans des contradictions aussi insolubles que celles qu'elle prétendait résoudre ?

La doctrine des chances, comme la décrit et l'utilise Bentham, pose un autre problème, moins théorique que pratique, s'il est possible de distinguer ces deux registres dans sa philosophie. L'utilitarisme est une promotion de l'action ; il est devenu graduellement un radicalisme. L'attaque contre les fictions a précisément éliminé les derniers freins qui entravaient l'action, comme la « nature » ou la « croyance » que l'on trouve chez Hume, dont Bentham avait commencé par adopter le conserva-

1. « Truth is a fictitious entity » (« Hume's virtues », *in* D, p. 354).

tisme politique. Parce qu'elle place la décision au cœur même du savoir, parce que, loin de garantir des lois instaurées par quelque providence divine, elle met l'homme en position de décider de ce qu'il a à faire, moyennant les informations dont il dispose, la doctrine des chances paraît à première vue la théorie mathématique la mieux adaptée à l'utilitarisme. On pourrait pourtant s'étonner que, dans une théorie qui se donne comme objectif de changer radicalement la société, on ait recours à un modèle dont le rapport au réel soit aussi indirect et qui fasse autant de place aux éléments réfléchissants qu'aux éléments déterminants. Comment une théorie qui développe délibérément d'aussi nombreuses entités fictives peut-elle être utile à l'action juridique, politique, sociale ?

Les textes de *Of Ontology*, dont nous proposons ici une version intégrale, accompagnés de quelques autres extraits, ont pour fonction d'esquisser une réponse aux deux groupes de questions précédentes, touchant les valeurs théoriques, d'une part, les valeurs pratiques, de l'autre. Ils constituent des fragments de ce que nous appellerions volontiers la « philosophie première » de l'auteur, qui comprend les recherches ontologiques et déontologiques sur les fictions ; ils livrent aussi l'esquisse de la pluralité des usages que l'on peut en faire dans les sciences, dans les calculs du législateur, du politique, du commerçant. Ces textes, outre leur intérêt historique, permettent de se demander si ce modèle benthamien ne garde pas quelque pertinence pour organiser les sciences, et plus généralement les actes culturels de notre temps.

Le point de départ juridique et politique de la théorie des fictions : des fictions nuisibles aux entités fictives

La théorie des fictions a permis d'étendre considérablement le champ d'investigation benthamien en direction de la logique, de la linguistique et, par le biais de l'ontologie, de toutes les autres sciences ; toutefois son point de départ et sa raison constante sont à chercher dans les domaines juridique et politique où le terme de « fiction » reçoit une acception la plupart du temps négative. La réflexion sur les fictions constitue en effet la théorie qui, depuis les tout premiers textes – *Fragment sur le gouvernement*, *Of Laws in General* et *Introduction to the Principles of Morals and Legislation* – jusqu'aux derniers – dont fait partie le *Constitutional Code* –, n'aura cessé de servir d'instrument à l'art d'écrire la loi, la nomographie [1].

En dépit du peu d'intérêt que Halévy porte aux manuscrits sur le langage [2], la sûreté de son jugement sur des points essentiels de notre sujet est indiscutable. Ainsi oppose-t-il l'« identification naturelle des intérêts », propre à la doctrine d'Adam Smith telle qu'elle est exposée dans la *Richesse des nations*, à l'« identification artificielle des intérêts » caractéristique de la démarche de Bentham (FRP, I, p. 22-27). Il suffit ici de rapprocher, comme le fait souvent Bentham, le terme de *factitious*

1. La présentation des concepts, des principales distinctions et articulations qui composent cette théorie se trouve disséminée dans plusieurs textes du volume VIII des *Works of Jeremy Bentham* de l'édition Bowring, mais aussi dans de nombreux passages qui, sous une forme abrégée, traitent soit de questions de langage juridique (*Nomography*, *Pannomial Fragments*, B, vol. III), soit de logique (*Logical Arrangements*), soit de questions de sciences ou d'enseignement (*Chrestomathia*).

2. Halévy juge en effet « longs et inutiles » les manuscrits sur le langage publiés par Bowring dans le volume VIII des *Works* (FRP, II, p. 257, note 24). Pouvait-il qualifier plus négativement les recherches d'un utilitariste ?

(« artificiel ») de l'adjectif *fictitious*, pour avoir une première idée des rapports étroits entre deux ordres de considération : le droit est un discours artificiel qui structure et façonne les intérêts humains, répartit les droits et les obligations au moyen de pouvoirs et de commandements ; le langage est le lieu et l'organe privilégiés du *fictitious*, de la création fictive illimitée, éventuellement dangereuse, en tout cas susceptible d'engendrer le bonheur ou le malheur. Ainsi le droit est-il cette partie spécifique du langage, en connexion étroite avec les sensations, qui font le bonheur ou le malheur des hommes : « Les lois ne peuvent être faites qu'avec des mots. La vie, la liberté, la propriété, l'honneur, tout ce qui nous est cher dépend du choix des mots » (B, vol. III, p. 208). Dans sa *Nomography*, Bentham étend à l'ensemble de la structure verbale les effets qu'une loi, proposition émise par le souverain, peut exercer sur l'ensemble des sujets. De là la permanente contiguïté dans les textes entre les considérations sur la *logique de la volonté*, la *dynamique psychologique*, les axiomes de *pathologie mentale*[1] et les recherches auxquelles il se livre sur la structure du langage en vue de préciser la meilleure façon d'écrire les lois.

Bentham, à la fois juriste de formation et grand lecteur de philosophie, s'est placé dès le début de sa carrière d'écrivain, en dépit de son conservatisme initial, en position de contestataire radical, au nom de la science, du système légal anglais dit de *Common Law*. Sans doute, jamais Bentham n'est-il parvenu à devenir, comme il le souhaitait, le codificateur d'aucun État, surtout pas des pays de *Common Law*, mais toute son œuvre n'en

1. Par *logique de la volonté*, il faut entendre l'ensemble des façons dont la volonté d'un individu ou d'une instance juridique et politique, en particulier du souverain, peut influencer les pensées et les actions de ceux qui lui sont soumis. L'expression *dynamique psychologique* se trouve en plusieurs endroits pour désigner la science des ressorts de l'action, des motifs, des intérêts, des plaisirs et des douleurs (D, p. 206). Les axiomes de *pathologie mentale* sont les premiers principes qui règlent les sensations, leur évolution, leurs combinaisons possibles, etc. (*Nomography*, B, vol. III, et *Traités de législation civile et pénale*, Paris, 1802, vol. I). Sur l'usage de ces termes, voir le Glossaire, p. 230.

est pas moins marquée par la volonté de constituer une codification exhaustive, le *Pannomion*, condition de la réalisation du « plus grand bonheur du plus grand nombre[1] ».

C'est donc d'abord dans sa réflexion sur le droit que Bentham rencontre la fiction et que le terme prend, sur ce terrain, une valeur presque toujours péjorative[2]. Mais l'intérêt de la théorie benthamienne tient à ce qu'elle n'en reste pas à un versant négatif, car elle reconnaît la présence inévitable de la fiction dans le langage. Ce n'est pas, en effet, sur le seul terrain philosophique que Bentham va se réconcilier avec un sens positif du fictionnel ; dans le domaine juridique lui-même apparaît une distinction entre la *fiction*, la plupart du temps synonyme de *fallacy*, et l'*entité fictive*[3], soit le versant positif de la fiction, sans lequel ni le droit ni même le langage ne sauraient exister. Bentham ne considère pas les entités fictives comme des mensonges nuisibles, mais comme des noms qui renvoient à des entités dont l'existence est purement langagière et dont le sens ne se forme que dans et par le système entier des entités fictives juridiques. Les deux approches de la dénonciation des *fictions* comme procédés trompeurs et de la réhabilitation de la *fictitiousness* qui participe de l'activité de reconstruction du droit, coexistent très tôt dans l'œuvre juridique de Bentham. Tandis que l'auteur poursuivait son travail d'analyse des fictions du système de *Common Law*, il entreprenait, dans une série de travaux préparatoires au *Pannomion*, de reconstruire les fondements du droit en vue de la codification utilitariste. Les termes de *droit*, d'*obligation*, de *pouvoir*, de *commandement*, de *propriété*, etc. sont alors des entités fictives indispensables[4].

1. Sur cet aspect, voir l'ouvrage fondamental de G. Postema, *Bentham and the Common Law Tradition*, Oxford, Clarendon Press, 1986.

2. Cf. Glossaire, *fiction juridique*, p. 200 *sq*.

3. Sur toutes ces notions, voir le Glossaire, p. 196 *sq*.

4. Dans une lettre adressée à Dumont, en mai 1802, dans laquelle il apporte un certain nombre de corrections à la traduction des traités, Bentham écrit : « Omettez après "fiction" le mot "ridicule" :

Il faut bien compter sur des montages d'entités fictives pour agencer les rapports humains et les mobiliser par l'espérance des jouissances à venir.

Ce n'est que plus tard, entre 1810 et 1820 environ, que la doctrine parviendra à se réfléchir en termes philosophiques, après de nombreux essais ; ce qui n'exclura nullement un retour permanent au juridique et au politique. Mais il faut, pour entendre la conception proprement philosophique des fictions, reprendre les choses sous un autre angle.

Quelques éléments d'histoire de la théorie des fictions : le legs de Locke, de Berkeley et de Hume

Il convient d'envisager la théorie des fictions dans la perspective d'une philosophie du langage, alliée à une volonté de mettre fin au scepticisme estimé menaçant pour les sciences et toutes les autres activités fondamentales des hommes. Elle est l'héritière d'une longue suite de travaux qu'il faut au moins faire remonter à Locke[1] et suivre chez Leibniz et Berkeley. Bentham, lui-même, ne nous aide guère à faire l'histoire de cette composante de l'utilitarisme.

A la fin du XVIIe siècle, l'apport essentiel de Locke tient dans la critique des idées abstraites, impensables tant psychologiquement que logiquement, à cause des contradictions qu'elles enferment ; dès lors, selon l'auteur de l'*Essai sur l'entendement humain*, ce qui paraît en faire office n'est autre chose que l'usage particulier

---

la distinction entre entités réelles et entités fictives est un point d'une grande importance en idéologie si l'on tient compte de la multitude de mots qui sont des noms d'entités fictives » (cité par Ogden, TF, p. XXX).

1. Peut-être, beaucoup plus lointainement, à Sextus Empiricus dont on connaît l'influence sur Hume, par exemple.

d'idées particulières[1], le langage offrant ses masques à l'opération en donnant l'illusion que nous pensons ou donnons à penser une idée abstraite à chaque fois que nous entendons ou prononçons un mot. Or l'œuvre de Locke livrait un problème à ses successeurs[2], en particulier à l'un de ses lecteurs les plus avisés, Berkeley : en quoi consiste le sens des mots ? S'il ne pouvait s'identifier aux idées abstraites, il fallait bien aussi se rendre à l'évidence qu'il ne consistait pas non plus en impressions de sensation ou de réflexion, ni en idées particulières. Dès lors le sens des mots ne pouvait être que leur usage au sein de propositions, lesquelles n'ont elles-mêmes leur sens que dans des phrases, les phrases ne trouvant le leur que dans des textes, etc., selon une logique de pesée et d'équilibre que Pascal avait repérée.

Quand bien même il a parfaitement vu que le sens est un usage, que toute théorie du sens est inévitablement utilitariste, Berkeley ne se pose pas moins, dans *L'Analyste* (1734), en défenseur de la valeur de vérité contre les fictions newtoniennes et leibniziennes du calcul infinitésimal, refusant d'appeler « science » une technique, fût-elle puissante et utile. De la science moderne, Berkeley pointe une caractéristique qu'il dénonce comme un défaut, se faisant le champion d'un retour aux valeurs traditionnelles de vérité. Mais ce retour n'était déjà plus convaincant en 1734, et il y avait longtemps que Leibniz avait repéré ce lien des fictions avec l'utilité[3] et avait fait éclater le vrai en un clavier très diversifié de valeurs opposées : l'obscur et le clair, le confus et le distinct, l'inadéquat et l'adéquat, le symbolique et l'intuitif.

En revanche, Berkeley donne bien davantage à penser lorsqu'il indique que le sens des mots relève d'une dyna-

1. La généralité d'une démonstration mathématique n'était déjà pas autre chose chez Pascal, qui ne se sert pour ainsi dire pas de l'algèbre, langue directement générale, pour obtenir ses résultats.

2. John Horne Tooke fait partie de ces lecteurs de Locke. Voir le Glossaire, p. 223 *sq* et Dossier, W. V. O. Quine, p. 269 *sq*.

3. *Nouveaux Essais sur l'entendement humain*, Préface, 10ᵉ alinéa ; liv. IV, chap. II, § 14 ; liv. IV, chap. VI, § 4 ; liv. IV, chap. VII, § 9 ; liv. IV, chap. XVI, § 12.

mique mentale, qu'il n'a jamais lui-même mise en forme mais que Hume a essayée [1] avant qu'elle ne soit nommée et revendiquée par Bentham. Dès lors que le sens des mots ne consiste plus en représentations psychiques d'aucune sorte, ni générales ni singulières, dès lors que les « perceptions » ne se distinguent plus par des caractères représentatifs mais par des degrés de vivacité, c'est la dynamique qui donne raison du jeu diversifié d'idées, d'impressions de réflexion et d'impressions de sensation ; l'ensemble de ces « perceptions » prenant alors le statut général de « fictions ».

Ce point a été particulièrement remarqué par Bentham, qui applaudit à la façon dont Hume distingue les impressions et les idées et y voit l'ébauche de sa propre distinction des entités réelles et fictives ; mais l'ébauche seulement, car Hume aurait traité tout uniment les règles d'association des impressions et des idées [2], et, brouillant sa distinction, il les aurait finalement confondues par cette pratique. Sans doute Bentham a-t-il repris à son compte la dynamique humienne, mais il voit aussi nettement que Hume n'a pas vaincu le scepticisme ; et il est vrai que, à première vue du moins, des représentations fort hétéroclites – Dieu, l'unicité du moi, la permanence des objets alors que je ne les sens plus, l'identité de perceptions différentes ressenties seulement comme interrompues, l'unité de l'être vivant, l'impression de légitimité d'un processus engagé depuis longtemps, l'impression de simplicité et d'autonomie de certaines opérations réellement complexes et hétéronomes, etc. – recevaient indifféremment dans sa philosophie le statut de *fictions*.

C'est de cette indifférenciation que Bentham veut sortir les fictions. Mais, pour cela, il ne faut pas adopter à leur égard le seul geste de les écarter ; il faut leur rendre la posi-

1. Le *Traité de la nature humaine* peut et doit être lu comme un essai de dynamique mentale. Sur le terme de « dynamique psychologique », voir le Glossaire, p. 230.

2. D, p. 323. A la lettre, ce reproche est faux. Hume distingue nettement l'association des idées qui s'effectue par ressemblance, contiguïté et causalité, alors que l'association des sensations s'effectue par la seule ressemblance.

tivité qui leur avait déjà été accordée en matière juridique. A l'égard des fictions, Bentham fait coexister une attitude nettement négative et polémique avec une attitude conciliante de plus en plus marquée. Adoptant souvent sur leur compte un ton berkeleyen, il ne leur attribue pas moins un rôle pleinement positif, ne rejetant que les seules « fallaces [1] », dont tout le problème est celui de la distinction avec des fictions acceptables. Cette inversion était déjà chez Hume lorsque le renvoi sceptique aux fictions sur le plan théorique se doublait fréquemment d'une réhabilitation pratique ou pragmatique de notions qu'il avait vouées quelques moments auparavant aux gémonies. Comme cette inversion touche particulièrement le domaine juridique, on comprend le retour inflationniste des termes juridiques dans tous les registres du savoir chez un auteur comme Hume, qui parle du « droit » pour une collection d'impressions d'avoir un nom, de l'« autorité » ou du « titre » d'une chose à être désignée de telle ou telle façon. Le renversement a dès lors lieu sur le plan théorique, où les outils d'explication, comme le principe de causalité, relèvent de la même logique : attaqués philosophiquement, ils n'en gardent pas moins tout leur sens dans l'activité scientifique. Hume indiquait par là nettement qu'il y avait des fictions qui valaient mieux que d'autres ; il n'a toutefois jamais entrepris de classer l'ensemble des retournements qu'il nous livre dans le plus complet désordre. L'effort de classement, qui précède les calculs, distingue Bentham de Hume.

Toutefois le conflit entre Bentham et Hume est plus subtil, car la distinction des deux auteurs se joue ici à un fil. Ils n'écrivent, ni l'un ni l'autre, à proprement parler,

1. Nous reprenons ici à notre compte, comme le fit Lacan, le vieux substantif, fort courant aux XVIIe et XVIIIe siècles, de « fallace », dont notre époque a seulement retenu l'adjectif « fallacieux ». Le traducteur de Locke, Coste, a recours au terme de « fallace » pour traduire « *fallacy* » (*Essai sur l'entendement humain*, liv. IV, ch. XVII, § 4, Amsterdam et Leipzig, Schreuder et Mortier, 1755, p. 566) ; et Leibniz intègre parfaitement ce terme dans les *Nouveaux Essais sur l'entendement humain* (Paris, GF-Flammarion, 1990, p. 378). Cf. Glossaire, p. 225.

une théorie logique des fictions ; ils développent, l'un et l'autre, plutôt des théories mathématiques des fictions, quoique l'un et l'autre ne se soient pas fait beaucoup d'illusions sur la portée ontologique et empirique des mathématiques[1].

Le traitement humien des fictions a pu donner à Bentham l'impression d'un désordre, parce que la conception que Hume se fait du psychisme (humain ou animal) n'est pas celle d'un système logique mais d'un espace. Kant a vu cette assimilation que le scepticisme faisait du psychisme avec une vaste plaine et la lui a reprochée[2]. Il faut toutefois la présenter contre Kant comme une découverte originale et comme une supériorité. La théorie humienne des fictions est une théorie des contradictions et, en ce sens, elle pourrait donner l'impression d'être logique. Il n'est peut-être pas une seule thèse soutenue par Hume dont le sens ne se trouve inversé dans le *Traité de la nature humaine* ou dans l'*Enquête sur l'entendement humain*[3] ; ainsi, pour apprivoiser Hume dans tel ou tel sens, empiriste, associationniste, naturaliste, pyrrhonien, recevable par la tradition des commentaires, chacun peut tailler sans scrupule dans les antinomies, les thèses ou antithèses qui conviennent le mieux à son projet dogmatique, sans se rendre compte que l'intérêt du scepticisme philosophique de Hume tient précisément à la résolution des contradictions. Cette théorie des fictions ne doit toutefois pas se réduire à une logique, parce qu'il n'y a pas, chez Hume, de volonté

1. Simplifiant par nécessité la réalité, les mathématiques ne sauraient s'y appliquer exactement. Ainsi le calcul des probabilités confond-il, simplement pour exister, la ressemblance des événements – que l'expérience peut seulement offrir – avec leur identité dont leur traitement géométrique ou algébrique a besoin.

2. *Critique de la raison pure*, trad. Trémesaygues et Pacaud, Paris, PUF, Paris, 1963, p. 520 : « Notre raison n'est pas, en quelque sorte, une plaine d'une étendue infinie et dont on ne connaisse les bornes que d'une manière générale. »

3. Pour ne nous en tenir qu'à un exemple : à la thèse empiriste selon laquelle toute idée dérive d'une impression initiale, succède celle d'une véritable anticipation de la sensation, peu conforme à l'empirisme.

d'unifier ces contradictions en une architectonique rationnelle. Hume, conformément à l'affinité qu'il repère entre le psychisme et l'espace, a conçu son œuvre comme une sorte de topique des contradictions.

Il est inutile et absurde d'essayer de réunir des contradictions qui ne relèvent d'aucun traitement uniforme mais de procédés de résolution toujours particuliers, parce qu'elles affleurent à partir d'un jeu dynamique dont il convient de rechercher les lois. Ainsi est-ce la dynamique qui est unificatrice, et elle utilise, pour se réaliser, toutes sortes de schèmes : mécaniques, géométriques, algébriques, vectoriels [1]. La théorie des passions est peut-être le lieu d'où elle peut le mieux s'induire [2], quand bien même l'analyse de la causalité, de la ressemblance, de toutes les relations, des impressions, des idées, la laisserait également transparaître au lecteur attentif. Mais si la dynamique donne seule la clé de la théorie humienne des fictions, elle n'en supprime pas pour autant l'impression de désordre dénoncée par Bentham (D, p. 323).

Alors que Hume croyait pouvoir se dispenser par sa dynamique d'un classement logique des fictions, Bentham en aperçoit au contraire la nécessité. Comment ce renversement s'est-il fait ? Il faut, pour le comprendre, passer en revue deux éléments qui composent la théorie benthamienne des fictions, en premier lieu la *méthode des fluxions*, l'autre élément étant la *théorie des chances*.

1. Si l'on accepte l'usage anachronique de ce terme, puisque ce n'est qu'au XIXe siècle, avec Hamilton, que l'on parlera de vecteur. Il se pourrait bien, dans la mesure où Hamilton jouissait d'une belle culture philosophique, que la théorie des vecteurs, dont il est l'un des pionniers, soit issue, pour une part au moins, de considérations dynamiques, peut-être même de considérations de la dynamique psychique.

2. La *Dissertation sur les passions* s'achève en effet sur l'idée que, « dans leur production comme dans leur transmission, les passions suivent une sorte de mécanisme régulier susceptible d'une investigation aussi précise que celle des lois du mouvement, de l'optique, de l'hydrostatique ou de toute autre division de la philosophie naturelle » (*Les Passions*, Paris, GF-Flammarion, 1991, p. 99).

Fictions et fluxions

En se faisant à sa façon *méthode des fluxions*, la théorie des fictions se révèle la plus efficace pour mettre en ordre les notions des sciences et leurs méthodes, tandis qu'en entrant dans la logique de la *doctrine des chances* elle se fait théorie de l'action. Encore que la distinction de la théorie et de la pratique ne soit pas des plus flagrantes dans le cadre de l'utilitarisme ; et que, comme il est clair chez Thomas Bayes, la doctrine des chances s'énonce elle-même dans les schèmes de la méthode des fluxions[1].

En plusieurs endroits de son œuvre, Bentham oppose les « entités réelles » (*real entities*) et les « entités fictives » (*fictitious entities*). Une « entité » est une dénomination qui peut comprendre n'importe quel être susceptible d'une désignation par l'unité grammaticale appelée « substantif ».

Une entité est *réelle* lorsque, à l'occasion d'un discours, on entend réellement lui attribuer l'existence. On notera que la réalité est liée au *meaning* (au « vouloir dire »), comme elle se liait chez Hume au *belief* (à la « croyance ») ; elle n'est pas une propriété des choses mêmes. La formulation serait toutefois imprudente sans les précisions qui l'accompagnent. Les entités réelles peuvent être soit perceptibles, soit inférentielles. Au chapitre des entités réelles perceptibles, Bentham classe ce que Hume appelait les impressions de sensation, mais aussi leurs souvenirs et même les images que l'on peut constituer à partir d'elles, c'est-à-dire des entités que Hume rangeait parmi les idées. Toutefois la liste est encore loin d'être exhaustive, et Bentham ne conteste pas la réalité d'un certain nombre d'entités « inférentielles

1. Thomas Bayes, *Essai en vue de résoudre un problème de la doctrine des chances*, Cahiers d'histoire des sciences, édités par la Société française d'histoire des sciences et des techniques, n° 18, 1988.

qui, en ces temps-ci du moins, ne se font pas connaître des êtres humains en général par le témoignage des sens », mais dont ils se persuadent de l'existence par la réflexion, « au moyen d'une chaîne de raisonnements » (*infra*, p. 165). Ainsi est-ce seulement par une inférence que l'on peut poser la réalité d'êtres incorporels, en particulier d'« esprits » (TSA, p. 76) ou d'« êtres pensants » que Bentham désigne parfois du nom de « *personnes*[1] ». Les corps, tant les nôtres que ceux des objets extérieurs, sont eux-mêmes le produit de telles inférences qu'il faut compter parmi les entités réelles[2]. Certes, plaisir et douleur, par exemple, sont beaucoup plus immédiats que le corps ou l'esprit dans lesquels ils sont censés se produire ; on n'en refuse pas pour autant la réalité au corps ou à l'esprit.

Bentham a beau faire profession d'admirer la distinction humienne des idées et des impressions (D, p. 350), voire de s'y conformer, la substitution à cette distinction de sa propre opposition des entités réelles et des entités fictives n'en a pas moins une portée considérable ; elle le conduit à introduire dans la même classe certaines impressions et certaines catégories d'idées. Il va même plus loin : dans sa volonté de remise en ordre de tout un secteur jusque-là voué au scepticisme, il tente de soustraire aux *entités fictives* un certain nombre d'inférences, comme celles d'objets sensibles, de permanence des objets dont on ne reçoit plus d'impressions, car « on ne saurait leur refuser la dénomination d'entités réelles », dit apagogiquement Bentham. Ces inférences ne sauraient, du moins, être des fictions au même titre que celles d'*autorité*, de *loi*, de *personnalité* en matière juri-

1. On notera que la divinité est parfois classée par Bentham parmi les entités inférentielles.

2. « Car seules les sensations sont les sujets ou les objets immédiats de l'expérience. C'est d'elles que nous inférons l'existence de telle ou telle entité réelle dans le rôle d'un instrument ou d'une cause productrice » (*A Table of the Springs of Action*, *in* D, p. 76). Comme ce texte de *A Table of the Springs of Action* sera amplement cité, nous adopterons dorénavant pour le désigner le sigle TSA, suivi du numéro de la page.

dique, d'*indivisibles* ou de *probabilité* en mathématiques ; de même Bentham refuse-t-il de traiter les idées générales ou certains objets collectifs comme des entités fictives[1]. Preuve, s'il en est encore besoin, que ce qui intéresse Bentham dans la distinction humienne tient moins dans les caractéristiques représentatives, puisqu'elles ont toutes changé en passant d'un auteur à l'autre, que dans la dynamique[2].

1. Bentham écrit, contre Locke et surtout contre Berkeley et Hume : « Tandis qu'on a gratifié, d'une façon ou d'une autre, quelques philosophes de la découverte qu'il n'existe guère d'idées abstraites ou générales, on ne s'est pas rendu compte que, si la position qu'ils tiennent était vraie, rien de ce qu'ils disent pour la prouver n'aurait la moindre chance de produire l'effet qu'ils visent, ou, pour parler plus généralement, c'est à peine si ce qu'ils disent produirait plus d'effet que n'en produit autant d'absurdité. En vérité, à la lecture du mot "plante" ou à celle du mot "plantes" se produit un effet ou une espèce de sentiment ou d'image mentale tout comme à la vue d'une plante individuelle, dont elle diffère manifestement. Dans l'un des cas, il s'agit d'une idée abstraite, dans l'autre, d'une impression ; mais il y a exactement autant de réalité dans l'une que dans l'autre. L'évidence de l'existence de l'idée générale est même d'une force probatoire satisfaite plus intimement, plus rapidement et plus sûrement que celle de l'existence d'une plante individuelle d'où, par abstraction, est déduite cette idée générale. Dans le premier cas, l'évidence est une perception ; dans l'autre, ce n'est qu'une inférence, une ratiocination qui n'a pu satisfaire maint esprit (dont celui de l'évêque Berkeley, par exemple) » (B, vol. VIII, p. 123-124). On aura noté que Bentham va jusqu'au bout d'un paradoxe qu'avait déjà souligné Hume : l'individualité est aussi difficile à penser que le général ; et si le sens des mots ne tient pas en idées générales, il ne tient pas non plus en idées particulières. L'individualité n'est jamais un fait, mais une visée aussi difficile et aussi peu évidente que la visée d'une idée générale. L'individu résulte d'une tâche qui va en sens inverse de celle qui produit l'idée générale. D'une certaine façon, un nom commun est, en dépit des apparences, d'accès plus réel que l'individualité d'une chose. Dans un texte de la TF, Georges Bentham, neveu de Jeremy, rappelle que « chaque nom commun est le nom d'une entité collective, d'un nombre indéfini d'entités individuelles considérées du point de vue de certaines propriétés communes à toutes les entités ainsi contenues dans la classe. Lorsque ces entités sont réelles, la classe qui les contient est une entité collective physique ; lorsqu'elles sont fictives, les entités collectives correspondantes sont aussi fictives. » (p. 152).

2. Encore qu'elle conduise l'un et l'autre de ces deux auteurs à une perspective très différente sur le classement.

Le réel est, chez Bentham, essentiellement lié à une décision discursive. Le partage de ce qui doit être tenu pour réel et de ce qui ne doit pas l'être dépend de l'intention de celui qui pense ou agit. Le mathématicien ne tient pas pour réalité la même chose que le physicien ; et tel problème de mathématiques n'implique aucunement que nous tenions pour réelles les mêmes choses que tel autre. Du coup les entités réelles n'échappent pas plus à l'histoire que les autres ; et ce qui est tenu pour réel à une époque n'est pas ce qui est tenu pour réel à une autre, en raison même du progrès des sciences. Ce relativisme benthamien échappe au pyrrhonisme parce qu'on peut suivre de manière réglée le jeu des perspectives, qui renverse les entités fictives en entités réelles et les réelles en fictives.

Parce que les *entités fictives* (cf. Glossaire, p. 207) sont des noms, on peut, par une illusion inévitable, accorder l'existence substantive à ce qu'elles paraissent signifier. Les hommes peuvent jouer de cet avantage, dans la *guerre des mots*, pour faire croire qu'une chose existe. Mais les entités réelles sont aussi structurées par le même mécanisme qui substantive les entités fictives et donne allure de substances aux réalités.

Toutefois nous ne sommes pas conduits vers un relativisme sans contrôle. Bentham donne aussitôt une clé pour distinguer et mettre en ordre les fictions qu'on croirait spontanément livrées à la prolifération la plus anarchique : « Toute entité fictive entretient une certaine relation avec une certaine entité réelle, et elle ne peut être entièrement comprise que dans la mesure où cette relation est perçue, où l'on parvient à une conception de cette relation » (*infra*, p. 165). Comprendre une entité fictive, c'est savoir la rattacher par un nombre déterminé d'opérations à une entité réelle. Une entité fictive qui serait dépourvue de telles attaches serait dépourvue non seulement de vérité, mais aussi de sens. C'est ainsi que toute passion peut être ramenée, par un jeu plus ou moins complexe d'opérations, au plaisir et à la douleur. Il en va de même du bonheur, qui est une relation de plaisirs et de douleurs. Il est clair aussi que, selon les discours que l'on a à tenir, les positions d'entités réelles et d'entités fictives peuvent s'inverser[1].

Les choses deviennent encore moins simples lorsqu'on sait que les mots ne se compliquent pas tout à fait comme les concepts et qu'ils ne suivent pas la même histoire. Dans les *Chrestomathia*, Bentham distingue entre la dérive des concepts qui évoluent selon les progrès mêmes de la science et celle de leurs noms, qui ne suit pas nécessairement la même logique, quoiqu'il n'y ait aucune possibilité d'accès à des concepts en dehors des mots. Cette double dérive aboutit à une opacité réciproque des concepts et de leur appellation, qui crée, surtout dans l'esprit de celui qui apprend les sciences, un obstacle à la fois inévitable et inutile. Le radicalisme de Bentham consiste à dénoncer et à détruire ce type d'obstacle, en particulier lorsque la résistance, là comme ailleurs, provient de ceux qui tirent profit de ces équivoques. La situation n'est pas sans paradoxe, dans la mesure où, sur ce point héritier des Lumières, Bentham a mis quelque espoir dans le savoir pour dénoncer les pouvoirs et les autorités contestables ; mais, sans renoncer à cet espoir, il a appris que les savants étaient eux-mêmes soumis à des enjeux de pouvoir.

Cette double difficulté du relativisme des points de vue sur les entités et de la dérive différente des signifiés et des concepts n'arrête toutefois pas Bentham qui se lance dans un classement qu'il prétend tenir de D'Alembert[2]

1. Ainsi, le calcul des chances prend parfois la probabilité comme entité réelle et fait apparaître alors l'espérance comme une entité fictive ; mais il peut prendre aussi l'espérance comme entité réelle, et c'est alors la probabilité qui devient fictive.

2. Il est vrai que le *Discours préliminaire* à l'*Encyclopédie* contient quelques éléments qui ont pu inspirer Bentham ; en particulier la distinction effectuée par d'Alembert entre les idées directes (qui ont pour objets les « êtres réels ») et les idées indirectes. C'est toutefois plutôt dans l'interprétation que d'Alembert donne de certains secteurs des mathématiques que Bentham pouvait puiser son inspiration pour constituer sa propre théorie des fictions. En effet, lorsque d'Alembert réfléchit aux nombres complexes, il oppose aux quantités algébriques imaginaires les quantités réelles. Ainsi dit-il, dans ses *Réflexions sur la cause générale des vents* (1746), qu'« une quantité algébrique quelconque, composée de tant d'imaginaires

(C, p. 257), mais qu'il aurait tout aussi sûrement pu recueillir de Hobbes[1] ou de Hume. Il distingue des entités fictives de divers ordres, selon que, pour les comprendre, il suffit des seules entités réelles (ce qui est le cas des entités fictives de premier ordre), ou de ces entités réelles et d'un premier ordre d'entités fictives (ce qui est le cas des entités fictives de second ordre), etc. (*infra*, p. 165 ; Glossaire, p. 219).

Bentham s'est inspiré, pour établir le classement des entités fictives, de la méthode newtonienne des fluxions. Newton avait montré comment, étant donné l'équation d'une courbe, on pouvait calculer sa vitesse d'accroissement (c'est-à-dire sa fluxion), la vitesse de sa vitesse (sa fluxion seconde), et ainsi de suite. Il n'est pas fortuit que Bentham, pour expliquer ses fictions de divers ordres, prenne l'exemple de la notion de mouvement[2]. Le calcul infinitésimal ne fournit pas seulement des illustrations privilégiées pour la construction de sa théorie ; ces illustrations sont des exemples, et les exemples, chez un nominaliste conséquent, sont des thèses ; elles sont même

---

qu'on voudra, peut toujours se réduire à $A + B\sqrt{-1}$, A et B étant des quantités réelles ; il s'ensuit que, si la quantité proposée doit être réelle, on aura $B = 0$ ». L'article « Quantité » de l'*Encyclopédie* paraît aussi avoir inspiré Bentham, en particulier dans son chapitre de *Of Ontology* sur le même sujet. Ainsi lit-on dans cet article : « Nous nous représentons, par une notion abstraite, la quantité comme une substance, et les accroissements ou diminutions comme des modifications, mais il n'y a rien de réel dans cette notion. La quantité n'est point un sujet susceptible de diverses déterminations, les unes constantes, les autres variables, ce qui caractérise les substances. Il faut à la quantité un sujet dans lequel elle réside, et hors duquel elle n'est qu'une pure abstraction. »

1. Halévy le suggère bien lorsqu'il cite, dans la FRP, III, p. 166, la *Computatio sive Logica* (part. I, chap. II, § 9) et *L'Analysis* (chap. XIV, sect. 1) où l'universel apparaît comme le nom d'un nom. Il aurait pu ajouter le chapitre IV de la première partie du *Léviathan* où Hobbes distingue les « dénominations » des « dénominations de dénominations », sans que, en droit, une limite puisse être envisagée dans cette hiérarchie des dénominations.

2. Pour expliquer la relation que les entités fictives entretiennent avec les entités réelles, Bentham parle de « généalogie » et emprunte délibérément aux mathématiciens de son temps le concept de « genèse » (C, p. 271).

les seules thèses possibles. Le calcul infinitésimal est le véritable schème du système des ordres d'entités, depuis les entités réelles (lesquelles sont ordonnées en inférences de plus en plus complexes) jusqu'aux entités fictives de quelque degré qu'elles soient. Ce système est construit sur le modèle des dérivées, et il cherche, par le jeu des renversements des verbes ou des adjectifs en substantifs, les règles les plus stables qui permettront de prendre le contrôle théorique et pratique d'une réalité immédiatement fuyante et irrégulière.

Ce schème des fluxions épouse remarquablement la complication spontanée de certains phénomènes culturels ; Bentham n'a fait qu'étendre à tous les domaines où s'applique son calcul des plaisirs et des peines ce que nombre de devanciers avaient déjà appliqué à toutes sortes d'aspects de la société[1]. Cette extension consiste, par exemple en économie, à distinguer la valeur en travail, qui est « réelle », de la valeur en argent, qui est « fictive ». En droit pénal, pour établir une proportion entre la peine et le délit, Bentham distingue le « mal du premier ordre » du « mal du second ordre ». Le délit produit un mal du premier ordre en infligeant une souffrance à la victime et un mal du second ordre en répandant l'alarme et le danger dans la société. La peine produit également un mal du premier ordre : la souffrance du délinquant. Et elle a cette caractéristique d'avoir un double effet du second ordre, car elle rassure l'opinion et écarte le danger du délit ; mais elle engendre aussi, en même temps, un mal du second ordre, car, en menaçant quiconque serait tenté de commettre l'acte défini comme délit par la loi, elle crée une alarme et un danger[2].

1. Hume avait utilisé, pour construire sa dynamique des passions et recomposer les affects, les idées de « variation » et de « variation de la variation ». Burke avait usé du même procédé en esthétique. Mais, avant eux, Hobbes avait déjà conçu le système du langage comme constituant toutes sortes de niveaux d'éléments qui ne sont plus tous en rapport de représentation avec ce qu'ils signifient.

2. On voit ici que, en posant cette dissuasion comme un mal, Bentham est conséquent avec sa doctrine selon laquelle aucun plaisir n'est en soi mauvais.

Quand on demande comment il est possible de tenir pour existant ce dont on nie par ailleurs la vérité et la réalité, on découvre aussitôt un caractère fondamental des entités fictives : elles dépendent du langage. « C'est au langage, et au langage seul, que les entités fictives doivent leur existence, leur impossible et néanmoins indispensable existence » (*infra*, p. 85). L'*impossibilité* des entités fictives tient à la présentification d'une absence, autrement dit à leur caractère symbolique, et aux contradictions de l'existence verbale, qui pose la généralité comme une réalité, alors qu'elle enferme inévitablement des éléments contraires. Cette allusion à la doctrine des idées abstraites de Locke[1] et de Berkeley[2] ne laisse pas d'être imprudente par son exclusivité, car « si la fiction est une espèce de réalité verbale », Bentham doit bien remarquer aussi qu'elle est tout autant « la condition sans laquelle la matière du langage n'aurait pu se constituer » (C, p. 271).

Cette imprécision logique n'empêche nullement de situer le lieu de la dépendance du langage et de la fiction. Pas plus que les entités fictives ne copient quoi que ce soit, le langage n'est en rapport de copie avec les idées qu'il signifie et il se pose de façon autonome par rapport aux objets auxquels il se réfère. Il existe une activité

1. Dans son introduction (§ 13) au *Traité sur les principes de la connaissance humaine*, Berkeley cite l'*Essai sur l'entendement humain* (liv. IV, chap. VII, § 9), dans lequel Locke tient les « idées générales » pour des « fictions », lesquelles « ne se présentent pas si aisément que nous sommes portés à nous le figurer ». Il dit, par exemple, à propos de l'idée générale de triangle, que « c'est quelque chose d'imparfait qui ne saurait exister, une idée qui rassemble certaines parties de plusieurs idées différentes, voire incompatibles ».

2. Sans l'équivoque que l'on trouve encore parfois chez Berkeley entre *non-sens* et *contradiction*. Il est désormais parfaitement clair que, fallacieuses ou non, si les fictions sont contradictoires (impossibles), elles n'en ont pas moins un sens, puisqu'elles sont indispensables, linguistiquement, théoriquement et pratiquement.

Curieusement, Bentham, s'il n'est pas partisan d'une pure et simple suppression de l'idée de matière ni de son nom, tient toutefois la matière pour une entité fictive (*infra*, p. 91) et n'en partage pas moins consciemment avec Berkeley de nombreuses thèses, en particulier sur la constitution linguistique des entités réelles.

propre au langage qui ne se manifeste que dans la proposition, lorsque chaque mot joue sa partie avec d'autres en une sorte de système. Comme le mythe, la fiction naît de l'illusion que chaque mot, pris isolément, renvoie directement à quelque chose qui existe hors de lui, sur le mode substantif[1]. L'idée n'est pas prise de la même façon selon qu'elle est exprimée par un nom, un adjectif, un verbe ou un adverbe[2]. On passe des entités réelles aux entités fictives, et des entités fictives d'un ordre donné à celles d'un ordre supérieur, comme Pascal disait que nous passions de la méthode d'Archimède à celle des indivisibles pour résoudre les problèmes d'analyse en mathématiques : c'est-à-dire par un changement dans la façon de parler (B, vol. VIII, p. 327-328). Pascal laissait entendre aux plus inattentifs qu'il s'agissait là de peu de chose. Or il s'agissait de rien de moins que du vrai et du faux[3]. Les fictions sont produites par la nécessité de recourir, dans le discours, à autre chose qu'aux entités réelles, en parti-

1. Une quantité infinitésimale, une différentielle, un indivisible paraissent viser des objets, mais ils n'ont d'existence qu'opérationnelle et ne sont que des intermédiaires s'évanouissant entre des visées, par exemple celles d'une courbe et d'un polygone comportant une infinité de côtés, celles d'une surface et d'une ligne, etc. C'est le point que Bergson n'a pas voulu entendre et il n'a compris l'application du calcul différentiel qu'en attribuant à ses adversaires la réalisation empirique de ce qui n'est que fiction.

2. « Le nom substantiel d'une quantité présente l'idée sous l'aspect d'une idée complète, concevable par elle-même ; la dénomination adjective de cette même qualité présente l'idée sous l'aspect d'une idée incomplète qui requiert, pour être complétée, l'idée de quelque objet auquel elle peut être considérée comme inhérente » (TF, p. 117). Ainsi le passage abrupt de la forme adjective à la forme substantive consiste-t-il à prendre la partie pour le tout, l'idée partielle pour l'idée pleine et entière, ce qui est la définition même de l'erreur selon Spinoza et celle même de la surdité d'une notion chez Leibniz.

3. A supposer que je cherche, comme Pascal, le centre de gravité d'une cycloïde, je puis bien tenir la cycloïde, d'une part, son centre de gravité, d'autre part, pour des entités réelles ; il n'empêche que, pour résoudre le problème, il me faudra tenir des cordes très petites pour identiques à leurs arcs, des surfaces pour des sommes de lignes, des lignes pour des sommes de points ; autant d'entités que je sais irréelles, mais qu'il faut bien poser comme si elles étaient réelles, quoique en toute rigueur cela soit impossible.

culier lorsqu'il s'agit de résoudre des problèmes ou de les contourner. Bentham le souligne très bien dans les domaines juridique et mathématique, lorsqu'il dit, non sans ironie, que, si l'on introduit une fiction (dans un raisonnement scientifique ou une argumentation juridique) et qu'elle produit un effet réel, on en dénonce ordinairement le caractère fallacieux ; et que, en revanche, si on l'introduit et qu'elle n'a guère d'effet, on lui reproche d'être une charge inutile[1]. La vérité est qu'on en attend des résultats par un détour qu'on souhaiterait clandestin. Par la fiction, il s'agit toujours d'affirmer le faux que l'on sait être faux, comme s'il se fût agi de vérité[2].

Plus souvent encore, la fiction consiste à transformer un adversaire en allié : on le voit dans le calcul infinitésimal, lorsque le mathématicien tourne l'infini, qui est le véritable obstacle à ses quadratures, rectifications et recherches de centres de gravité, en instrument de résolution des courbes en polygones, des régularités en d'infimes irrégularités, etc. En matière de fictions, les instruments d'attaque sont en même temps des instruments de construction. Dans le *Manuel de sophismes politiques*, Bentham ne cesse de dénoncer le renversement du verbe et de l'adjectif en substantif comme l'une

1. « Ce que vous avez fait au moyen de la fiction, pourriez-vous ou ne pourriez-vous pas le faire sans elle ? Si vous ne le pouvez pas, votre fiction n'est qu'un mensonge pernicieux ; si vous le pouvez, c'en est un superflu » (B, vol. VII, p. 283). Ce texte, qui concerne les fictions légales, aurait pu être écrit à propos de la mise en œuvre des fictions scientifiques et l'est en effet lorsqu'il s'agit de critiquer, à la façon berkeleyenne, la théorie des fluxions : « Dans cette méthode, on utilise une fiction. On dit qu'un point, qu'une ligne ou qu'une surface continuent de fluer, là où en vérité il n'y a pas de fluctuation. Comment la vérité mathématique, dont on dit qu'elle est la vérité par excellence, est-elle conciliable avec une telle fausseté ? » (TF, p. C).

2. On trouve chez Leibniz un somptueux exemple qui montre comment le mouvement qui crée les fictions est en même temps celui qui crée la notion de vérité. Ainsi, dans son IVe écrit à Clarke du 29 mai 1716, Leibniz explique-t-il : « Quand je dis A est à B comme 2 est à 1, je puis changer ce complexe en incomplexe en disant : le rapport entre A et B, comme entre 2 et 1, est vrai. Ainsi les êtres relatifs se réduisent-ils en effet aux vérités. »

des grandes ruses pour feindre la pensée, imposer le respect, simuler la solution d'un problème. Mais il montre à la fois que ce retournement est l'un des principaux processus de savoir. Pas de savoir sans discours ; pas de discours sans fictions[1] ; ainsi n'y a-t-il pas de savoir sans fictions[2].

Cet aspect discursif du savoir ne se voit pas seulement dans le calcul infinitésimal : il se voit mieux encore dans la doctrine des probabilités, où le discours n'apprécie sa valeur de discours sur les choses qu'en se faisant discours sur lui-même.

Or la doctrine des chances n'offre pas seulement, par les concepts qu'elle met en œuvre – probabilité, chance, espérance… – une matière à penser : elle constitue un second paradigme suivi par la théorie des fictions pour se bâtir. Comme le précédent, ce paradigme combine une phase critique avec une élaboration positive. Ainsi, la notion de « probabilité » permet de détruire une conception newtonienne des lois scientifiques. Mais Bentham sait aussi donner à cette notion un autre statut, positif cette fois ; car, si fictives soient-elles, les probabilités n'en permettent pas moins de penser et de transformer le réel, leur doctrine constituant un excellent outil pour structurer la réalité à partir d'une situation présente ou pour conjecturer de grandes lignes de force dans l'ensemble des événements.

1. « Dire que, dans le discours, on ne doit jamais recourir, sous aucun prétexte, au langage des fictions, reviendrait à dire qu'il ne faut jamais tenir de discours sur des sujets qui impliquent des opérations ou des affections, ou d'autres phénomènes de l'esprit » (C, p. 369-370). Peut-être y a-t-il sur ce point quelques réminiscences de Berkeley, qui dans ses *Dialogues entre Hylas et Philonoüs* (3e dialogue) s'occupe de l'expression métaphorique : « dans l'esprit » (*in the mind*). C'est un thème constant de la philosophie de l'évêque de Cloyne de souligner que le langage employé pour décrire l'esprit et les opérations de l'esprit est métaphorique (*Notebook*, § 178, 223, 527, 540, 544, 736, 847 ; *Principes*, § 144 ; *Traité du mouvement*, § 3 ; *Alciphron*, VIe Dialogue, § 9).

2. C'est l'un des points que, lointainement, Locke avait mis en relief : « Bien que le savoir trouve sa fin dans les choses, cependant il est à peine séparable des mots » (*Essai*, liv. III, chap. IX, § 21).

La probabilité comme fiction

Pour comprendre l'usage que Bentham fait des probabilités, il faut avoir présents à l'esprit, sur ce chapitre, les travaux de Hume, qui fut peut-être le premier philosophe à élaborer une théorie à la hauteur de la doctrine des chances de son époque. On trouve chez lui, en effet, les grandes distinctions du domaine : l'opposition et la liaison de la probabilité des causes et de la probabilité des chances ; la différence et le jeu de la probabilité subjective (que Bayes appellera *chance*) et de la probabilité objective (que Bayes appellera *probability*)[1] ; la séparation entre l'usage mathématique des probabilités (qui traite le semblable comme une identité) et l'usage empirique, lequel est, au bout du compte, le seul intéressant, mais aussi le plus décevant.

Ces grandes distinctions sont maintenues chez Bentham ; mais leur horizon ne se limite plus à la seule critique religieuse, qu'elle soit celle de la Providence ou des miracles : il est celui, beaucoup plus riche et divers, des questions morales, politiques et économiques, quand bien même Bentham ne répugnerait pas, sous le nom – déjà tant récusé à son époque – de « métaphysique », à effectuer un travail de philosophie première, c'est-à-dire d'ontologie et de fondement des sciences, comme on le voit dans *Of Ontology* et dans les *Chrestomathia*. Enfin, autant la conception probabiliste de l'univers portait Hume vers un conservatisme observateur et prudent, autant elle porte Bentham non seulement vers une conception nominaliste du savoir, mais vers une volonté de changer le monde économique, politique et social.

1. La « chance » constitue un degré dans les raisons de croire ; la « probabilité » s'applique plus directement aux événements. Ainsi Bayes parle-t-il, avec quelques variantes il est vrai, de « *the chance I am in the right in my guess* » et de « *the probability of the happening of an event* » (*Essai…*, *op. cit.*, p. 72). Ce qui n'empêche nullement Bayes de dire qu'on peut donner *le même sens* à la « chance » et à la « probabilité ».

En observant de près, chez Bentham, la transformation des points que nous venons d'énumérer chez Hume, on trouve d'abord, sur fond d'un large accord sur la *causalité* et sur l'idée de *loi*, une promotion de l'élément linguistique chez le penseur utilitariste. Hume avait repéré dans la causalité une composante irrationnelle[1] qui nous porte à imaginer que les événements futurs seront semblables aux événements passés, la mise en œuvre d'affects engageant plutôt la vie et la nature que l'intelligence. Or, si Hume avait réussi à transformer en fiction une autonomie prétendue de la raison, une identité censée être celle de la vie, si le terme de « nature » est particulièrement fuyant dans sa philosophie, il n'a pourtant jamais osé écrire avec une clarté comparable à celle de Bentham que la nature était, comme la raison, une fiction (cf. Glossaire, p. 236). Pour Bentham, la *nature* ne saurait être un point d'appui dynamique pour nos activités : elle n'est que l'envers fantasmatique de nos opérations qui cherchent à s'oublier elles-mêmes, ou à dissimuler leur précarité et leur instabilité[2].

Dès lors on assiste à un singulier retournement : chez Hume, l'analyse de la causalité fait voler en éclats les notions d'*auteur* et d'*autorité*, si du moins on prétendait leur attribuer une quelconque substantialité. L'*auteur* d'une œuvre ou d'un acte quelconque n'est que l'unité nominale et réellement inconsistante d'un nombre incroyablement élevé d'événements et de liaisons d'événements. La critique de cette notion d'*auteur*, dont Hobbes avait déjà bien perçu le caractère fictif[3], vise évidemment à contester l'expression d'*auteur divin* (de la nature). Mais, accomplissant jusqu'au bout l'inversion, Bentham va plus loin et ne tient pas pour plus réelle que l'*auteur* la multitude de causes qui en sous-tend la

1. Qu'on l'appelle « instinct ou tendance machinale » (*Enquête*, *op. cit.*, sect. V, dernier alinéa).

2. Sans ignorer les attaques de Berkeley – à qui il emprunte nombre d'actes, de techniques de combat, de styles de critique – contre la *matière*, Bentham préfère encore cette notion de *matière*, qu'il juge moins fallacieuse que celle de *nature*.

3. *Léviathan*, Ire partie, chap. XVI, 4e alinéa.

notion : il pose que « la causalité est une entité fictive de l'autorité[1] ». On peut accorder plus de réalité à l'autorité qu'à la causalité[2]. Ce qui n'empêche nullement Bentham de traiter l'autorité, dans le *Manuel de sophismes politiques*, comme la première et principale des fictions.

Cette autorité dans laquelle Bentham voit la réalité de la causalité déplace bien sûr radicalement la « croyance » humienne ; elle permet toutefois aussi aux deux philosophes de s'accorder pleinement sur le caractère irrationnel, imaginaire et seulement métaphorique de l'idée de loi[3] ; l'induction ne pouvant nullement être parfaite quand elle prétend s'appuyer sur l'expérience.

Mais la causalité, ainsi traitée comme une entité fictive, n'est qu'une approche possible de la probabilité ; qu'en est-il de l'autre aspect, celui des chances ? L'approche essentiellement linguistique de Bentham fait aussitôt apparaître la probabilité des chances comme une fiction. En effet, dire que le dé que j'ai entre les mains a une chance sur six – s'il n'est pas pipé – de présenter l'as ou quelque autre face, c'est tenir un étrange discours, à la fois réel – car il est bien vrai que le dé présentera l'une quelconque de ses six faces quand il sera retombé – et totale-

1. « La cause, quand le mot est utilisé au sens propre, est le nom d'une entité fictive ; si vous voulez le nom de l'entité réelle qui lui correspond, substituez le mot *auteur* [...] au mot *cause* » (C, p. 280). On pourrait voir ici un souvenir du *Traité du mouvement* de Berkeley. Au paragraphe 3, l'auteur souligne en effet que l'explication des phénomènes physiques s'effectue par une série de métaphores venues des opérations mentales et de la causalité spirituelle, seule causalité authentique selon lui. On mesure ici l'étrange influence qu'a pu avoir Berkeley sur des auteurs si différents de lui, au XVIIIe et au XIXe siècles.

2. Ainsi, l'*auteur*, même s'il est défini à la façon de Hobbes (*infra*, p. 133), est-il délibérément tenu pour une entité réelle, et non pour une entité fictive (*infra*, p. 139).

3. *Of Laws*, chap. X, § 26 : « Cette pierre, placée dans certaines circonstances, se meut en direction de la Terre. Ce mouvement n'est pas une loi. Dix mille pierres placées dans des circonstances semblables se meuvent aussi en direction de la Terre. Nous n'avons pas davantage affaire à une loi. On peut observer une certaine uniformité dans les mouvements de toutes ces pierres. Mais cette uniformité n'est pas non plus une loi. » Le physicien ne parle de « loi » que de façon métaphorique.

ment irréel – car, une fois qu'une face sera présentée, elle tirera à elle toute la réalité et il sera désormais absurde d'attribuer la moindre réalité aux cinq autres possibilités. La probabilité est éminemment fictive ; Bentham l'appelle un « médium[1] » et il la gratifie par là de l'attribut même par lequel il qualifie, dans un autre texte[2], l'imagination. Elle est intermédiaire entre la réalité et l'irréalité ; le langage permettant de lui offrir, du même mouvement, une pseudo-existence et une vérité.

On peut dire en outre que la distinction benthamienne des fictions de premier ordre, de second ordre et finalement de énième ordre permet d'ordonner puissamment une notion pour laquelle elle semble avoir été forgée tout exprès. La distinction des degrés de fictions correspond exactement à ce qu'on peut attendre de la distinction des probabilités « objectives » et des probabilités « subjectives ». Si l'on peut déjà tenir pour une fiction la probabilité de 1 sur 6 qu'a l'as de sortir si je lance le dé, on doit alors tenir pour une fiction plus complexe la probabilité entendue au sens bayesien de *raison de croire*, voire au sens bernoullien de *fraction de certitude*. Bayes cherche la chance d'avoir raison lorsqu'on attend qu'un événement se produise entre deux degrés de probabilité. Il est clair que la probabilité qu'il obtient est une chance de probabilité. Avant lui, Jacques Bernoulli enquêtait sur le seuil à partir duquel il ne valait plus la peine de multiplier les expériences pour savoir avec une certitude presque entière que la probabilité d'un phénomène tient dans un certain rapport[3].

Que Bentham ait cherché à intégrer la notion et les méthodes des probabilités à la *théorie des fictions* qu'il installe généralement au fondement des sciences, et particulièrement des mathématiques, on le voit dans les *Chrestomathia* où il discute le traitement que son époque

1. TF, p. 55 : « Entre l'existence et l'inexistence, il n'y a pas de milieu, pas d'autre alternative. Par la probabilité, comme par l'improbabilité, on suppose un médium, soit un nombre plus ou moins défini, voire indéfini d'alternatives. »

2. TSA, p. 90.

3. *Ars conjectandi*, IVe partie, chap. IV.

réserve aux chances et aux probabilités. Très attentif à la propriété et à l'articulation des langages des différentes sciences – peut-être dans l'intention de faire une théorie générale des discours –, Bentham remarque que le discours des probabilités est mal adapté à son objet quand le mathématicien utilise la géométrie pour représenter des chances d'avoir raison et des degrés de croyance[1]. Or un discours moins figuratif et plus symbolique que le discours géométrique, par exemple le discours algébrique, qui représente d'ailleurs aux yeux de Bentham le sens même de l'évolution de l'abstraction mathématique[2], serait mieux adapté au calcul des probabilités et fournirait moins l'occasion de fallacieuses diversions.

Non que le discours géométrique soit fatalement discrédité par Bentham sous prétexte qu'il spatialise et réalise l'esprit[3]. Il se pourrait que, comme l'a montré Hume, la géométrie explique mieux certains aspects du psychisme que l'algèbre[4]. Mais, d'une part, il n'est pas dit que la représentation de l'esprit comme une table soit la meilleure façon d'en exprimer la spatialité ; d'autre part, les raisons et les degrés de croire qui sont en jeu dans le calcul des probabilités apparaissent à Bentham mieux mis en œuvre dans un discours symbolique que dans un discours spatialisant. Cette remarque donne de précieuses indications sur le calcul des plaisirs et des peines,

1. C'est le cas de Bayes, qui représente les événements dont il cherche la probabilité comme se produisant sur une surface. L'analogie avec la représentation empiriste de l'esprit comme une sorte de table, que l'on trouve chez Gassendi et chez Locke, est évidente.

2. C'est l'un des thèmes des *Chrestomathia* de montrer comment la géométrie, qui est « l'usage tonifiant et revigorant des mathématiques » (p. 369), se porte d'elle-même à l'usage fictif qui est celui de l'algèbre.

3. Bentham note, dans la même page, qu'il est difficile de parler de l'esprit autrement que par fictions, c'est-à-dire autrement que s'il s'agissait d'une masse de matière (C, p. 371-372).

4. Ainsi convient-il de distinguer, chez Hume, des passions *algébriques*, qui, comme la crainte ou l'espoir, coïncident avec les passions directes, et les passions *géométriques*, qui, comme l'orgueil et l'humilité, ou l'amour et la haine, coïncident avec les passions indirectes.

où les probabilités jouent un rôle de premier plan. Elle pose en outre la question de la cohérence du schème des probabilités avec le schème des fluxions qui sous-tend la méthode des fictions et qui, s'il peut recevoir une traduction algébrique, est tout de même fondamentalement géométrique.

Toutefois, outre ses aspects géométriques et algébriques, la doctrine des chances est reçue, chez Bentham, à la façon de Leibniz et de Hume : comme une logique ; c'est principalement cette forme qu'elle revêt dans la théorie des fictions.

Aspects logiques de la fiction des probabilités

La logique bayesienne est la logique même de la représentation. Quand on ne peut pas se représenter une chose directement, on peut encore se la représenter indirectement. Mais alors la représentation change de sens. Elle perd en tout cas le sens de copie qu'elle peut paraître avoir quand elle est directe, l'aspect performatif de la représentation l'emportant sur tous les autres aspects[1].

Ce qui est vrai théoriquement l'est aussi pratiquement, en particulier sur le plan de la représentation politique. Quand on ne sait pas directement ce qu'il faut faire dans une situation, on a encore la possibilité de choisir des représentants censés savoir mieux que les autres résoudre les difficultés. Cette stratégie mise en œuvre en cas de pénurie d'informations trouve dans le bayesianisme un traitement rationnel de la délégation ou de la représentation indirecte. S'il faut, comme le faisait Pascal, distinguer l'entendement et la volonté et n'attribuer en principe la connaissance qu'à l'entendement, il faut dire aussi que

1. Même si Bentham en limite sévèrement l'usage, « la force probatoire de l'autorité » ou celle des « preuves circonstancielles » n'en est pas moins distinguée de « cette espèce d'information qui relève de l'expérience directe » (MSP, p. 202).

l'espérance et la probabilité sont fondamentalement liées au vouloir et qu'il existe une compréhension de ce vouloir qui peut éclairer la pratique. Quel lien unit la probabilité des propositions et leur autorité, ou plutôt l'autorité de ceux qui les énoncent ?

Certes, la grande ambition de ceux qui s'exercèrent à la doctrine des chances au XVIIe siècle, tout le long du XVIIIe et jusqu'au début du XIXe siècle, fut fondamentalement d'assigner un degré de probabilité à des propositions. La probabilité n'est autre chose que le degré de force probatoire d'un jugement ; comme Bernoulli, Bentham cherche les principes qui permettent de la mesurer. Chez l'un comme chez l'autre, elle se trouve au fondement d'une théorie des preuves judiciaires. Toutefois la référence bernoullienne réside dans les *Topiques* d'Aristote : il s'agit de découvrir, à l'égard de l'opinion, une attitude scientifique, alors même qu'on ne connaît pas directement l'objet sur lequel on opine. En revanche, Bentham se réfère moins aux *Topiques* qu'aux *Réfutations sophistiques* [1]. Sans doute, dans une situation donnée, vaudrait-il mieux savoir quoi faire, mais comme on ne le sait pas et qu'il est parfois urgent de faire quelque chose, l'une des tâches de la dialectique – au sens aristotélicien du terme – peut être de réfuter ceux qui prétendent savoir, dûment ou indûment. Cette réfutation ne donne pas l'avantage d'une intuition directe ; mais, apagogiquement et graduellement, sans que rien ne nous soit donné sous la forme de quelque expérience (externe ou interne), une proposition de valeur se dessine en négatif. Bentham insiste sur ce qu'il appelle le *censorial sense* [2] du principe d'utilité [3].

1. Les premières lignes du *Manuel de sophismes politiques* revendiquent cette filiation (MSP, p. 183).

2. « Dans son sens de censure, le principe de l'utilité tient le plus grand bonheur du plus grand nombre pour la seule fin universellement désirable » ; Bentham oppose ce *censorial sense* à l'*enunciative sense*, ce qui est le versant positif et assertorique de l'énoncé, qui pose que le bonheur propre de chaque homme est sa seule fin réelle (TSA, p. 59-60).

3. Il dit aussi qu'une « représentation fausse, pour être utile, doit être détectrice de preuve » (TSA, p. 50).

Cette complication subtile est pourtant celle du régime politique que Bentham finira par préconiser : la démocratie indirecte. Car l'élection des délégués ne se passe pas d'une opposition critique exercée sans relâche et sans entraves à l'encontre de leurs actions[1]. Si les valeurs pouvaient émerger autrement que par ce procédé indirect et si elles pouvaient être connues différemment, la démocratie serait alors le régime le plus inutile et le plus encombrant de tous. C'est parce qu'on ne sait ni le vrai ni le juste qu'elle est nécessaire et qu'elle se montre effective.

Pour pénétrer le détail des principes qui permettent de décider de la valeur probatoire[2] d'une argumentation à partir de l'autorité de ceux qui l'émettent dans la situation où ils sont, il faut nécessairement passer par la critique de cette situation. Bentham analyse ce qui constitue l'autorité d'une personne selon quatre constituants, tous quantifiables : 1. le degré de compréhension relative et appropriée de la preuve en question (le degré de compétence) ; 2. le degré de probité relative de cette même personne (la personne ment-elle ? est-elle dans une situation où elle a intérêt à mentir[3] ?) ; 3. la proximité ou

1. Le gouvernement doit pouvoir agir ; mais la liberté d'opinion à son égard, et tout particulièrement la liberté de la presse, doit être la plus grande possible. Dans le *Constitutional Code*, liv. I, chap. VIII (B, vol. IX, p. 41), Bentham parle du « contre-pouvoir » (*counterforce*) exercé par le tribunal de l'opinion publique à l'encontre du pouvoir du gouvernement.

2. Bentham parle de la *probative force of authority*, ou de la *legitimately probative force* (MSP, p. 202), et aussi de la *legitimately persuasive force* (MSP, p. 195, 199).

3. Bentham analyse plusieurs types d'hommes qui, par leurs fonctions mêmes, ont intérêt à mentir. On ne peut se fier à un juriste pour obtenir une clarification du droit, alors qu'il tire profit de l'obscurité des textes et des pratiques juridiques. Les ecclésiastiques ont également intérêt à rendre leurs ouailles dépendantes. Ne croyons toutefois pas que la confiance que l'on serait tenté d'accorder aux savants pour se délivrer des fausses autorités serait toujours mieux fondée. Bentham accuse même le juriste et le prêtre d'être allés jusqu'à « forger l'instrument du langage ou – du moins – *d'avoir pris part à sa constitution* » (cf. Glossaire, Texte 1, p. 199). La situation est compliquée, car si Bentham, dans le sillage des Lumières, compte généralement sur les savants pour

l'éloignement entre le sujet de l'opinion et la question qui se pose (soit : le degré d'adéquation de la réponse) ; 4. la fiabilité des canaux ou des intermédiaires par lesquels l'opinion dont on fait l'hypothèse s'est travestie (est-ce que ce qui a été transmis comme étant l'opinion d'une personne est conforme à cette opinion ou pas ?) (MSP, Ire part., chap. I, sect. 1).

Pourtant Bentham est trop prudent pour assigner une valeur arithmétique à l'autorité. Il n'a pas la témérité de Hutcheson[1], qui n'hésite pas, dans le droit fil de l'*Ars conjectandi* bernoullien, à déterminer par des formules la vertu avantageuse ou la vertu désavantageuse, à partir du « moment du bien », de « l'intérêt », de la « compétence » (*ability*). Mais il ébauche une grandeur dont il épelle les relations qui permettent de représenter, puis qui, peut-être un jour, rendront possible la mesure du degré d'autorité. On peut évidemment hésiter sur la pondération différentielle de ces relations, sur l'exhaustivité de leur dénombrement, sur leur degré d'indépendance ; ainsi, Bentham fait intervenir une quantité d'information[2] dans l'évaluation de l'autorité, ce qui recouvre en partie l'acception de la compétence. Si Bentham a l'idée d'un calcul, il est encore loin de sa réalisation ; mais

---

faire cause commune avec le grand nombre, pour éclairer la réalité des situations, les choix qu'il est possible d'y faire et pour démasquer les autorités et les pouvoirs fallacieux derrière lesquels se dissimulent les intérêts du petit nombre, l'auteur des *Chrestomathia* ne fait toutefois pas exception des intérêts de la communauté des savants, prise comme un tout, voire des intérêts qui la divisent en elle-même. Dans les *Chrestomathia* (p. 390), il soupçonne même les savants d'entretenir l'équivoque, sinon dans les concepts, du moins dans les noms qui les désignent : « Lorsque quelqu'un a finalement réussi, après beaucoup d'efforts, à se rendre expert dans l'utilisation d'un instrument, à quelque espèce qu'il appartienne, il prend naturellement plaisir à jouer avec lui ; l'amour du pouvoir et l'amour d'être admiré se joignent pour être comblés par cet usage. »

1. *An Inquiry concerning moral good and evil* (1725), sect. III, § XI, in *Collected Works of Francis Hutcheson*, édition préparée par B. Fabian, Olms, Hildesheim, 1971, vol. I, p. 168 *sq*.

2. Bentham parle de la *mass of information* comme constituant la *mass of authority* (MSP, p. 196, 206).

l'analyse est indiscutablement plus poussée que celle à laquelle se livre Hume sur les miracles[1] et, surtout, elle est considérablement généralisée[2] et étendue à toutes sortes de domaines, dont les plus fondamentaux sont le droit, la morale et la politique. Il y a plus : outre que cette conception de l'argumentation deviendrait aussi perverse que ce qu'elle dénonce si l'on pouvait attaquer frontalement plutôt que de biais les arguments d'un adversaire (MSP, p. 200), elle n'a de sens encore que dans une situation où il n'est pas facile de désolidariser les arguments de leurs circonstances, où les essences ne sont saisissables, comme chez Pascal[3] et Hume, qu'en leur étant

1. On sait avec certitude que Bentham a étudié les arguments de Hume contre les miracles et qu'il les a rattachés à la théorie des preuves. John Stuart Mill l'a noté dans *A System of logic ratiocinative and inductive*, Toronto/Londres, University of Toronto Press/ Routledge & Kegan Paul, 1973, p. 627. Voir aussi Halévy, FRP, II, p. 260. Par une étrange ironie, l'argumentation de Hume contre les miracles repose sur l'équation de l'espérance qui tramait déjà le « pari » de Pascal : l'association du fonctionnement normal de la loi physique (la perte) et de la probabilité que la personne ne dise pas la vérité en racontant un miracle (probabilité de perdre) l'emporte très largement sur l'association du gain que représenterait l'existence d'un miracle (c'est-à-dire l'existence d'une exception à la loi) et de la probabilité de gagner (c'est-à-dire celle que le narrateur dise la vérité). On comprend qu'il n'y ait qu'un seul cas qui permette la croyance au miracle : celui dans lequel il serait extraordinairement improbable que la personne mente ; autrement dit, celui dans lequel il serait miraculeux qu'elle mente. C'est la seule configuration qui permette de rendre commensurables, voire d'égaliser, le gain et la probabilité de gagner, d'un côté, la perte et la probabilité de perdre, de l'autre. Voir *Enquête sur l'entendement humain*, sect. X.

2. Elle ne séjourne plus dans les zones extrêmes où les probabilités sont quasi nulles, ou très proches de la certitude, où les gains sont infinis, où les pertes apparaissent nulles au prix de l'infini du gain. Le *Rationale of judicial evidence* (éd. J. Stuart Mill, 5 vol., Londres, Hunt & Clarke, 1827) installe ses recherches sur le terrain plus ordinaire du droit et de la politique, non plus dans le règne des oxymores de la religion.

3. Sans doute Pascal déplore-t-il qu'on distingue moins le sens et la vérité d'un discours quand il est prononcé par un prédicateur mal rasé ou dont la voix est bizarre ; mais, plus profondément, le moyen de séparer la vérité du calcul des partis des circonstances juridiques et sociales particulières d'une culture.

enchevêtrées. Ainsi, lorsque Hume traite des probabilités non philosophiques, laisse-t-il entendre que même les vérités mathématiques dépendent inextricablement non seulement de l'objet dont elles parlent, mais aussi de la façon dont la communauté des savants les reçoit, c'est-à-dire de la façon dont l'argument a résisté aux assauts de la critique (*Traité de la nature humaine*, liv. I, IVe part., sect. 1, 2e alinéa). La force probatoire d'un argument, qui paraît ne dépendre que de son sens et de ce qu'il représente, est en réalité beaucoup plus composite.

L'aspect dynamique de l'argumentation est inévitable. A coup sûr, la discussion de ce qu'est la « force probatoire » ou la « force de persuasion » est une pièce essentielle de ce que Bentham lui-même appelle une « dynamique » psychologique. Pas plus que Hume, Bentham ne laisse penser que les forces sont faciles à établir en psychologie : le prétendu sentir intime des forces ne procure aucun avantage pour les connaître. On peut au moins supputer l'existence et l'articulation de forces, lesquelles ne se composent pas comme des quantités arithmétiques. Le jeu des forces n'est qu'une reconstruction faite à partir des éléments dont on a conscience. L'analyse des transformations de situations en d'autres est indispensable dans une conception où l'on ne sait pas directement ce que sont les valeurs ; car c'est bien par une modification de forces que les situations évoluent et non par quelque appel de la valeur ou quelque aspiration vers une valeur qui ne se manifeste guère. Si c'est apagogiquement que les valeurs se découvrent, la réalité du processus de la découverte est celle d'une dynamique.

Des nombreuses difficultés liées à une conception qui articule une méthode bayesienne à une dynamique psychique, deux paraissent renforcer le scepticisme qui devait être vaincu par l'organisation et le classement dont nous venons de parler.

La première tient à l'étrange statut du vrai dans cette théorie des fictions : si le vrai dépend d'une dynamique, cette dynamique entend tout de même bien, elle aussi, être vraie. Par quelle dynamique le sera-t-elle à son tour ?

Quelles fictions faudra-t-il créer pour que ses fictions puissent avoir quelque valeur ? On risque alors d'être renvoyé, par ce biais, à l'infini.

La seconde tient, par un autre tour, à la limitation du champ de la logique bayesienne. Dès qu'on a suffisamment d'informations sur une situation, il est clair que la méthode indirecte, la méthode par délégation, devient inutile, voire nuisible, en théorie comme en pratique. Mais connaissons-nous les valeurs et, par conséquent, la vérité de quoi que ce soit, quand bien même la réussite dans le combat politique serait grandement facilitée si l'on parvenait à croire et à faire croire à l'existence d'une vérité positive [1] ?

Toutefois la doctrine des chances de Bayes ne fournit pas seulement le cadre d'une logique argumentative ; elle s'adapte remarquablement au double statut du plaisir, lequel peut être considéré comme une sensation adhérant aux choses et aussi, pour reprendre l'expression humienne, comme une « impression de réflexion », qui relève d'un ordre supérieur par rapport aux impressions de sensation, parce qu'elle les suppose.

Le calcul des plaisirs et des peines

Bentham paraît, une fois encore, ne tracer que les prémices du calcul des plaisirs et des peines. Pourquoi n'a-t-il pas franchi le seuil des formules et en est-il resté à une approche seulement réfléchissante, alors que la logique de son principe d'utilité et les moyens des méthodes probabilistes qu'il utilise devaient le porter au calcul ?

1. Il semble que la politique benthamienne soit prise entre la conviction démocratique, résultant de la méconnaissance fondamentale que nous avons des valeurs, et la nécessité pour mener, avec plus de facilité, le combat politique, de paraître le conduire au nom de valeurs stables, comme on le voit dans le *Manuel de sophismes politiques*.

Bentham l'a dit et répété : le calcul est l'épreuve de probité du principe d'utilité [1]. Si le principe d'utilité, qu'il appellera plus tard le *principe du plus grand bonheur* ou *principe de la plus grande félicité*, ne se transforme pas en calcul de plaisirs et de douleurs, il est aussi vide que les principes qu'il permet de contester, lesquels relèvent tous de la sympathie et de l'antipathie. Il est aussi absurde de réprouver le calcul en déontologie que dans une stratégie en économie marchande [2]. Quels sont les principes de ce calcul ?

D'abord Bentham traite le plaisir et la douleur comme les entités réelles [3] d'un système dont les entités fictives sont les passions, désignées, au sein de chaque culture, par des termes laudatifs, péjoratifs ou neutres. Il reste entendu que les entités réelles et fictives sont relatives les

1. TSA, p. 30 : « Si l'on rejette le calcul, l'ipsedixitisme (dont la maxime pourrait être : c'est vrai parce que je le dis) est le seul principe instrumental utilisable. » TSA, p. 40, 50, 58 : « Sans calcul, le principe d'utilité pourrait flotter inutilement sur l'océan des mots avec les autres fantômes de l'imagination »).

2. TSA, p. 69 : « Réprouver le calcul est aussi absurde en économie mercantile (*mercantile economy*) qu'en déontologie. » TSA, p. 30 : « Il serait trop évidemment absurde de réprouver le calcul dans le cas de l'économie mercantile, mais le calcul n'est pas plus nécessaire pour bien se comporter dans une conjoncture économique qu'il l'est en toute autre occasion. » Cet usage de « mercantile » pose toutefois, ici, un problème linguistique. Ou bien Bentham renverse le sens très « dyslogistique » (connoté négativement) que le mot a pris après la critique du mercantilisme par A. Smith, et il lui donne un sens neutre, voire positif (« eulogistique ») ; ou bien Bentham fait allusion à ce qui est devenu un reproche traditionnel adressé aux mercantilistes : avoir les yeux rivés sur la balance commerciale pour juger d'une économie. En ce dernier cas, nos citations – tout particulièrement la première – prendraient un sens ironique, car un économiste mercantile qui ne compterait pas serait l'équivalent d'un cercle carré.

3. « Que le plaisir et la douleur (comprenez toujours par là les plaisirs individuels et les douleurs individuelles) sont des entités réelles et que, par conséquent, les termes de "plaisir" et de "douleur" sont respectivement les noms d'entités réelles, je crois que personne n'aura le cœur d'en douter » (TSA, p. 76). Cette position est une constante de l'œuvre puisque, dans une note ajoutée à l'*Introduction to the Principles of Morals and Legislation*, Bentham note que « la douleur et le plaisir sont les noms d'entités réelles homogènes » (éd. Harrison, Oxford, Blackwell, 1967, p. 166).

unes aux autres, qu'elles n'ont de sens que les unes par les autres ; que leur répartition varie en fonction des situations (économiques et sociales) qu'il s'agit d'étudier ; ainsi, lorsque Bentham dit que le bonheur est une somme de plaisirs dont on a défalqué les peines, il ne faut pas simplement l'entendre comme une somme arithmétique de plaisirs que l'on juxtaposerait, comme des unités, les uns aux autres ; l'essentiel est de savoir, en tout bonheur, comme en toute passion, retrouver le chemin, c'est-à-dire l'ensemble des opérations, qui nous ramène à des entités réelles[1]. Bentham parle parfois d'un rapport de *traduction* entre le bonheur et les plaisirs (TSA, p. 40). Toute passion, tout bonheur, mais aussi tout plaisir sont des complexes d'opérations composites[2] – comme on en trouve en mathématiques[3].

Bentham a exploré la diversité de ces opérations pour constituer plaisirs, douleurs, passions, intérêts, en grandeurs. La plupart des textes de l'auteur s'accordent à trouver sept composantes de ces grandeurs : l'intensité, la durée, la certitude ou l'incertitude, la proximité ou l'éloignement[4], la fécondité, la pureté et l'extension[5]. Une fois qu'on a averti que la fécondité est la capacité, pour un plaisir, d'en susciter d'autres, et que sa pureté est sa capacité de susciter des plaisirs plus ou moins associés à des dou-

1. La *Table of the Springs of Action* indique bien que ce calcul consiste en « opérations logiques accomplies à la perfection » (TSA, p. 51).

2. Le terme de « composition » revient souvent pour définir le bonheur. Voir TSA, p. 60. Bentham a parfaitement conscience non seulement de la multiplicité, mais aussi de la diversité des opérations nécessaires à l'élaboration du calcul des plaisirs et des douleurs.

3. La somme triangulaire ou la somme pyramidale dont Pascal se sert pour calculer le centre de gravité d'une figure fictivement suspendue aux bras d'une balance constituent typiquement des complexes de cet ordre. Bernoulli, en combinant existence et révélation pour calculer la force probatoire des arguments, Hutcheson, avec son idée de *moment*, ont eu recours à la même opération. L'équation de l'espérance mathématique est, à sa façon, un équilibre de moments.

4. Seul paramètre commun avec l'autorité dont nous avons précédemment détaillé les composantes.

5. IPML, chap. IV ; TSA, p. 66, 88 *sq*.

leurs, il faut encore faire plusieurs remarques qui appelleront des commentaires, du point de vue de la doctrine des chances. D'abord, la grandeur qui se trouve forgée ainsi est relative, et cette relativité s'inscrit explicitement dans les deux composantes que sont la *fécondité* et la *pureté*. Tout plaisir et toute douleur n'ont de sens qu'en relation avec d'autres ; toute structure que Bentham analyse comme étant celle d'un plaisir quelconque doit être comprise comme ouverte sur d'autres structures. Ensuite, la probabilité intervient ici comme une composante de grandeurs, à titre de quantité de certitude ; on peut craindre, sous cet angle, que les composantes ne soient pas rigoureusement indépendantes et qu'il soit très difficile de les pondérer les unes par rapport aux autres[1]. Enfin, Bentham envisage fort bien que la grandeur qu'il vient de forger puisse être évaluée en argent, quelle que soit la nature des plaisirs qui se trouvent analysés.

En dépit des apparences, la probabilité ne fait pas l'objet de la seule remarque centrale ; les commentaires appelés par l'ensemble des trois remarques précédentes confluent tous sur cette notion dont l'analyse déborde considérablement celle des troisième et quatrième composantes de la grandeur (certitude et proximité). D'abord en quel sens le plaisir et la douleur peuvent-ils être tenus pour des grandeurs ? Pour répondre à cette question, il faut commencer par écarter le contresens le plus flagrant, quoique le plus ordinaire : Bentham ne dit pas que le plaisir et la douleur sont des grandeurs, mais qu'ils *doivent être tenus pour tels* par le législateur et le déontologue. Aux yeux du législateur, il importe peu que l'on tienne le plaisir et la douleur pour des impressions de sensation, des

1. Bentham présente comme sa découverte, par rapport à l'*Essai de philosophie morale* de Maupertuis, d'avoir tenu compte de ces deux paramètres que sont la proximité et la certitude. Voir Halévy, FRP, I, p. 305. Halévy craint, sur ce point, un chevauchement des « *circumstances* » que sont la proximité et la probabilité : « N'y a-t-il pas quelque confusion dans cette énumération d'éléments ? Maupertuis, malgré le reproche que lui adresse Bentham à ce propos, n'avait-il pas raison d'éliminer l'élément *proximité* ? L'élément proximité ne semble, effectivement, accroître la valeur d'un plaisir que dans la mesure où il cause un accroissement de *certitude* » (*op. cit.*, I, p. 210).

impressions de réflexion, des appréciations susceptibles de justesse, de vérité ou de fausseté, voire pour de simples faits comme Protarque dans le *Philèbe* : la seule perspective qui vaille est de les considérer dans un ensemble d'hommes, plus ou moins nombreux et diversement structurés, d'une part comme commensurables et susceptibles d'entrer dans des équations, d'autre part comme compatibles les uns avec les autres. La politique benthamienne ne consiste pas à dire qu'il y a des plaisirs meilleurs que d'autres et à corriger les plaisirs qui s'écarteraient de cette prétendue norme : elle est de rendre compatibles les plaisirs moyennant quelques douleurs et de n'interdire que les plaisirs radicalement incompatibles avec la coexistence d'autres plaisirs. Le point de vue du législateur est celui d'une maximisation ; il s'agit de constituer un tout cohérent et relativement stable de plaisirs et de douleurs qu'il considère comme des « instruments [1] ».

Pour le déontologue, le problème se pose autrement, car, à la différence du législateur, qui n'est pas nécessairement un métaphysicien, encore que sa tâche dépende de la métaphysique, le déontologue doit se prononcer sur la nature du plaisir et de la douleur [2] et sur leur fonctionnement réel. C'est là que nous retrouvons, dans toute son ampleur, la réflexion sur les probabilités. La déontologie ne peut pas davantage que l'économie refuser le calcul, mais il ne s'agit pas pour autant de traiter les plaisirs et les douleurs comme des choses : loin d'être celle des biens et des marchandises, leur commensurabilité est celle de *feelings* [3] (de « sentiments ») dont on repère la diversité par des classements. Un auteur passerait-il autant de temps à

1. IPML, chap. IV, § 1, p. 151 : « *Pleasures and pains are the instruments [the legislator] has to work with* ».

2. Le plaisir et la douleur sont des « perceptions intéressantes » (IPML, p. 155). Les sensations sont, d'ailleurs, chez Bentham, des perceptions accompagnées de plaisir ou de douleur, voire des deux à la fois.

3. TSA, p. 69 : « La seule méthode rationnelle pour constituer un système de déontologie : prendre en compte les sentiments (*feelings*) de toutes parts ; un compte qui, s'il ne s'effectue pas en livres et en shillings, est fait néanmoins de choses qui les requièrent quand on leur assigne toute leur valeur. »

classer les plaisirs s'il devait les tenir uniformément pour des grandeurs ? La grandeur des plaisirs et des douleurs doit s'entendre dans le sens où, chez Bayes, nos chances d'avoir tort ou raison en croyant telle ou telle chose ont elles-mêmes une grandeur. Hume avait ouvert le chemin et souligné dans l'un de ses essais intitulé *The Sceptic* que la valeur ne se confond pas avec les objets qui en sont les supports et ne répond pas à la même logique qu'eux[1]. Sans doute existe-t-il un rapport entre les valeurs et leurs objets, mais ce rapport est indirect. De même, la doctrine bayesienne distingue-t-elle entre la « probabilité » (qu'un événement se produise) et la « chance » d'avoir raison en affirmant ce degré de probabilité ; celle-là représente plus directement l'expérience des choses que celle-ci, qui ne traite qu'indirectement de cette expérience et porte sur des degrés de croyance. Certes la représentation mathématique fait que, d'un certain point de vue, qui n'est autre que celui de la quantité, la « chance » et la « probabilité » ne se distinguent pas ; mais il faut se garder de prendre l'une pour l'autre la croyance et la représentation qui mesurent plus ou moins directement les objets. On commet un évident contresens lorsqu'on assimile la logique des plaisirs à celle des biens[2] et que l'on croit pouvoir déceler, dans

1. « *Objects have absolutely no worth or value in themselves. They derive their worth merely from the passion.* » Ce sera encore le point de vue d'Adam Smith, qui, au chapitre VII du livre IV de *La Richesse des nations*, souligne que « tout échange est essentiellement échange non d'un objet contre un objet, mais d'une peine contre un plaisir, de la peine de se séparer d'un objet utile contre le plaisir d'acquérir un objet plus utile : la valeur économique réside dans cette équivalence » (cité par Halévy, FRP, I, p. 118). Il faut rendre hommage à Halévy d'avoir parfaitement souligné, sous cet angle, la filiation de Smith à Bentham : « Si c'est le principe fondamental de la doctrine que le plaisir est la fin naturelle des actions humaines, c'est un autre principe, presque aussi essentiel, que, naturellement, tout plaisir s'échange contre une peine, s'achète au prix d'un travail, d'un effort, d'une peine » (FRP, I, p. 150).

2. Bentham insiste sur ce point de toutes les façons : les paramètres qui constituent les plaisirs et les douleurs comme des grandeurs ont souvent des seuils d'intensité maximaux et minimaux, que ne sauraient avoir les biens. Bentham ne se lasse pas de répéter que le bonheur a ses limites, alors que les fortunes n'en ont pas.

la démarche benthamienne, la réduction de toutes les passions à un simple calcul d'intérêts pécuniaires. Il est d'ailleurs étonnant de voir Marx attribuer ce contresens à Bentham et se faire, contre lui, le défenseur des passions [1], comme si les passions ne calculaient pas. Or l'idée benthamienne est celle d'une affinité des passions et du calcul [2] en de multiples sens.

Bentham esquisse une idée que les modernes creuseront [3], selon laquelle les affects ont moins à voir avec leurs objets qu'avec la logique des situations où ils s'insèrent. Et il insiste plus particulièrement, en établissant toutes sortes de règles, sur la différence de fonctionnement entre les objets et la logique de leurs désirs ou aversions, par laquelle il estime expliquer fondamentalement la réalité des processus économiques et sociaux. Si l'on prend l'exemple d'une des multiples lois produites par Bentham dans ce domaine, selon laquelle, « entre partenaires de fortunes égales, ce qui est gagné par l'un devant être perdu par l'autre, le mal de la perte l'emportera toujours sur l'avantage du gain », on voit s'installer cette logique à double niveau, qui est celle de Bayes, mais qui était déjà aussi – est-ce un hasard que la chose se voie si nettement chez l'un des inventeurs du calcul mathématique des probabilités ? – celle de Pascal, lorsqu'il traite ponctuellement de la logique des passions [4].

1. *L'Idéologie allemande*, in *Œuvres*, III, *Philosophie*, Paris, Gallimard, coll. « Bibliothèque de la Pléiade », 1982, p. 1297. Cf. Dossier, p. 261 *sq*.

2. IPML, chap. XIV, p. 298 : « *As to the proposition that passion does not calculate, this like most of these very general and oracular propositions, is not true.* [...] *Passion calculates, more or less, in every man.* »

3. Russell montre, par exemple, très finement, dans *Signification et Vérité*, que quelques situations logiques qu'il analyse sont de véritables pièges affectifs. L'idée plus générale est que, si les mots-objets du langage s'acquièrent au contact direct d'objets d'expérience, les mots logiques, qui ne peuvent pas du tout s'acquérir par là, sont tout de même liés, dans leur apprentissage, à des expériences, mais à des expériences affectives.

4. Pascal dit par exemple : « Nous sommes si malheureux que nous ne pouvons prendre plaisir à une chose qu'à condition de nous fâcher si elle réussit mal » (*Pensées*, Br., 181).

On se montre donc extrêmement injuste avec Bentham lorsqu'on s'évertue à le lire exactement à l'envers, c'est-à-dire lorsqu'on néglige la différence qu'il s'efforce d'installer, dans son calcul, entre la logique des choses et la logique des plaisirs et des douleurs qui leur sont liés et lorsqu'on rabat constamment la dernière sur la première, alors que l'idée de son utilitarisme est que l'échange des biens et des maux n'a de sens que par un échange de plaisirs et de douleurs, lesquels sont les véritables entités réelles de l'économie et du social. Tout l'effort benthamien exprime, en un sens logique, le système que Hume avait envisagé sous l'angle de la double association. Ensuite, il ne faut pas oublier que, lorsque Bentham définit ce qu'il entend par *calcul*, il ne met pas toujours la quantité en avant, mais parfois « la raison appliquée au sujet de la façon la mieux adaptée à celui-ci[1] ».

Enfin, Bentham s'est servi de l'argent pour exprimer la valeur d'un plaisir ou d'une douleur. Cette mesure par l'argent paraît évidemment cautionner l'idée très clairement exprimée par Marx, dans *L'Idéologie allemande*, selon laquelle Bentham, dans la logique même de l'économie de marché, parachève la réduction des plaisirs et des peines à des marchandises, dépassionnant ainsi les rapports entre les hommes. L'idée est d'autant plus séduisante que Bentham paraît la radicaliser lorsqu'il pose que plaisir et douleur moraux n'échappent pas à l'étalon de

1. TSA, p. 43. Sans doute Bentham dit-il, dans la même page, que « calculer, c'est prendre en compte (sous l'égide du principe d'utilité) les plaisirs et les peines », mais le calcul n'implique pas nécessairement la quantité, et l'on trouve souvent une défiance benthamienne à son égard. L'auteur de la *Table of the Springs of Action* n'ignore pas en effet qu'il n'est pas facile de détecter des erreurs dans les questions de quantité. « La tâche est plus facile de falsifier les grandeurs que d'affirmer faussement l'existence ou l'inexistence d'une chose en vue d'obtenir la croyance » (TSA, p. 50). D'autre part, Bentham est suffisamment averti de l'histoire des mathématiques pour savoir que la définition du calcul par un traitement de la quantité est beaucoup trop restreinte. L'*analysis situs*, la topologie, le calcul des vecteurs… tiennent plus à l'appréciation de relations qu'à celle de quantités.

l'argent[1], ce qui donne au calcul une allure cynique. Or il faut résister à cette fausse interprétation, quand bien même on concéderait volontiers que Bentham ne recule pas davantage que son devancier Helvétius devant la tentation de provoquer les moralistes hypocrites.

Bentham a dit avec beaucoup de clarté que l'argent était un instrument de mesure de la grandeur qu'il venait de forger (soit : ce mixte d'intensité, de proximité, de certitude, etc.) : « Le thermomètre est l'instrument qui sert à mesurer la chaleur de l'atmosphère ; le baromètre, l'instrument qui sert à mesurer la pression de l'air. L'argent est l'instrument qui sert de mesure à la quantité de peine ou de plaisir. Ceux que ne satisfait pas l'exactitude de cet instrument devront en trouver quelque autre qui soit plus exact, ou dire adieu à la Politique et à la Morale » (FRP, I, p. 309).

Comme dans les travaux des probabilistes des XVIIe et XVIIIe siècles, l'argent permet à Bentham de pointer, dans l'expérience économique, un équivalent de ces étranges objets que sont l'espérance, la probabilité, la chance, lesquelles se laissent moins montrer encore que des nombres irrationnels et aussi peu que des nombres imaginaires. Par l'argent, Bentham ne se contente pas de désigner des objets difficiles à repérer autrement ; comme on découvre la commensurabilité d'une somme avec sa valeur, lorsqu'elle est insérée dans un jeu, on peut aussi en découvrir une entre le bien et le plaisir. Mais, au nom de cette commensurabilité, il ne faut pas tout confondre et croire que toute liaison, qu'elle soit celle d'un objet avec son insertion dans un jeu ou celle d'un bien avec un plaisir qui lui correspond, est fatalement d'identité. La commensurabilité monétaire entre des termes ne doit pas occulter l'extrême diversité et variation de leurs liaisons.

1. Halévy, FRP, I, p. 307 : « Si, ayant une couronne en poche et n'ayant pas soif, j'hésite entre acheter une bouteille de bordeaux pour me désaltérer moi-même, ou la dépenser pour donner le moyen de vivre à une famille que je vois sur le point de périr faute d'assistance, tant pis pour moi à la longue : mais il est clair qu'aussi longtemps que j'ai continué à hésiter, les deux plaisirs, de la sensualité d'une part, et de la sympathie d'autre part, avaient exactement pour moi la valeur de cinq shillings, étaient exactement égaux pour moi. »

Les raffinements de la théorie benthamienne des fictions sont donc liés à ceux des méthodes de traitement des probabilités de l'époque. Ils encouragent et fondent le calcul, tout en gardant la pleine conscience de ce qui est calculé. Ils expliquent comment cette théorie est inséparablement critique à l'égard des phénomènes sociaux et de leurs représentations plus ou moins fallacieuses, et constructive, comme on le voit à travers la théorie de l'argent ou à travers celle du châtiment[1].

Difficultés et perspectives

La théorie des fictions, profondément solidaire du calcul des plaisirs et des peines, paraît donc sous-tendue au moins par les deux méthodes du calcul des fluxions et de la doctrine des chances. Si l'accord de ces deux méthodes fait problème, le choix de l'une et de l'autre n'est pas fortuit : l'une et l'autre usent des actes mathématiques ou scientifiques qui restent les plus forts à la fin du XVIIIe siècle et au début du XIXe ; la théorie des fictions renverse aisément les objets en schèmes pour se construire elle-même, très conformément au nominalisme où l'exemple fait thèse.

N'est-ce pas la raison pour laquelle la théorie des fictions n'a pas survécu à sa mise en œuvre benthamienne ? Le projet de *Of Ontology* et des *Chrestomathia* n'est-il pas lié à un âge particulier des sciences ? N'a-t-il pas rivé son sort, en dépit des allures de généralité qu'il se donne par la théorie du langage qui paraît l'animer de part en part, à des théories scientifiques qui vont se trouver sinon périmées, du moins supplantées par d'autres ? S'il fallait que notre époque reprît à son compte cette théorie, ce ne pourrait être qu'avec d'autres doctrines scientifiques et moyennant des changements radicaux. Mais quelles doctrines scientifiques ?

1. La question du contrat est particulièrement étudiée dans la Préface du *Fragment sur le gouvernement* (FG, p. 5-82).

La modification que John Stuart Mill fait subir à la théorie des fictions équivaut à un rétrécissement de son horizon : la logique de la pratique n'apparaît plus que comme une section étroite du *Système de logique* [1], alors que cette logique de la volonté était le véritable fondement du système des sciences chez Bentham. De plus, la complication de la théorie benthamienne n'apparaît plus dans l'exposé systématique qu'en fait Stuart Mill ; l'entrelacement des doctrines, la répartition de leurs diverses tâches ne transparaissent plus dans les résultats. Stuart Mill marginalise la théorie des fictions et fait apparaître la réflexion sur l'idéologie [2] comme un simple secteur du système de logique ; alors que la logique de l'agir constitue peut-être la véritable logique du savoir, puisque le savoir est un mode (ou un ensemble de modes) de l'action.

Le primat de l'action n'équivaut toutefois nullement à un rejet de la philosophie ni à un mépris des valeurs théoriques. Bentham se montre même particulièrement soucieux de saisir, sous l'angle logique, les difficultés qui résultent de sa théorie des fictions concernant les valeurs de vérité et de fausseté. L'auteur des « Hume's virtues » identifiait la vérité « prise abstraitement » à une « espèce extrêmement étrange de personnage, aussi fuyant qu'une anguille » (*in* D, p. 354).

On le sait : ni vraies ni fausses, ni illusoires ni réelles, ni définissables ni totalement indéfinissables puisqu'on

1. La théorie des sophismes et la logique des sciences morales constituent le dernier cinquième du *Système de logique* de John Stuart Mill. Pour la dette que Stuart Mill reconnaît volontiers avoir contractée à l'égard de Bentham, cf. Dossier, John Stuart Mill, p. 259 *sq*.

2. Notons ici que le terme d'*idéologie*, qui se trouve parfois sous la plume de Bentham, n'a sans doute pas la technicité qu'il atteindra chez Marx. Le mot vient du français et il s'est chargé, en Angleterre, du sens péjoratif de *métaphysique*. On trouve nettement ce sens dans la lettre de Mackintosh à Dugald Stewart (14 décembre 1802) : « L'Allemagne est folle de métaphysique ; la France s'est livrée à quelques piètres efforts qui ne se sont guère soldés autrement que par la substitution du terme “idéologie” à celui de “métaphysique” ; en Angleterre, cela fait longtemps que de telles spéculations sont passées de mode… » (cité par Halévy, FRP, III, p. 320).

peut les résoudre en paraphrases, les fictions se constituent en marge des valeurs traditionnellement reçues par la logique. On comprend qu'elles aient pu être prises alors particulièrement en compte par un utilitarisme en quête de nouvelles façons d'évaluer et désireux de réviser les anciennes valeurs pour les faire dépendre de la seule utilité. On se contentera de remarquer ici que la valeur de vérité ne peut exister seule, sans mettre en jeu des fictions. Pascal et Leibniz le savaient, et Descartes même obtenait les certitudes les plus élevées de sa philosophie première par le biais d'une fiction comme le « malin génie » qu'il avançait pour la retirer *in extremis* du processus scientifique. Aucune valeur n'est parfaitement isolable, même si le mouvement de la science paraît produire des valeurs pures et détachées. Dès lors, si la vérité est fuyante, les autres valeurs le sont aussi à quelque titre, puisque, ne pouvant jamais fonctionner seules, elles peuvent toujours apparaître comme des intermédiaires. Les positions d'interstices et de points d'appui qu'elles occupent tour à tour sont éminemment interchangeables. A la place de telle vérité, on aurait pu promouvoir telle fiction.

Mais on découvre alors une chose curieuse : si l'accent mis sur les fictions, si la lecture délibérée du système des valeurs à partir des fictions paraissent vaincre la binarité entre le vrai et le faux, par exemple, ne serait-ce que parce que le système de fictions produit une multiplicité indéfinie de niveaux, il faut en réalité distinguer les *fictions bien fondées* des « fallaces », sans qu'aucun relativisme ne puisse permettre de transformer une « fallace » en *fiction bien fondée*. Quelle est donc cette orientation majeure du système entier des fictions qui en limite la relativité et joue à son égard un rôle équivalent à celui que Hume accordait à la croyance ? Le jeu de renversements de l'intermédiaire en principe et du principe en intermédiaire n'annule pas toute valorisation : comment donc se fait-il que la décision de tenir certaines entités pour réelles et d'autres pour fictives n'abolisse pourtant pas la distinction du valable et du fallacieux ?

On se tromperait fort en croyant pouvoir répondre facilement que le fallacieux est l'inutile et le nocif, que le bien-fondé est l'utile. Aucune intuition ne guide pour décider de l'utile, qui ne se révèle pas tellement plus clair que le juste, le vrai, le bon, etc. Pas plus que les autres valeurs auxquelles on croirait pouvoir la substituer, l'utilité n'est donnée ; elle est à fabriquer, comme les autres. Mais bien qu'ils fabriquent leurs valeurs et prennent la décision de tenir pour vraies certaines choses et fictives certaines autres, les hommes ne peuvent ni décider ni faire que ce qui est fallacieux soit rendu valable. L'activisme de principe qu'est l'utilitarisme trouve donc ses limites dans le fait même que l'utilitariste rencontre et dénonce des « fallaces » chez ses adversaires. Au-delà des décisions qui fondent les distinctions du réel et du fictif, on ne peut empêcher qu'il y ait de l'indécidable. Tout en abandonnant toujours davantage le conservatisme de sa jeunesse, il semble pourtant que Bentham ait été de plus en plus circonspect dans sa politique de « déplacement » des valeurs. Nous l'avons vu regretter l'appellation de « principe d'utilité », celle de « radicalisme » ; le moyen, demandera-t-il, de convaincre un homme, sans qu'il perde patience, de renoncer à ce qu'il a toujours cru comme étant ses droits ? Il n'est pas si facile d'apprendre à substituer au terme de « droit » celui d'« espérance » (*expectation*[1]), au sens mathématique du mot ; et à ce dont on est immédiatement convaincu, la simple force du calcul. Enfin, il est étonnant de voir combien ces libéraux anglais, qu'ils fussent ou non conservateurs, avec Hume et Bentham en tête, ont aussi peu « cru » au principe qu'ils ont pourtant promu avant tous les autres : le principe de propriété privée[2].

1. C'est ce terme que Halévy traduit systématiquement, quoique de façon discutable, par « attente ».

2. C'est en pensant particulièrement au droit de propriété que Bentham se fait l'objection suivante : « Il y a plus d'un individu qui ne pourrait supporter patiemment de voir contester la réalité de ces objets qu'il a pris l'habitude d'appeler ses droits » (cf. Glossaire, Texte 3, p. 207). On ne saurait mieux condenser en quelques mots les difficultés pratiques de la position utilitariste : les hommes renoncent difficilement à des croyances bien ancrées. Quant à Hume, qui faisait de la défense de la propriété privée l'une des tâches essentielles de l'État, il n'en montrait pas moins la fragilité

Conclusions

La lecture que nous proposons non seulement de *Of Ontology*, mais plus généralement encore de l'œuvre de Bentham, veut corriger l'image très négative que, au cours de ce siècle, l'on s'est faite en France, pour des raisons diverses, de la doctrine utilitariste. Cette image est passée par quelques phrases de Marx[1] qui ne comptent pas parmi les plus bienveillantes, par la perspective encore trop étroite que Halévy a donnée sur l'ensemble de l'œuvre – encore que Halévy ait été paradoxalement davantage lu en Angleterre[2] qu'en France –, et par la mise en relief chez Foucault du thème du *Panopticon*, choisi comme symbole d'un pouvoir policier qui s'automatise et se désindividualise ; Bentham devenait ainsi, au prix d'un joli jeu de mots, « le Fourier d'une société policière[3] ». Quant à Lacan, qui a su centrer la doctrine, il n'a guère été entendu sur ce point, et les quelques moments qu'il consacre à Bentham, tout particulièrement dans le livre VII de son *Séminaire*, font encore figure, par leur justesse même, de curiosité ; ou plutôt, on a trop bien entendu que l'utilitarisme était condamné par l'hédonisme qui le constitue et qu'il était frappé du verdict d'échec historique[4]. L'utilitarisme est décidément resté une tendance refoulée de notre culture politique, juridique, économique, au moins sur le plan théorique.

Marx a changé ses vues sur Bentham. Parti d'une lecture attentive aux aspects les plus subtils de l'œuvre et

---

et le peu de consistance ontologique des liens entre le moi et ses biens, le moi et ses actes, le moi et lui-même.

1. Cf. Dossier, p. 261 *sq*. Marx a toutefois été un lecteur attentif de Bentham, surtout au début de sa réflexion économique et philosophique.

2. *La Formation du radicalisme philosophique* a été traduite par Mary Morris en 1928, sous le titre *The Growth of Philosophic Radicalism*, Londres, Faber & Faber.

3. Michel Foucault, *Surveiller et Punir*, *op. cit.*, p. 226.

4. Jacques Lacan, *Le Séminaire*, liv. VII, *op. cit.*, p. 12.

s'attachant particulièrement à la dimension de la paraphrase[1], Marx, retournant la théorie des fictions contre elle-même, finit par déceler, dans l'utilité, la catégorie qui réduit au même dénominateur la riche diversité des activités et des passions humaines, parallèlement à l'uniformisation que réalise l'argent sur le marché. Après avoir été lu et même recopié par Marx dans *La Sainte Famille*[2], après avoir inspiré *L'Idéologie allemande*[3], Bentham sera rejeté pour avoir cherché à mesurer les hommes au type du boutiquier anglais[4]. Nous avons déjà souligné les limites de l'interprétation d'Halévy dans *La Formation du radicalisme philosophique*. En ce sens, la récente réédition du livre est justement l'occasion de souligner les aspects linguistiques et logiques qui permettent le mieux d'unifier la pensée de Bentham. Reste l'interprétation de Foucault qui offrit au lecteur, par la réédition du *Panopticon* en 1977, l'occasion d'une curiosité historique, qui avait sa nécessité dans le cadre d'une analyse des pouvoirs disciplinaires.

En réalité, l'image qui se dessinait de Bentham était étrangement fragmentaire. On voyait bien le libéralisme économique de l'auteur, son bureaucratisme, son goût exacerbé pour la surveillance sociale ; on pouvait alors s'étonner de voir Bentham défendre, avec pugnacité, dans la dernière partie de sa vie, les droits d'un suffrage quasi universel qui, en particulier, n'exclurait pas les femmes.

1. Karl Marx, *Œuvres*, III, *Philosophie*, *op. cit.*, p. 1298. Marx appelle *paraphrase* la substitution d'un rapport généralisé d'utilité et d'utilisation à la multiplicité des rapports réels de langage, de passions (en particulier d'amour). (Cf. Dossier, Karl Marx, p. 261).

2. Karl Marx, *Œuvres*, III, *Philosophie*, *op. cit.*, p. 575. Marx s'intéresse alors essentiellement au pénaliste (*op. cit.*, p. 626, 636).

3. La critique est toutefois déjà violente dès cette époque contre Bentham « dont le nez doit d'abord avoir un intérêt avant de se résoudre à sentir » (*op. cit.*, p. 1181).

4. *Le Capital*, sect. VII, chap. XXIV, § V (in *Œuvres*, I, *Economie*, Paris, Gallimard, coll. « Bibliothèque de la Pléiade », 1965, p. 1117-1118) : « Le plus sèchement et le plus naïvement du monde, [Bentham] pose comme homme type le petit bourgeois moderne, l'épicier, et spécialement l'épicier anglais. Tout ce qui va à ce drôle d'homme modèle et à son monde est déclaré utile en soi et par soi. C'est à cette aune qu'il mesure le passé, le présent et l'avenir. »

Et sans doute chacune de ces considérations trouvait-elle de bons arguments, mais aucune ne permettait de faire apparaître l'unité d'une œuvre ou plutôt la continuité d'un parcours, car l'évolution de Bentham ne fait aucun doute, encore qu'elle soit parfaitement explicable. On pouvait même voir, dans ce polymorphisme, la preuve d'une incohérence, peut-être d'une duplicité de Bentham[1]. Or l'unité de l'œuvre et la logique de son évolution se tiennent dans la constitution progressive d'une théorie des fictions, autrement dit dans l'intérêt croissant que l'auteur porte au langage et à sa façon de structurer l'intégralité de l'univers social. Par là nous voyons s'unifier la critique des philosophies du contrat, du droit naturel et des droits de l'homme qui avait d'abord porté l'auteur à défendre des positions conservatrices proches de celles de Hume, la dénonciation des idéologies de toutes sortes, la dynamique psychologique et les divers aspects économiques et sociaux de l'utilitarisme. Ainsi, l'œuvre de Bentham peut-elle jouer aujourd'hui un rôle plus utile que celui de repoussoir où elle s'est trouvée, pour des raisons contradictoires, cantonnée jusqu'à nos jours.

La principale utilité des textes benthamiens que nous présentons ici pourrait être de reprendre leur théorie dans sa double fonction, critique et positive, pour tenter, à nouveau et dans des conditions très différentes, de contribuer à penser le jeu des fictions à l'œuvre dans les sciences de notre temps, et, parmi elles, tout particulièrement dans les sciences humaines[2]. L'avantage de la

1. Ainsi Michel Foucault fait-il apparaître le panoptique comme l'envers de l'idéologie du contrat (*Surveiller et Punir*, *op. cit.*, p. 224) ; l'idée est séduisante, mais il convient de ne pas oublier que Bentham, lui-même, est justement un détracteur de l'idéologie du contrat.

2. Il est clair que, en son temps, Bentham a eu ce projet, comme le prouvent assez les remarques programmatiques de la *Table of the Springs of Action*, p. 63 : « Descriptions de la connaissance auxquelles la Table sera sous-jacente, situant chacune d'entre elles sur son propre socle. Histoire. Politique (y compris la Législation). Éthique. Dynamique. Ce service ne peut être rendu qu'en ordonnant les éléments de ce qui constitue la fin et les moyens communs de

théorie benthamienne des fictions sur les théories postérieures de l'idéologie, c'est que son auteur ne pose pas un ultime point de vue qui permettrait le partage de ce qui est seulement idéologique et de ce qui est parfaitement rationnel et vrai. Le cheminement apagogique du rationnel et du vrai n'a sans doute pas de fin.

---

l'action ainsi que le domaine commun [*subject matter*] de toutes ces disciplines. Branches de la connaissance auxquelles cette Table peut être rendue fondamentalement utile : 1. Histoire ; 2. Législation ; 3. Morale ; 4. Psychologie, au sens large. »

Biographie
Jeremy Bentham (1748-1832)

Jeremy Bentham est né à Londres le 15 février 1748. Il fait ses premières études à Westminster School, avant d'intégrer l'université d'Oxford à l'âge de douze ans. Après l'obtention de son diplôme, il poursuit des études de droit à Lincoln's, puis est reçu au barreau en 1769. Plutôt que d'embrasser la carrière juridique, il décide de se consacrer à la réforme du droit. Son premier grand ouvrage, le *Fragment sur le gouvernement* (1776), constitue une vive attaque dirigée contre la théorie juridique et politique de Sir William Blackstone qui est exposée dans les fameux *Commentaries on the Laws of England* (1765-1769). Il complète sa formation par de vastes lectures philosophiques et scientifiques. Beccaria et Helvétius lui serviront de références permanentes, pour ne pas parler de Locke, de Berkeley, de Hume, de Condillac, de Voltaire. Bentham entreprend par la suite la rédaction de nombreux travaux de législation, en particulier *An Introduction to the Principles of Morals and Legislation* (1789). Il est fait citoyen français en 1792. Après la rédaction d'une série d'écrits consacrés à la Révolution française, il met au point son modèle de prison panoptique. Déçu dans ses tentatives réitérées pour convaincre le gouvernement britannique de réaliser la construction du Panopticon, il se consacre à de multiples sujets sociaux et économiques, ainsi qu'aux questions relatives à la procédure et aux preuves judiciaires. A partir de 1809, il s'intéresse plus nettement à la réforme politique, en soutenant en particulier la transformation radicale de la Chambre des communes, et il expose sa doctrine dans le *Plan of*

Parliamentary Reform (1817). Il se tourne progressivement vers le républicanisme et commence en 1822 son monumental *Constitutional Code*, un vaste plan de construction d'une démocratie représentative, qui l'occupe les dix dernières années de sa vie. C'est précisément durant la dernière période de sa vie caractérisée par l'engagement dans le radicalisme démocratique qu'il écrit ses textes importants consacrés à la déontologie, l'éducation, la religion, la codification du droit, ainsi qu'à la logique et au langage. La renommée internationale de Bentham, largement assise sur les adaptations en français de nombreux manuscrits dues au Genevois Étienne Dumont (en particulier les *Traités de législation civile et pénale* en 1802), connaît un progrès continu au début du XIXe siècle. Ses travaux sont alors diffusés et discutés dans de nombreux pays, dont la Grèce, l'Espagne, le Portugal, et les nouveaux États d'Amérique latine. Bentham meurt à Westminster le 6 juin 1832. Après avoir été disséqué par le docteur Thomas Southwood Smith, son corps est embaumé et publiquement exposé sous la forme d'une *Auto-Icône* que l'on peut encore voir dans un couloir de l'University College London (cf. photo de couverture).

Note sur la présente édition

Quelques données d'ensemble sont nécessaires pour faire comprendre les choix de cette édition.

Loin d'être marginale dans l'œuvre et dans la pensée de Bentham, la *logique utile* et la théorie des fictions qui en forme le noyau sont au cœur de la stratégie critique et réformatrice de Bentham. Comme l'introduction l'a rappelé, Bentham a été en possession de ses principaux concepts en matière de logique et de langage, et en particulier de sa distinction entre entités réelles et entités fictives, assez tôt, certainement dès l'époque du *Fragment sur le gouvernement*, au milieu des années 1770. Le projet de constituer un nouveau système de logique en opposition radicale à la tradition aristotélicienne [1] et pouvant servir de fondement à l'ensemble de l'entreprise utilitariste de réforme politique et juridique semble s'être cristallisé dès le milieu des années 1790. On peut trouver en effet, parmi

1. Aristote est la référence de l'entreprise de refondation de la logique qu'entend réaliser Bentham. Il travaille surtout avec le *textbook* de l'évêque Sanderson, *Logicae Compendium*, qu'il avait déjà étudié au cours de ses études au Queen's College d'Oxford. Au moment où Bentham rédige les manuscrits de son ontologie, il a établi, pour l'avoir peut-être constamment sous les yeux, une vue panoramique des concepts et des catégories transmis par la tradition logique et morale aristotélicienne, vue qui est mise en relation avec les concepts d'entités fictives et d'entités réelles. Le *Compendium* de Sanderson, paru en 1615, et qui restait en usage dans les collèges britanniques au XVIIIe siècle, entendait présenter la logique « complète et achevée » telle que l'avait formulée « définitivement » Aristote. C'est contre cette prétention que s'inscrit le projet de logique de Bentham.

les multiples manuscrits, une première liste de « rudiments » sur le thème de la logique qui pourrait avoir été rédigée dès 1795[1]. Il est certain en tout cas que Bentham s'est vraiment lancé à partir de 1811 dans la rédaction de ce qui aurait dû être un grand ouvrage sur la logique et le langage. La grande période de production théorique se situe dans les années 1813, 1814 et 1815. Comme c'est le cas de nombreux autres travaux qu'il a entrepris, Bentham n'est pas parvenu à achever l'ouvrage projeté. Il n'a cependant jamais cessé, après la période très créative du milieu des années 1810, de remanier les premiers brouillons, de les réordonner, de les raturer, de les réécrire, et ce jusqu'aux tout derniers mois de son existence.

La présente édition ne peut évidemment donner que des échantillons – que nous avons voulus significatifs – des matériaux manuscrits. Une édition intégrale de ces manuscrits composant l'ensemble « *Logic-Language* » s'impose ; elle est inscrite dans la programmation des *Collected Works* réalisées par le Bentham Project.

L'ontologie devait constituer une partie spéciale du système de logique, comme on le voit dans plusieurs des « rudiments » et plans laissés par Bentham ainsi que par les indications marginales portées sur les manuscrits eux-mêmes. On trouve ainsi à plusieurs reprises en tête des brouillons concernés le titre de *Part of Ontology*. En tête de l'un des deux grands brouillons, on trouve aussi l'expression « *Of Ontology* », que nous avons retenue

1. UC, CI, 2. Le manuscrit comporte trois dates (1795, 1797 et 1804) et le titre de *Logic, general rudiments – Plan of a system of logic divided from the consideration of its use*. Les « rudiments » désignent, dans le vocabulaire de Bentham, la liste des thèmes et questions appartenant à un domaine déterminé. On y remarque une partie entière consacrée aux « *Fallacies in general and particular to the different branches of knowledge* ». Les dates ont sans doute été ajoutées ultérieurement par Bentham pour indiquer les moments probables où le manuscrit fut composé.

[Codage des manuscrits : après le sigle UC (University College London), le premier nombre, en chiffres romains, indique la boîte où sont conservés les manuscrits ; le second nombre, en chiffres arabes, indique le numéro du feuillet. La référence complète est la suivante : Bentham Manuscripts, box CII, folio 2.]

comme titre. Cette partie se distingue du reste des manuscrits sur le langage et la logique par l'examen systématique des entités suprêmes de la métaphysique auquel il procède selon sa distinction des entités réelles et des entités fictives, mais ce n'est là qu'une partie, certes déterminante, d'un examen plus général de la portée des mots utilisés dans la pratique et dans la réflexion.

La nouvelle édition de *Of Ontology*

Cette nouvelle édition de *Of Ontology* repose exclusivement sur des manuscrits originaux de Bentham que l'auteur a, semble-t-il, rassemblé lui-même et placés dans une chemise sur laquelle il a porté le titre « *Ontology*[1] ». Parmi les 79 feuilles qui composent cette liasse, nous disposons d'une feuille de notes énumérant diverses questions en discussion[2], de deux autres feuilles de résumés[3], et de 76 feuilles de texte[4]. Quelques feuilles appartenant à cet ensemble et placées en un autre endroit des écrits consacrés à la logique et au langage ont été réinsérées dans le texte[5].

Les feuilles des manuscrits qui composent *Of Ontology* ont été écrites en 1813, et surtout en 1814, et sont pour la plupart de la main de Bentham, sauf six d'entre elles qui ont été recopiées en 1821 par John Flowerdew Colls (1801-1878), le secrétaire et copiste de Bentham. Chaque feuille de l'ensemble porte le titre général de *Logic* et le sous-titre de *Ontology* (parfois inscrit en bas de page).

1. UC, CII, 1-79.
2. UC, CII, 1 (25 septembre 1814).
3. UC, CII, 4-5.
4. UC, CII, 2-3, 6-79.
5. Les feuilles de résumé se trouvent en UC, CI, 26-36 et les feuilles de texte en UC, CII, 212-215, 468-471. Les feuilles en UC, CII, 212-215 sont des fragments écartés par Bentham ; celles en UC, CII, 468-471 ont été placées en un autre endroit et publiées en 1841 dans l'*Essay on Language*. Nous les avons réintroduites dans *Of Ontology*.

Le texte principal de *Of Ontology* est composé d'une longue séquence écrite entre le 23 septembre et le 3 octobre 1814, représentant 55 feuilles manuscrites (avec une pagination de 1 à 31 et de 34 à 57[1]). Les six premières feuilles de cette partie portent le sous-titre de *Ontology – Entities real, fictitious, etc.*, et le reste celui de *Ontology – Entities classed.* Le titre que nous avons donné à l'essai, *Of Ontology*, se trouve en tête de l'une des feuilles (UC, CII, 21), et les titres des différentes sections proviennent de la première feuille de chacune d'entre elles.

La présente édition reproduit en outre quatre séquences plus brèves placées en annexes. Un court fragment, écrit environ deux mois avant la rédaction de *Of Ontology*, et qui paraît être un commencement avorté, constitue l'annexe A[2]. L'annexe B est composée d'une série de six feuilles recopiées en juillet 1821 par Colls, le secrétaire de Bentham[3]. L'annexe C consiste en une série de sept feuilles, à peu près contemporaines pour six d'entre elles du texte principal, et d'une feuille datée du 23 juillet 1814 et insérée ultérieurement dans cette série[4]. L'annexe D consiste en huit feuilles écrites en août 1813 et dont le sous-titre est *Language* plutôt qu'*Ontology*[5].

La seule édition antérieure de cet essai a été publiée en 1841, sous le titre de *Fragment on Ontology*, au sein de l'édition Bowring des œuvres de Bentham[6]. Le texte de cette première édition a été établi par Thomas Southwood

1. UC, CII, 3, 21-25, 35-56, 468-471, 57-79. Selon cette pagination, on peut s'apercevoir qu'il manque encore deux feuilles (32 et 33) qui n'ont pu être localisées malgré nos recherches.

2. UC, CII, 2 (23 juillet 1814).

3. UC, CII, 7, 16-17, 19, 8, 20.

4. UC, CII, 13-14, 9-12, 15. Les feuilles de résumé correspondantes sont en UC, CI, 26-27. Une troisième feuille de résumé indique que la série contenait au moins une feuille de texte supplémentaire, qui n'a pas été identifiée.

5. UC, CII, 27-34. La feuille de résumé correspondante est en UC, CI, 30. On trouve encore quelques fragments disparates à la suite de ces textes, qui n'ont pas été reproduits ici (UC, CII, 6 ; UC, CII, 26).

6. B, vol. VIII, p. 192-211. Les publications suivantes de cet essai, en particulier celle d'Ogden déjà mentionnée dans l'Introduction, sont des reprises non amendées de la version publiée en 1841.

Smith[1] (1788-1861). Ce dernier a fait quelques ajouts au texte original, dont des titres qu'il a jugé bon d'insérer. Il a en outre raturé des passages qu'il voulait exclure. Les deux premières notes de l'annexe B sont aussi de la main de Smith et sont probablement recopiées de la feuille manuscrite CII, 11 qui se trouve dans l'annexe C (nous n'avons gardé que la version du passage se trouvant dans cette dernière). En outre, certaines feuilles contiennent des paragraphes qui récapitulent des notes marginales, paragraphes rédigés par le neveu de Bentham, l'éminent botaniste George Bentham[2] (1800-1884). Ce dernier, devenu le secrétaire de son oncle à partir de 1826, a pris un intérêt tout particulier à ses écrits logiques. Il réalisa d'ailleurs ce qui, par de nombreux aspects, peut apparaître comme un condensé de ses textes sur la logique et le langage[3]. Il aurait dû être, selon les intentions de Bentham, l'éditeur de ses écrits sur le sujet, une tâche pour laquelle il était particulièrement qualifié. Mais un désaccord avec Bowring portant sur le testament de Bentham l'en empêcha. Comme l'a noté Southwood Smith, « il faut regretter que des circonstances soient intervenues pour interdire à ce gentleman de satisfaire à cette exigence[4] ».

1. Smith, devenu tôt dans sa vie pasteur unitarien, vint à Édimbourg en 1812 pour étudier la médecine et obtint en 1821 la licence du Royal College of Physicians. La médecine représenta par la suite sa principale occupation. Il devint l'un des disciples de Bentham et l'aida en particulier à la fondation de la *Westminster Review*. En 1832, ce fut lui qui disséqua le cadavre de Bentham, qui prononça l'oraison funèbre et construisit l'*Auto-Icône*. Smith s'intéressa vivement aux questions éducatives et sympathisa particulièrement avec les conceptions de Bentham sur le sujet, au point qu'il fut le responsable de *Chrestomathia* au sein de l'édition Bowring (cf. *Chrestomathia*, éd. M. J. Smith et W. H. Burston, Oxford, Clarendon Press, 1983, p. XXII-XXIII). Smith entreprit aussi l'édition des autres textes de Bentham sur la logique et le langage pour le volume VIII de l'édition Bowring : « *Essay on Logic* », « *Essay on Language* » et « *Fragments on Universal Grammar* » (B, vol. VIII, p. 213-293, 294-338, 339-357 respectivement).

2. Cf. UC, CII, 26, 57-64, 66-68, 72-73.

3. George Bentham, *Outline of a New System of Logic, with a critical examination of Dr. Whately's « Elements of Logic »*, Londres, 1827.

4. B, vol. VIII, p. 214.

Smith a tenté de recomposer en un seul essai les manuscrits rassemblés par Bentham sur le thème de l'ontologie. Cependant, comme on l'a souligné plus haut, ces manuscrits ont été rédigés à des moments différents (1813, 1814 et 1821), et constituent pour l'essentiel des brouillons séparés. Nous ne disposons donc pas de preuve certaine nous permettant d'affirmer que Bentham souhaitait intégrer ces différents manuscrits dans l'ordre choisi par Smith et dans la seule partie « Ontologie » de son grand ouvrage, même s'ils ont tous entre eux un rapport évident qui tient au contenu traité. La manière dont Smith a construit le *Fragment on Ontology* ne respecte donc pas le contexte dans lequel ces matériaux ont été écrits, et cette version contient de plus un nombre très significatif de transcriptions inexactes[1]. Par ailleurs, il a volontairement omis la partie concernant les « entités réelles inférentielles » dans laquelle Bentham discute de l'existence de Dieu, des anges, des démons et de l'âme[2].

La présente édition tente de suivre aussi fidèlement que possible ce que l'on peut deviner des intentions de Bentham quant à l'organisation des matériaux tels qu'ils ont été rédigés. Plus généralement, le texte de *Of Ontology* que nous publions ici pour la première fois a été construit selon les principes et les techniques de la nouvelle édition des *Collected Works of Jeremy Bentham* en cours de réalisation à l'University College London par les soins du Bentham Project[3].

1. Quelques-unes d'entre elles sont des modifications volontaires destinées à éclaircir le texte plutôt que des erreurs de lecture à proprement parler, mais les améliorations qu'elles sont censées apporter sont fort douteuses.

2. Comme on l'a déjà noté, il a de plus déplacé certains passages qui forment le contenu du paragraphe 8 de la présente édition pour les insérer dans l'*Essay on Language*. Les passages supprimés par Smith font partie d'un vaste ensemble de textes qui touchent à des questions religieuses et qui n'ont pas été inclus dans l'édition Bowring.

3. Le texte *Of Ontology* sera republié dans cette nouvelle édition. Deux volumes consacrés aux écrits de Bentham sur la logique et le langage sont prévus.

Présentation du texte et de la traduction

Les feuilles manuscrites sont généralement encadrées par une large marge latérale et par un espace supérieur qui comporte la date et le titre principal. Bentham ajoutait souvent des sous-titres en haut de la marge. Les feuilles contiennent de nombreux ajouts (en marge ou, plus souvent, dans les interlignes), des ratures et des corrections.

Nous avons choisi de rester aussi fidèles que possible aux sources manuscrites du texte mais sans sacrifier pour autant la clarté et le sens. L'orthographe et les majuscules ont la plupart du temps été maintenues, mais la ponctuation a été souvent corrigée quand elle était incohérente et irrégulière. Cette nouvelle ponctuation n'a cependant été introduite que dans les cas où la signification était sans ambiguïté. Les mots et phrases soulignés par Bentham ont été mis en italique. Toutes les fois où Bentham a opéré des ratures ou porté en interlignes des formulations alternatives, nous avons transcrit la dernière version corrigée ou amendée sans indiquer les versions préalables. Certaines phrases défectueuses ont été complétées par un ou deux mots. On remarquera aussi que les différentes parties du texte sont inégalement élaborées. Les chiffres, mots ou expressions entre crochets sont introduits par nos soins. Lorsque les crochets remplacent un terme présent dans le manuscrit, l'expression originale de Bentham est donnée en note. Les parenthèses sont celles du texte manuscrit. Les notes de Bentham sont indiquées par des lettres et les notes éditoriales par des numéros.

La langue de Bentham est surprenante pour un auteur qui se donnait pour objectif de clarifier l'instrument linguistique. Son style témoigne, contre une certaine tradition, que la clarification du sens impose en effet des détours et des outils spéciaux, des paraphrases et des classifications complexes. Des contemporains peu soucieux de saisir les enjeux et les contraintes de l'exposition des entités enfermées dans la langue n'ont pas manqué d'ironiser à ce propos, allant jusqu'à suggérer perfidement, à la façon de William Hazlitt, qu'il était temps de traduire Bentham en anglais… La traduction en français que nous proposons ne cherche ni à embellir ni à simplifier systématiquement le texte original comme le faisait Étienne Dumont. Nous avons parfois allégé les tournures et supprimé des répétitions tout en essayant de sauvegarder pour l'essentiel le style benthamien. En revanche, conformément à l'usage du français, nous avons ajouté des guillemets à quelques mots qui n'en comportaient pas en anglais afin d'indiquer plus nettement que Bentham analysait l'expression ou le mot plutôt que l'objet auquel ils étaient censés se référer.

Cette édition est le fruit d'un travail collectif qui n'aurait pu être mené à bien sans l'accueil chaleureux et le concours actif de toute l'équipe du Bentham Project de l'University College London (UCL) et, en particulier, de Philip Schofield. Ce dernier nous a non seulement guidés dans le labyrinthe des manuscrits de Bentham, mais il a aussi assuré l'établissement final du texte anglais tel qu'il est ici publié pour la première fois ; il a fourni en outre l'essentiel des informations qui se trouvent dans la présente note. Nous tenons à remercier aussi les responsables de la bibliothèque de l'UCL qui nous ont aimablement accordé l'autorisation de publier les manuscrits.

Of Ontology / De l'ontologie

[CII, 21]

OF ONTOLOGY :

under which head are brought to view such objects as are designated by the most capacious and comprehensive appellations which the stock of Language affords.

[CII, 3]

The field of ontology – or as it may otherwise be termed, the field of supremely abstract entities, is a yet untrodden labyrinth, is a wilderness never hitherto explored.

In the endeavour to bring them to view and place them under the reader's eye, in such sort that to each of their names ideas as clear, correct, and compleat as possible, may by every reader who will take the trouble be annexed and remain attached, the following course will be pursued : –

Those of which the conception is more simple will all along precede those which in their conception are less simple ; in other words, those words to the understanding

[CII, 21]

DE L'ONTOLOGIE

Chapitre dans lequel sont mis en évidence les objets que l'on désigne par les appellations les plus amples et les plus étendues dont dispose le capital[1] de la langue

[CII, 3]

Le champ de l'ontologie, que l'on pourrait aussi appeler le champ des entités suprêmement abstraites, est un labyrinthe qui n'a pas encore été parcouru, une contrée sauvage encore inexplorée.

Mettre en évidence et placer sous le regard du lecteur ces entités afin que toute personne qui voudra prendre la peine de les lire puisse attacher et annexer des idées aussi claires, correctes et complètes que possible à chacun de leurs noms, telle est la tâche que nous poursuivrons en procédant comme suit : les mots dont la conception est plus simple précéderont toujours ceux dont la conception est moins simple. En d'autres termes, on présentera les mots

1. Nous traduisons « stock » par « capital » selon le lexique économique en vigueur à l'époque. Le rapport entre langue et pensée est envisagé chez Bentham sur le modèle du rapport entre capital et production chez A. Smith. Cette dernière est proportionnée au volume de capital, comme la pensée dépend de l'abondance des instruments linguistiques. Cf. Glossaire, p. 250.

of which neither any other word nor the import of any other word will be necessary, shall be brought to view in the first place, and before any of those which in their import bear a necessary and more or less explicit or implicit reference to the ideas attached to this or that other word.

[CII, 21]

§1. Entities real and fictitious – fictitious, the mysterious products and instruments of language – distinction between a fictitious entity and a non-entity, and a fabulous entity.

Real entities – fictitious entities – under one or other of these denominations may be comprehended every object that ever was or ever can be present to any faculty of the human frame – to perception, memory, or imagination.

An objection immediately presents itself – Fictitious entity ? (says some one) Of such a locution where can be the sense ? By the word *entity* can not but be represented something that *has* existence : applied to the same subject, of the adjunct *fictitious* the effect is to give intimation that it has not any existence. Here then is a contradiction in terms : a species of locution of which, in proportion as it has any, confusion, and that alone, can not but be the effect.

Entities are either real or fictitious – what can that mean ? What ? but that of entities there are two species or sorts : viz. one which is itself, and another which is neither itself, nor

dont la compréhension ne nécessitera ni un autre mot ni la signification[1] d'un autre mot en premier lieu et avant ceux dont la signification implique une référence nécessaire, plus ou moins explicite ou implicite, aux idées attachées à tel ou tel autre mot[2].

[CII, 21]
§ 1. Entités réelles et fictives.
Les entités fictives comme produits et instruments mystérieux du langage. La distinction entre une entité fictive, une non-entité et une entité fabuleuse

Entités réelles – entités fictives[3] : on peut comprendre, sous l'une ou l'autre de ces dénominations, tout objet qui a jamais pu ou pourra jamais être présent à l'une des facultés de la constitution humaine : la perception, la mémoire ou l'imagination.

Une objection se présente immédiatement à l'esprit : entité fictive ? se demande-t-on. Quel peut bien être le sens d'une telle locution ? Le mot *entité* ne peut représenter qu'une chose qui *a* de l'existence. L'application à ce même sujet de l'adjectif *fictif* a pour effet de donner à entendre que la chose n'a aucune existence. Il y a donc ici une contradiction dans les termes : une espèce de locution qui ne peut avoir pour unique effet, pour autant qu'elle en peut avoir, que de la confusion.

Les entités sont soit réelles soit fictives. Qu'est-ce que cela peut vouloir dire ? Quoi donc, sinon qu'il y a deux espèces ou sortes d'entités : l'une qui est elle-même et l'autre qui n'est ni elle-même ni une autre chose ? Plutôt

1. Cf. Glossaire, p. 248 *sq*.
2. Sur un feuillet manuscrit rédigé peu de temps avant le long développement qui compose *Of Ontology*, on trouve ce qui semble être un commencement d'examen des entités de l'ontologie. Ce texte compose l'annexe A, p. 163.
3. Sur les distinctions entre les entités, on se reportera aux importants compléments de l'annexe B, p. 163 *sq*.

anything else ? Instead of fictitious entity – or as synonymous with fictitious entity, why not here say – non-entity ?

Answer. Altogether inevitable will this seeming contradiction, it is believed, be found. The root of it is in the nature of language : that instrument without which, though of itself it is nothing, nothing can be said, and scarce any thing can be done.

[CII, 22]

Of the nature of that instrument – of the various forms under which it has been seen to present itself among different tribes of men – of the indispensable *parts* which may be seen to belong to it under every one of these forms actual or possible – of the qualities desirable on the part of the collection of signs of which, under all these several forms, it is composed – of the manner in which in the character of an instrument altogether indispensable it serves not only for the communication but in great measure also to the formation of ideas – under all these several heads, sketches will be endeavoured to be given in a succeeding part of this work.

All this while, antecedently to the stage at which these topics present themselves, use is herein making, as it could not but be made, of this same instrument. At that future stage, it will be not only the *instrument*, but also the *subject* of inquiry : at present, and till then, employing it in the character of an instrument, in that same character we must be content to take it in hand and make use of it in the state in which we find it.

In like manner, the several operations which, under the direction of logic and by the help of language, are by human minds performed upon language, and therewith upon minds – such as distinction, division, definition, and the several other modes of exposition, including those of methodization, these two must be performed – performed at

qu'entité fictive – ou comme synonyme d'entité fictive –, pourquoi ne pas dire ici *non-entité* ?

Réponse : on verra que, selon nous, cette contradiction apparente est absolument inévitable. Sa racine se trouve dans la nature du langage, instrument sans lequel rien ne peut être dit et presque rien ne peut être fait, bien qu'il ne soit rien par lui-même.

[CII, 22]

La nature de cet instrument, les formes variées qu'on l'a vu revêtir parmi les différents groupes humains, les *parties* indispensables du discours qui paraissent lui appartenir sous chacune de ces formes, actuelles ou possibles, les qualités que l'on désire trouver dans la collection de signes dont il se compose sous toutes ces différentes formes, la manière dont cet instrument tout à fait indispensable sert non seulement à la communication mais, dans une large mesure aussi, à la formation des idées, tous ces points seront esquissés en autant de chapitres dans une partie suivante de cet ouvrage [1].

En attendant, avant d'atteindre le stade où ces questions se présenteront, on ne peut pas éviter ici de faire usage de ce même instrument. A ce stade ultérieur, le langage ne sera plus seulement *instrument*, il sera aussi *objet* d'enquête. Avant d'en arriver là, en l'employant en qualité d'instrument, nous devons nous contenter de le manier en cette même qualité et d'en faire usage dans l'état où nous le trouvons.

De la même manière, les diverses opérations qui, sous la direction de la logique et à l'aide du langage, sont effectuées par les esprits humains sur la langue et, par ce biais, sur les esprits eux-mêmes – telles que la distinction, la division, la définition et les divers autres modes d'exposition, dont ces deux modes de la méthodisation [2] –

1. Cf. *Essay on Language*, *in* vol. VIII de l'édition Bowring. On sait que le grand ouvrage général prévu par Bentham et évoqué ici (*Logic and Language*) aurait compris cet écrit sur l'ontologie.

2. *These two* a été omis dans la transcription de T. S. Smith. L'expression est en effet difficile à lier à ce qui précède. Il semble que Bentham veuille faire allusion ici aux deux types de méthodisation, la méthodisation collective et la méthodisation linéaire (cf. Glossaire, *méthodisation*, p. 228), mais la phrase du brouillon est défectueuse.

and from the very outset of a work on logic, antecedently to the stage at which the task of examining into their nature and origination will be entered upon and come to be performed. [CII, 23]

To language then – to language alone – it is that fictitious entities owe their existence – their impossible, yet indispensable existence.

In language, the words which present themselves and are employed in the character of *names* are some of them names of real entities, others names of fictitious entities : and to one or the other of these classes may all words which are employed in the character of *names* be referred.

What will moreover be seen is, that the fiction – the mode of representation by which the fictitious entities thus created, in so far as fictitious entities can be created, are dressed up in the garb, and placed upon the level, of real ones – is a contrivance but for which language – or at any rate language in any form superior to that of the language of the brute creation – could not have existence.

And now perhaps may be seen the difference between a fictitious entity and a *non-entity :* or to speak more strictly the difference between the import of the two words : a difference such that where with propriety and use the one is, the other can not be employed.

In the house designated by such a number (naming it), in such a street, in such a town, lives a being called the Devil, having a head, body and limbs like a man's, horns like a goat's, wings like a bat's, and a tail like a monkey's. Suppose this assertion made, an observation naturally might be – that the Devil, as thus described, is a non-entity : the averment made of it is that an object of that description really exists : and of such averment, if seriously made, the object or end in view can not but be, to produce in the minds to which communication is thus made, a serious persuasion of the existence of an object, conformable to the description thus expressed.

doivent être effectuées au tout début d'un ouvrage de logique, avant le stade où l'on abordera et effectuera l'examen de leur nature et de leur origine.

[CII, 23]

C'est au langage, et au langage seul, que les entités fictives doivent leur existence, leur impossible et néanmoins indispensable existence.

Dans le langage, les mots qui se présentent et sont employés en qualité de *noms* sont : pour les uns, des noms d'entités réelles ; pour les autres, des noms d'entités fictives. Tous les mots employés en qualité de *noms* peuvent être rapportés à l'une ou l'autre de ces classes.

De plus, il apparaîtra que la fiction – ce mode de représentation par lequel les entités fictives ainsi créées, aussi loin qu'il soit possible de créer des entités fictives, sont revêtues du costume des entités réelles et mises au même niveau qu'elles – est un procédé sans lequel le langage, du moins sous toutes les formes supérieures à celle du langage des créatures animales, ne pourrait pas exister.

Et l'on verra peut-être maintenant la différence entre une entité fictive et une *non-entité*, ou, pour parler plus précisément, la différence de signification entre les deux mots, différence telle que là où on peut employer avec propriété et convenance l'une, on ne peut employer l'autre.

Dans la maison désignée par tel numéro (qui l'indique), dans telle rue, dans telle ville, vit un être appelé le Diable, qui a la tête, le corps et les membres d'un homme, les cornes d'un bouc, les ailes d'une chauve-souris et la queue d'un singe. Supposons que l'on fasse cette assertion, une observation montrerait naturellement que le Diable ainsi décrit est une non-entité. On déclare vraie par là qu'un objet répondant à cette description existe réellement ; si une telle déclaration est faite avec sérieux, elle n'a pas d'autre objet ni d'autre finalité que de produire, dans les esprits auxquels s'adresse une telle communication, une persuasion sérieuse de l'existence d'un objet conforme à la description qui a été ainsi formulée.

[CII, 24]

Thus much concerning a non-entity.

Very different is the notion here meant to be presented by the term fictitious entity.

By this term is here meant to be designated one of those sorts of objects which, in every language, must for the purposes of discourse be spoken of as existing – be spoken of in the same manner as those objects which really have existence, and to which existence is seriously meant to be ascribed, are spoken of – objects of the existence of which a serious persuasion is seriously intended to be produced – but without any such design as that of producing any such persuasion as that of their possessing each for itself any separate, or strictly speaking any real existence.

Take for instance the words Relation, Situation, Faculty, Power, and the like.

Real entities being the objects for the designation of which, in the first place, at the earliest stage of human intercourse, and in virtue of the most urgent necessity, words in the character of names were employed – between the idea of a name and that of the reality of the object to which it was applied, an association being thus formed, from a connection thus intimate sprung a very natural propensity, viz. that of ascribing reality to every object thus designated : in a word, of ascribing reality to the objects designated by words which, upon due examination, would be found to be nothing but so many names of so many fictitious entities.

To distinguish them from those fictitious entities which, so long as language is in use among human beings, never can be spared, *fabulous* may be the name employed for the designation of the other class of *unreal entities.*

[CII, 25]

Of fictitious entities, whatsoever is predicated is not, consistently with strict truth, predicated (it thus appears) of any thing but their respective names.

But forasmuch as by reason of its length and compoundedness, the use of the compound denomination *name of a fictitious entity* would frequently be found attended with

[CII, 24]

Voilà donc pour la non-entité.

Très différente est la notion que nous entendons présenter sous le terme d'« entité fictive ».

Par ce terme, on entend désigner l'une de ces sortes d'objets dont, en toute langue, pour les buts du discours, on doit parler comme s'ils existaient ; dont on doit parler de la même façon que l'on parle des objets qui possèdent réellement l'existence et auxquels on entend sérieusement attribuer l'existence – dont on veut sérieusement persuader de l'existence – mais sans avoir le dessein de produire la persuasion que ces entités possèdent, chacune pour elle-même, une existence séparée, ou, pour parler précisément, une existence réelle.

Prenons par exemple des mots tels que Relation, Situation, Faculté, Pouvoir et d'autres du même genre.

Les entités réelles étant les objets que l'on a désignés, en premier lieu, au tout premier stade du commerce entre les hommes, et en vertu de la nécessité la plus urgente, les mots étaient employés en qualité de noms. Une association s'étant ainsi établie entre l'idée d'un nom et celle de la réalité de l'objet auquel il s'appliquait, une connexion aussi intime a engendré une propension très naturelle à attribuer une réalité à tout objet ainsi désigné, en un mot à imputer une réalité aux objets désignés par des mots qui ne pourraient être considérés, après un examen scrupuleux, que comme autant de noms d'entités fictives.

Afin de les distinguer de ces entités fictives dont on ne pourra jamais se passer aussi longtemps que le langage sera en usage parmi les êtres humains, on peut employer la dénomination de *fabuleux* pour désigner l'autre classe d'*entités irréelles*.

[CII, 25]

Il semble que tout ce qui est prédiqué des entités fictives, pour s'en tenir à la stricte vérité, ne le soit d'aucune autre chose que de leurs noms respectifs.

Mais pour autant que, par sa longueur et son caractère composé, l'usage de la dénomination composée *nom d'une entité fictive* peut être fréquemment perçu comme

inconvenience, for the avoidance of this inconvenience, instead of this long denomination, the less long, though unhappily still compound denomination, fictitious entity, will commonly, after the above warning, be employed.

[CII, 35]

§2. Absolute fictitious entities of the first order.

1. Matter. 2. Form. 3. Quantity. [4.] Space.

No substance can exist but it must be itself matter – be of a certain determinate *form* – be or exist in a certain determinate quantity : and were there but one substance in existence, all these three attributes would belong to it.

Matter. At first view the word matter may naturally enough be considered as exactly synonymous to the word *substance.*

It may undoubtedly be employed with propriety instead of *substance* on many of the occasions on which the word substance may, with equal propriety, be employed.

But there are occasions on which, while substance may, matter can not, with propriety be employed.

By the word *substance,* substances incorporeal as well as corporeal are wont to be designated : the word matter is wont to be employed to designate corporeal, to the exclusion of incorporeal substances.

On the other hand, neither are occasions wanting in which, while the word *matter* may, the word substance can *not,* with propriety be employed.

Matter is wont to be employed in contradistinction to *form :* and that on occasions on which the word *substance* can not with propriety be employed. Thus, in considering substance, any individual substance, consideration may be had of its matter without any consideration had of its *form :* and so *vice versa,* of its *form* without its *matter.*

un inconvénient, on évitera ce dernier en employant ordinairement à la place de cette longue dénomination, après cet avertissement, celle moins longue, quoique malheureusement encore composée, d'« entité fictive ».

[CII, 35]

§ 2. Les entités fictives absolues du premier ordre

1. Matière. 2. Forme. 3. Quantité. 4. Espace.

Nulle substance ne peut exister qui ne doive être en elle-même matière, qui ne soit d'une certaine *forme* déterminée, qui ne soit ou n'existe en une certaine quantité déterminée. N'existerait-il qu'une seule substance, ces trois attributs lui appartiendraient.

Matière. A première vue, le mot « matière » peut être assez naturellement considéré comme un synonyme exact du mot *substance*.

On peut sans aucun doute utiliser de façon appropriée le mot « matière » au lieu de *substance* dans les nombreuses occasions où le mot « substance » est employé de façon tout aussi appropriée.

Il y a pourtant des occasions où « substance » peut être utilisé de façon appropriée alors que « matière » ne le peut pas.

Le mot *substance* désigne habituellement des substances tant incorporelles que corporelles. Le mot « matière », lui, ne désigne habituellement que les substances corporelles, à l'exclusion des substances incorporelles.

D'un autre côté, les occasions ne manquent pas où le mot « substance » *ne* peut *pas* être employé de façon appropriée, alors que le mot *matière* peut l'être.

On emploie habituellement le mot « matière » par opposition à celui de *forme*, et cela dans des occasions où le mot *substance* ne peut être employé de façon appropriée. Ainsi, en considérant une substance, n'importe quelle substance individuelle, on peut considérer sa matière sans considérer aucunement sa *forme* et, *vice versa*, sa *forme* sans sa *matière*.

Thus it is, that, taken in that sense which is peculiar to it, the idea attached to the word *matter* can not, by means of that word, be brought to view without bringing to view along with it the idea of another *entity* called form : and this is the reason why, along with form, it has been considered as composing a groupe of entities distinct from the sort of entity for the designation of which the word substance has been employed.

[CII, 36]

The word *substance* is the name of a class of real entities, of the only class which has in it any corporeal entities.

The word *matter* is but the name of a class of fictitious entities, springing out of the sort of real entity designated by the word *substance*.

And so it is in regard to the word Form.

The ideas respectively designated by these corresponding words are fractional results, produced from the decomposition of the idea belonging to the word *substance*.

Every physical real entity, every corporeal substance, every sort of body, has its matter and its form : and this its matter and this its form are entities totally different from each other.

These names of entities possess both of them the characteristic properties of fictitious entities. It is by means of propositions designative of place, and by that means of a fictitious material image, that the names of them are connected with the name of the real entity substance. *In* that substance exists such and such matter : behold the matter *of* that substance : behold all this matter from that substance. Here substance is a receptacle : matter a fictitious entity spoken of on one of these occasions as if it were a real entity contained *within* that receptacle ; on the other as if one that had proceeded *from* it.

Behold the form *in* which that substance presents itself : behold the form *of* that substance.

Figure, Configuration, Shape – in these several words may be seen so many synonyms, or almost synonyms, to the word *form*.

De sorte que, dans ce sens qui lui est particulier, l'idée attachée au mot *matière* ne peut pas se manifester au moyen même de ce mot, sans manifester à la fois l'idée d'une autre *entité* appelée « forme ». C'est la raison pour laquelle la matière constitue, avec la forme, un groupe d'entités distinctes de l'entité qu'on désigne par le mot de « substance ».

[CII, 36]

Le mot *substance* est le nom d'une classe d'entités réelles, de la seule classe qui comporte des entités corporelles.

Le mot *matière* n'est que le nom d'une classe d'entités fictives qui prend sa source de la sorte d'entité réelle que désigne le mot *substance*.

Il en est de même pour ce qui concerne le mot « forme ».

Les idées respectivement désignées par ces mots qui leur correspondent sont des résultats fractionnaires, produits de la décomposition de l'idée appartenant au mot *substance*.

Chaque entité physique réelle, chaque substance corporelle, chaque sorte de corps a sa matière et sa forme. Cette matière et cette forme qui sont les leurs sont des entités totalement différentes l'une de l'autre.

Ces noms d'entités possèdent l'un et l'autre les propriétés caractéristiques des entités fictives. C'est par le moyen de propositions qui désignent le lieu, et par le moyen d'une image matérielle fictive, que leurs noms sont connectés avec le nom de l'entité réelle substance. *Dans* cette substance existe telle ou telle matière : voyez la matière de cette substance ; voyez toute la matière tirée de cette substance. La substance est ici un réceptacle, et la matière est une entité fictive dont on parle, tantôt comme si elle était une entité réelle contenue *dans* ce réceptacle, tantôt comme si elle procédait *d'*elle.

Voyez la forme *dans* laquelle cette substance se présente. Voyez la forme *de* cette substance.

Figure, *configuration*, *aspect* sont des mots que l'on peut considérer comme autant de synonymes ou de quasi-synonymes du mot *forme*.

[CII, 37]

Quantity : Quantity has been distinguished into 1st. *continuous*, and 2dly. *discrete.*

Discrete quantity (it is commonly said) is *number :* It should rather be said is *composed of numbers :* viz. of numbers more than one of separate entities.

It is only by means of discrete quantity, i.e. number, that continuous quantity can be measured by the mind.

To form an idea of any continuous quantity, i.e. of a body as existing in a certain quantity (a), one of two courses must be taken or conceived to be taken in relation to it. It must be divided or conceived to be divided into parts, i.e. into a determinate number of parts, or together with other similar bodies made up into a new and artificial and compounded whole.

To divide a body or conceive a body to be divided into parts, it suffices not to divide it or conceive it divided into its constituent bodies, into any such smaller bodies as are contained in it. Either the entire body itself, or its parts respectively, must, by the mind, be conceived to be divided into its several *dimensions.*

Be the body what it may, not being boundless, it can not but have some *bound* or *bounds :* this bound, if one, is a surface : these *bounds,* if there are more than one, are surfaces. These surfaces, again not being boundless, have their bounds – these bounds are lines.

The only bodies that have each of them but one uniform surface are spheres. (b)

Bodies are real entities. Surfaces and lines are but fictitious entities. A surface without depth – a line without thickness, was never seen by any man. No : nor can any conception be seriously formed of its existence.

(a). So of space.
(b). Quære as to Spheroids. Quære portions of space.

[CII, 37]

Quantité : on a distingué premièrement la quantité *continue* et deuxièmement la quantité *discrète*.

La quantité discrète (comme on le dit communément) est le *nombre* ou, comme il vaudrait mieux dire, est *composée de nombres*, c'est-à-dire de nombres d'entités séparées supérieurs à l'unité.

C'est seulement au moyen de la quantité discrète, c'est-à-dire du nombre, que l'esprit peut mesurer la quantité continue.

Pour se faire une idée d'une quantité continue, c'est-à-dire d'un corps existant en une certaine quantité[a], on doit s'engager dans l'une des deux voies qui s'y rapportent ou envisager de les emprunter. Il doit être divisé ou conçu comme étant divisé en parties, c'est-à-dire en un nombre déterminé de parties, ou bien conçu comme rassemblé avec d'autres corps similaires formant une nouvelle totalité artificielle et composée.

Pour diviser un corps ou concevoir sa division en parties, il ne suffit pas de le diviser ou de concevoir sa division en corps constituants, en n'importe quels corps plus petits qu'il contient. L'esprit doit concevoir soit le corps tout entier soit ses parties respectives comme divisés selon leurs diverses *dimensions*.

Quel que puisse être le corps, n'étant pas illimité, il ne peut donc qu'avoir une ou des *limites*. Cette limite, si elle est unique, est une surface. Ces *limites*, s'il y en a plus d'une, sont des surfaces. Ces surfaces, qui elles-mêmes ne sont pas illimitées, ont leurs limites. Ces limites sont des lignes.

Les seuls corps à n'avoir chacun qu'une surface uniforme unique sont des sphères[b].

Les corps sont des entités réelles. Surfaces et lignes ne sont que des entités fictives. Personne n'a jamais vu une surface sans profondeur, une ligne sans épaisseur. Non : pas plus qu'on n'a jamais pu concevoir sérieusement leur existence.

(a). *Il en est de même pour le lieu.*

(b). *Faire une recherche sur les sphéroïdes. Faire une recherche sur les portions de l'espace.*

[CII, 38]

Space is the negation or absence of body.

Of any determinate individual portion of space, as clear an idea is capable of being formed as of any body or of any portion of any body : and besides being equally determinate as that of body, the idea of space is much more simple.

To *space* it is difficult either to ascribe or to refuse *existence* without a contradiction in terms : to consider it as nothing or as distinct from nothing.

Of body, that is [of] all bodies whatsoever, the annihilation is conceivable without difficulty. Why ? because in whatsoever place, that is within whatsoever portion of space, within whatsoever receptacle composed of mere space, any body is at any given time conceived to be, it may thenceforward be conceived to be removed from that place, and so successively from any and every other portion of space.

Of space – that is of all portions of space whatever – indeed of so much as any one portion of space – the annihilation can not be conceived. Why ? because in *mere* space there is nothing to remove : nothing that can be conceived capable of being removed. In so far as matter is annihilated, there is less matter than there was before. But suppose space to be annihilated ? is there less space than there was before ?

Accordingly, taken in the *aggregate*, no bounds, no limits, can be assigned to space, so neither can any *form*, or any *quantity*. It can not be removed : it can not be moved : for there is nothing of it or in it to remove : there is no place to which it can be removed.

[CII, 39]

So much for *space* taken in the *aggregate*. But take this or that individual portion of Space, the properties of it are very different. Conceive it, as in innumerable instances really it is, enclosed in bodies, immediately it is, and unavoidably you conceive it to be, endowed with many of the

[CII, 38]

L'espace est la négation ou l'absence de corps.

Il est possible de se faire de telle partie singulière déterminée d'espace une idée aussi claire que celle d'un corps ou d'une partie de corps. De plus, étant aussi bien déterminée que celle de corps, l'idée d'espace est beaucoup plus simple.

Il est difficile soit d'attribuer soit de refuser l'*existence* à l'*espace* sans contradiction dans les termes, de le considérer comme rien ou comme distinct de rien.

Du corps, c'est-à-dire de tous les corps quels qu'ils soient, on peut concevoir sans peine l'annihilation. Pourquoi ? Parce qu'on conçoit qu'un corps est, à tout moment donné, quelque part, en une quelconque partie de l'espace, dans quelque réceptacle composé de pur espace, et que dès lors on peut concevoir qu'il soit déplacé de ce lieu, et qu'il continue à l'être successivement de partie en partie de l'espace.

De l'espace, c'est-à-dire de toutes les parties de l'espace, autant en vérité que de n'importe quelle partie seule de l'espace, on ne peut concevoir l'annihilation. Pourquoi ? Parce que, dans le *pur* espace, il n'y a rien à déplacer, rien que l'on puisse concevoir comme susceptible d'être déplacé. Pour autant que de la matière soit annihilée, il y a moins de matière qu'il n'y en avait avant. Mais à supposer que de l'espace soit annihilé, y a-t-il moins d'espace qu'il n'y en avait avant ?

Il en découle qu'on ne peut assigner à l'espace, pris dans son *ensemble*, ni frontières ni limites, et pas davantage une *forme* ou une *quantité*. Il ne peut être déplacé, il ne peut être mu, car il n'y a rien qui lui appartienne ou qui y soit inclus qui puisse être déplacé. Il n'existe aucun lieu vers lequel on puisse le déplacer.

[CII, 39]

Ainsi en est-il de l'*espace* pris dans son *ensemble*. Mais prenons telle ou telle partie individuelle de l'espace, les propriétés en sont très différentes. Concevons-la comme enfermée dans des corps, ainsi qu'il en va réellement dans d'innombrables cas : elle est immédiatement dotée, et on la conçoit inévitablement ainsi, de beaucoup des pro-

properties of bodies. Of limits it is susceptible as body is : in point of fact it has limits : and having those limits it thereby has not only form but quantity. It not only has limits as clearly as body has limits, but it has the *same* limits.

Having limits it thereby has form, quantity, and even motion : along with the terraqueous globe, i.e. with the whole matter of it, all the portions of space inclosed in that matter describe round the Sun, and along with the Sun their continually repeated yet ever varied round.

Substances being real physical entities, perceptions real psychical entities, matter, form, quantity, and so on, so many fictitious entities, both descriptions being in part applicable to space, neither of them applicable entirely, space may be regarded and spoken of as a semi-real entity.

[CII, 40]

§3. Absolute or simple fictitious entities of the 2d. order.

Matter – Form – Quantity – all these are susceptible of *Quality*. Matter – every portion of it – is capable of having its *qualities* independently of those of its form and those of its quantity.[a]

[CII, 41]

A body is said to be of such a *quality* – such or such a quality is said to be *in* it – *resident, inherent* in it. The matter, the form, the quantity of this body – in any one of these fictitious entities may this secondary fictitious entity be said to be *resident*, to be *inherent*.

(a). Exhibit here from a Book of Nat. History – especially Chemistry – the modifications of which matter is susceptible, independently of those of its form and those of its quantity.

priétés des corps. Elle est aussi susceptible qu'un corps d'avoir des limites. De fait, elle a des limites, et par là même elle a donc non seulement une forme mais aussi une quantité. Elle a non seulement des limites aussi clairement qu'un corps peut en avoir, mais elle a les *mêmes* limites que lui.

Ayant des limites, elle a donc une forme, une quantité et même un mouvement : avec le globe terraqué[1], c'est-à-dire avec sa matière entière, toutes les parties de l'espace qui sont enfermées dans cette matière décrivent autour du Soleil et en relation avec lui leur tour continuellement répété quoique toujours varié.

Les substances étant des entités physiques réelles et les perceptions étant des entités psychiques réelles, la matière, la forme, la quantité, etc. constituant autant d'entités fictives, l'une et l'autre définition pouvant partiellement s'appliquer à l'espace, sans pouvoir s'y appliquer entièrement, on peut considérer l'espace et en parler comme s'il était une entité semi-réelle.

[CII, 40]

§ 3. Entités fictives absolues ou simples de second ordre

Matière, Forme, Quantité sont toutes trois susceptibles de *Qualité*. La matière, chacune de ses parties, peut avoir ses *qualités* propres, indépendamment de celles de sa forme ou de sa quantité[(a)].

[CII, 41]

On dit d'un corps qu'il a telle *qualité*, on dit de telle ou telle qualité qu'elle est *dans* ce corps, qu'elle y *réside*, lui est *inhérente*. On peut dire que cette entité fictive secondaire *réside* dans ou est *inhérente* à l'une quelconque des entités fictives que sont la matière, la forme et la quantité de ce corps.

1. Composé de terre et d'eau.

(a). *Montrer ici à partir d'un livre d'histoire naturelle – plus spécialement de chimie – les modifications dont est susceptible la matière, indépendamment de celles de sa forme et de celles de sa quantité.*

Between quantity and quality, a sort of reciprocation, a sort of reciprocal intercourse, may be observed to have place. As *a quantity* has its qualities, for instance vastness, minuteness, etc., – so has a quality its quantities.

The *quantity of a quality* is termed a *degree*.

The term *modification* is nearly synonymous to the term *quality*.

Of modification it seems scarcely proper to speak of it as constituting or being a fictitious entity different and distinct from *quality :* the difference between them is rather of a grammatical than of a logical nature. Yet among the cases in which the word quality may be employed, there are some in which the word *modification* can scarcely without impropriety be employed. We may speak of a modification of, or of the matter, form, or quantity [of], this or that body, as well as of a quality *of* that same body : but we can scarcely without impropriety speak of a modification as being *resident* or *inherent* in that same body.

[CII, 42]

By the word quality it is that are expressed all particulars whereby the condition of the body or other object in question is rendered similar or dissimilar, in the first place to that of itself at different times, in the next place to that of other bodies, whether at different times, or at the same time.

Goodness and *badness* of all qualities, experienced or imaginable, these are the very first that would present themselves to notice – these are the very first that would obtain names. Desire of pleasure and of exemption from pain, in one word *interest,* being in some shape or other the source of every thought as well as the cause of every action, and, in particular, of every action by which names are employed in the designation of persons and of things, names plainly and immediately expressive of the two opposite modes of relation in which those objects would be continually bearing relation to each man's *interest* as above

On peut observer qu'il y a entre la quantité et la qualité une sorte de réciprocité, une sorte de relation réciproque. De même qu'*une quantité* a ses qualités, par exemple l'immensité et la petitesse, etc., de même une qualité a ses quantités.

La *quantité d'une qualité* s'appelle un *degré*.

Le terme de *modification* est presque synonyme du terme de *qualité*.

Il ne paraît guère approprié de parler de la modification comme si elle constituait ou était une entité fictive différente et distincte de la *qualité* : la différence entre ces deux termes est d'une nature plus grammaticale que logique. Néanmoins, parmi les cas où l'on peut employer le mot « qualité », le mot *modification* ne peut guère l'être sans impropriété dans certains d'entre eux. Nous pouvons parler d'une modification, ou de la matière, de la forme, de la quantité, de tel ou tel corps, aussi bien que d'une qualité *de* ce même corps, mais nous ne pouvons guère sans impropriété parler de la modification comme d'une chose qui *résiderait* dans ce même corps ou lui serait *inhérente*.

[CII, 42]

C'est par le mot « qualité » qu'on exprime toutes les particularités par lesquelles la condition du corps, ou de tout autre objet en question, est rendue semblable ou non, en premier lieu à sa propre condition à différents moments et, en second lieu, à la condition d'autres corps ou objets, que ce soit à différents moments ou au même moment.

Le *bon* et le *mauvais* sont, de toutes les qualités dont on peut faire l'expérience ou que l'on peut imaginer, les toutes premières qui se présenteraient d'elles-mêmes à l'attention, les toutes premières qui recevraient des noms. Le désir du plaisir et d'exemption de la douleur, en un mot l'*intérêt*, étant, sous une forme ou sous une autre, la source de toute pensée comme la cause de toute action et, en particulier, celle de toute action qui conduit à employer des noms pour désigner des personnes et des choses, des noms qui expriment nettement et immédiatement les deux modes opposés de relation selon lesquels ces objets seraient en continuelle relation à l'*intérêt* de

explained, would be among the very earliest to which the faculty of discourse would give existence.

Synonyms or quasi-synonyms to Quality. In this character may be mentioned : 1. *Nature.* 2. *Sort.* 3. *Kind.* 4. *Mode.* 5. *Complexion.* 6. *Description.* 7. *Character.* 8. *Shape* – viz. in a sense somewhat less extensive than that in which it is as above synonymous to Form.

[CII, 43]
§4. Relation.

No two entities of any kind can present themselves to the mind at the same time – no, nor can so much as the same object present itself at different times, without presenting the idea of *relation.* For relation is a fictitious entity which is produced and takes place as often as the mind, having perception of any one entity, obtains at the same or at any immediately succeeding instant perception of any other entity, or even of that same object if the perception be accompanied with the perception of its being the same. Diversity is in the one case the name of the relation, [*identity*][1] in the other case. But, as identity is but the negation of diversity, thence, if on no occasion diversity had ever been, neither on any occasion would any such idea as that of [identity][2] come into existence.

Whatsoever two entities, real or fictitious, come to receive names, and thus to receive their nominal existence, *relation* would be the third : for between the two, they being by the supposition *different,* and both of them actual objects of perception, the relation of difference or diversity would also become an object of perception, and in the character of a fictitious entity, a production of the arts

1. MS '*diversity*'.
2. MS 'diversity'.

chaque homme comme on l'a expliqué plus haut, seraient les tout premiers auxquels la faculté du discours aurait donné naissance.

On peut donner des synonymes ou des quasi-synonymes de « qualité ». On peut mentionner à ce titre : 1. *Nature*. 2. *Sorte*. 3. *Genre*. 4. *Mode*. 5. *Complexion*. 6. *Définition*. 7. *Caractère*. 8. *Aspect*, en un sens relativement moins large que dans celui où il est, comme ci-dessus, synonyme de « forme ».

[CII, 43]
§ 4. Relation

Deux entités, quel qu'en soit le genre, ne peuvent se présenter à l'esprit au même moment, ni non plus le même objet qui se présente à des moments différents, sans présenter l'idée de *relation*. Car la relation est une entité fictive qui est produite et a lieu à chaque fois que l'esprit, lorsqu'il a la perception d'une entité quelconque, reçoit au même instant, ou à un instant qui lui succède immédiatement, la perception de n'importe quelle autre entité, voire du même objet si la perception s'accompagne de la perception que son être est le même. Dans le premier cas, la « diversité » est le nom de la relation, l'*identité* dans le second cas. Mais comme l'identité n'est que la négation de la diversité, il s'ensuit que si la diversité n'avait jamais eu lieu, jamais alors une idée telle que celle d'identité n'aurait pu en venir à exister.

Que deux entités quelconques, réelles ou fictives, en viennent à recevoir des noms, et à recevoir ainsi une existence nominale, la *relation* sera alors la troisième entité. Car entre les deux entités, que l'on suppose *différentes* et toutes deux objets réels de perception, la relation de différence ou la diversité deviendra aussi un objet de perception, et, en qualité d'entité fictive, cette production

of abstraction and denomination, acquire its nominal existence.

Next after *matter* and *form*, the fictitious entity relation, or the class of fictitious entities called relations, might therefore have been brought to view. But not only between matter and form, but also between the one and the other respectively and the fictitious entities designated by the words quantity, space, and quality, so close seemed the connection, as not to be without sensible inconvenience broken by the interposition of any other.

[CII, 44]

Once introduced into the field, the fictitious entity called *Relation*, swells [to] an extent such as to swallow up all the others. Every other fictitious entity becomes but a mode of this one.

The most extensive and in its conception simple of all relations, i.e. of all modes or modifications of the fictitious entity denominated *relation*, is that of *Place*, with its submodifications.

Next to that in the order of simplicity comes the modification of *time* with its submodifications.[a]

Next to them come successively the Relations designated by the several words Motion – Rest – Action – Passion – Subalternation, viz. logical subalternation – Opposition – and Causation, or the relation between cause and effect.

Existence, with its several modifications or correspondent fictitious entities – non-existence, futurity, actuality, potentiality, necessity, possibility and impossibility – will with most convenience close the rear. Though still more extensive than even relation, being applicable to all other relations, to relations of all sorts, and in a word to entities, fictitious as well as real, of all sorts, – no compleat or so much as correct view of their nature and character could be given, till those less extensive ones had been brought to view.

(a). Quere whether *Motion* must not come before *Time* ?

des arts de l'abstraction et de la dénomination acquerra son existence nominale.

Juste après *matière* et *forme*, on pourrait donc mettre en évidence l'entité fictive « relation », ou la classe d'entités fictives appelées « relations ». Cependant, non seulement entre la matière et la forme mais aussi entre chacune de ces dernières respectivement et les entités fictives désignées par les mots « quantité », « espace » et « qualité », la connexion semble si étroite qu'on ne peut la rompre par l'interposition de quelque autre sans qu'on en sente les inconvénients.

[CII, 44]

Une fois introduite dans le champ, l'entité fictive appelée *Relation* couvre une étendue tellement large qu'elle en absorbe toutes les autres. Toute autre entité fictive ne devient qu'un de ses modes.

La plus étendue et la plus simple à concevoir de toutes les relations, c'est-à-dire de tous les modes ou modifications de l'entité fictive appelée *relation*, est celle de *lieu* avec ses subdivisions.

A côté d'elle, par ordre de simplicité, vient la modification du *temps* avec ses subdivisions[a].

A leur suite viennent successivement les Relations désignées par les différents mots de Mouvement, Repos, Action, Passion, Subalternation, à savoir la subalternation logique, Opposition et Causation, ou relation de cause à effet.

L'Existence avec ses diverses modifications ou entités fictives correspondantes – non-existence, futur, actualité, potentialité, nécessité, possibilité et impossibilité – fermeront le plus adéquatement la série. Bien qu'elles soient d'extension plus grande encore que la relation elle-même, puisqu'elles sont applicables à toutes les autres relations, aux relations de toutes sortes et, en un mot, aux entités de toutes sortes, fictives aussi bien que réelles, on ne pourrait donner aucune vue complète ou seulement correcte de leur nature et de leur caractère sans faire d'abord apparaître celles qui sont de moindre extension.

(a). *Chercher si le* mouvement *ne doit pas venir avant le* temps.

[CII, 45]

Place. Of the species of relation designated by the word *place*, the most perfect conception may easily be formed, without taking into the account the species of relation designated by the word *time*.

Necessary altogether is the relation which the species of fictitious entity called *place* has on the one hand to the species of fictitious entity called *body*, on the other hand to the fictitious entity called *Space*.

Space has already[(a)] been distinguished into *absolute* and *relative*. To absolute space there are no conceivable bounds. To relative space, i.e. to portions of space separated from one [another][1] by bodies, there are in every instance bounds, and those determinate ones.

As to the word *place*, whether it be considered as the name of a real entity or as the name of a fictitious entity, would be a question of words, barely worth being explained, and not at all worth debate.

Considered as a modification of Space, it would, like *that*, stand upon the footing of the name of a real entity. Considered as a species of relation, it would stand upon the footing of a fictitious entity. But in this latter case comes an objection, viz. that the relations which on that occasion are in question, [are][2] – not place itself or places themselves, but such *relations* as *belong* to place.

Be this as it may, place is a relative portion of space, considered either as actually occupied or as capable of being occupied by some real entity of the class of bodies.

[CII, 46]

Portions of the earth's surface are considered and denominated each of them *a place*. But in this case the term *place* is used in its *physical* and *geographical* sense, not in an ontological sense.

Whether in a *physical* sense place be or be not a fictitious entity, that in every *psychical* sense it is so, seems

(a). Examine if so.

1. MS 'or other'.

2. MS 'is'.

[CII, 45]

Lieu. On peut se faire aisément la plus parfaite conception de l'espèce de relation que l'on désigne par le mot *lieu* sans prendre en compte l'espèce de relation que l'on désigne par le mot *temps*.

Est entièrement nécessaire la relation qu'entretient l'espèce d'entité fictive nommée *lieu*, avec d'un côté l'espèce d'entité fictive nommée *corps*, et de l'autre avec l'entité fictive nommée *Espace*.

On a déjà distingué[(a)] l'espace *absolu* et l'espace *relatif*. Pour l'espace absolu, il n'y a pas de limites concevables. Pour l'espace relatif, c'est-à-dire pour les parties de l'espace séparées les unes des autres par des corps, il y a à chaque fois des limites, et celles-ci sont déterminées.

Pour ce qui est du mot *lieu*, la question de savoir s'il doit être considéré comme le nom d'une entité réelle ou comme le nom d'une entité fictive serait une affaire de mots tout juste digne d'une explication mais sûrement pas d'un débat.

Si on le considérait comme une modification de l'Espace, il pourrait, *à ce titre*, équivaloir au nom d'une entité réelle. Si on le considérait comme une espèce de la relation, il équivaudrait plutôt à une entité fictive. On peut pourtant objecter dans ce second cas que les relations qui sont alors en question ne sont ni le lieu lui-même ni les lieux eux-mêmes mais des *relations* telles qu'elles *appartiennent* au lieu.

Cela étant, le lieu est une partie relative de l'espace considérée soit comme réellement occupée, soit comme pouvant l'être par quelque entité réelle de la classe des corps.

[CII, 46]

Les parties de la surface terrestre sont considérées et désignées chacune comme *un lieu*. Mais, dans ce cas, le terme de *lieu* est utilisé dans son sens *physique* et *géographique*, non dans un sens ontologique.

C'est une question de savoir si le lieu, dans un sens *physique*, est ou n'est pas une entité fictive, mais qu'il en

(a). *Examiner si c'est exact.*

manifest beyond dispute. Take for example, the *place* occupied by such or such an idea in the mind : the place occupied by such or such a subject in a work : by such or such a transaction in a narrative.

[CII, 47]

Time. Be it as it may in regard to *Place,* that the entity designated by the word *Time* is but a fictitious entity, will it is believed be sufficiently manifest.

Different altogether from each other are the perceptions or ideas respectively presented by the word *place* and the word *time.* Yet as often as *time* is spoken of, it is spoken of as if it were a modification of, or the same thing as, *place.*

Like place, time, or at least any given portion of time, is spoken of in the character of a receptacle. As in such or such a place, things are done in such or such a time – as at such or such a place, things are done *at* such a time. As portions of *space* or *place* are long or short, great or small, so are portions of *time.* In the same sense as quantity of time, we even say *space* of time. As bodies are spoken of as going *from* and *to* such or such a *place,* so operations are spoken of as going on from and to such or such a portion of *time.*

Of every receptacle, all the several parts are co-existent : of any portion of *time,* no two parts how small soever are co-existent. Of any given portion of time, no two of the parts are co-existent, all with relation to each are *successive.* In the very import of the term *co-existence,* the idea of identity in respect of the portion of time supposed to be occupied, as by the word successive that of diversity, is of necessity implied.

soit une dans tout sens *psychique* ne se discute évidemment pas. Prenons par exemple le *lieu* occupé par telle ou telle idée dans l'esprit, par tel ou tel sujet dans un ouvrage, par tel ou tel épisode dans un récit.

[CII, 47]

Temps. S'il en est ainsi du *Lieu*, il sera, croyons-nous, assez manifeste que l'entité désignée par le mot *Temps* n'est qu'une entité fictive.

Les perceptions ou idées présentées respectivement par le mot *lieu* et par le mot *temps* sont entièrement différentes l'une de l'autre. Pourtant, à chaque fois que l'on parle du *temps*, on en parle comme s'il s'agissait d'une modification du *lieu* ou de la même chose que le *lieu*.

Comme du lieu, on parle du temps, ou au moins de toute partie donnée du temps, en qualité de réceptacle. En tel ou tel lieu, des choses sont faites dans tel ou tel temps ; à tel ou tel lieu, des choses sont faites *à* tel moment. Comme il y a des parties de l'*espace* ou de *lieu* qui sont longues ou courtes, grandes ou petites, il en est de même pour des parties du *temps*. Avec le même sens que « quantité de temps », nous disons même « *espace* de temps ». De même que l'on dit des corps qu'ils vont *à* ou qu'ils viennent *de* tel ou tel *lieu*, on dit d'opérations qu'elles viennent « de » ou qu'elles vont « à » telle ou telle partie du *temps*.

Toutes les différentes parties de chaque réceptacle coexistent : il n'y a pas deux parties d'une portion donnée du *temps*, aussi petites soient-elles, qui coexistent, chacune est dans un rapport de succession avec toutes les autres. La signification même du terme de *coexistence* implique nécessairement l'idée d'identité eu égard à la portion du temps que l'on suppose occupée, comme la signification même du mot « succession » implique nécessairement celle de diversité.

[CII, 48]

§5. Motion.

That the entity designated by the word *Motion* is a fictitious entity seems at least equally beyond dispute.

A body, the body in question, is *in motion* : here, unless *in motion* be considered as an abbreviated expression substituted for *in a state of motion*, motion is a receptacle, in which the body is considered as stationed. *The motion of this body is slow or is retrograde.* Here the body is a stationary object – a station or starting post, of or from [which] the motion is considered as proceeding.

Necessarily included in the idea of *motion* is the idea of place and time. A body has been in motion when ? in what case ? when having at or in one point of time been in any one place, at another time it has been in any other.

Of any and every corporeal real entity a similitude is capable of being exhibited as well in the form of a body, for instance a model, as in the form of a surface, as in painting, drawing or engraving : which in every case is, like the object represented, a stationary, permanent and, unless by internal decay or external force, an unchanging and unmoving object.

But by no such graphical similitude – by no picture, by no image, by no stationary object – can any motion be represented. A representation of the body, as it appeared in the place occupied by it at a point of time anterior to that at which the motion commenced – a representation of the same body, as it appeared in the place occupied by it at a point of time posterior to that at which the motion commenced – in these two representations, either or both, may be seen all that can be done towards the representation of motion by any permanent imitative work.

[CII, 48]
§ 5. Le mouvement

Il semble au moins également indiscutable que l'entité désignée par le mot *mouvement* est une entité fictive.

Un corps, le corps en question, est *en mouvement* : ici, à moins de considérer *en mouvement* comme une expression abrégée remplaçant *dans un état de mouvement*, le mouvement est un réceptacle dans lequel on considère que le corps est placé. *Le mouvement de ce corps est lent ou rétrograde*. Ici, le corps est un objet stationnaire, une station ou un point de départ duquel ou à partir duquel le mouvement est censé provenir.

Dans l'idée de *mouvement*, l'idée de lieu et de temps est nécessairement incluse. Un corps a été en mouvement. Quand ? A quelle occasion ? Lorsque, s'étant trouvé, à tel instant ou en tel moment, en tel lieu, il s'est trouvé, à tel autre instant, en tel autre lieu.

De toute entité réelle corporelle, il est possible de montrer une reproduction, que ce soit sous la forme d'un corps, comme dans le cas d'un mannequin par exemple, ou sous la forme d'une surface, comme en peinture, en dessin ou en gravure : reproduction qui est en chaque cas, tel l'objet représenté, un objet stationnaire, permanent, qui, à moins d'une décomposition interne ou sous l'effet d'une force externe, est invariable et inamovible.

Mais on ne peut représenter un mouvement quelconque par aucune reproduction graphique de ce genre, par aucun tableau, par aucune image, par aucun objet stationnaire. Tout ce qu'on peut faire à l'égard de la représentation du mouvement par un ouvrage d'imitation permanent peut tenir en deux représentations conjointes ou séparées, une représentation du corps tel qu'il est apparu dans le lieu qu'il occupait à un point du temps antérieur à celui où le mouvement a commencé, et une représentation du même corps tel qu'il est apparu dans le lieu qu'il occupait à un point du temps postérieur à celui où le mouvement a commencé.

Even on the table of the mind, in no other way can any motion be held up to view. There not being any real entity to represent, the entity represented can not be any other than fictitious : the name employed for the purpose of representation can not therefore be any thing else than the name of a fictitious entity.

[CII, 49]

Action. In the *idea* of action, the idea of motion is an essential ingredient. But to actual action, actual motion can scarcely be regarded as necessary. Under the term *action*, besides motion, a tendency, though it be without actual motion, seems to be included. Held back by strings, a magnet and a bar of iron suspended at a certain distance from each other ; they remain both of them motionless : cut the strings of either of them, it moves till it comes in contact with the other : but for the state of mutual action which preceded the cutting of the strings, no such motion would have taken place.

[CII, 50]

Passion – Reaction.

Among all the bodies, large and small, cosmical and terrestrial, with which we have any the slightest acquaintance, no instance, it is believed, can be found of action without passion, nor of passion without reaction. But without either of these accompaniments, a conception of action may be entertained, or at any rate attention may be applied upon it : but if on either of any two objects attention is capable of being bestowed without being bestowed on the other, the separate lot of attention thus bestowed affords sufficient foundation for a separate name.

Here then are two more fictitious entities most nearly related and intimately connected with the fictitious entities action and motion, having all of them for their common archetype the same image or set of images, viz. a nutshell, a nut, a starting-post and a goal ; the representation of which is performed by the prepositions in, of, from, etc., employed in connection with their respective names.

Même sur la table de l'esprit, il n'y a aucun autre moyen de faire voir le mouvement. Puisqu'il n'y a là nulle entité réelle à représenter, l'entité représentée ne peut être autre que fictive ; par conséquent le nom employé en vue de la représentation ne peut être que celui d'une entité fictive.

[CII, 49]

Action. L'idée de mouvement est une composante essentielle de l'*idée* d'action. On peut toutefois difficilement considérer le mouvement *actuel* comme nécessaire à l'action actuelle. Il semble que, sous le terme d'*action*, on comprenne, outre le mouvement, une tendance, quand bien même celle-ci serait sans mouvement actuel. Lorsqu'un aimant et une barre de fer sont suspendus par des fils à une certaine distance l'un de l'autre, ils demeurent tous les deux sans mouvement. Coupez les fils de l'un, et il se dirigera vers l'autre jusqu'à entrer en contact avec lui : un tel mouvement n'aurait pu avoir lieu sans l'état d'action mutuelle qui a précédé la section des fils.

[CII, 50]

Passion – Réaction.

Entre tous les corps, grands et petits, cosmiques et terrestres, dont nous avons la moindre connaissance, on ne pourra trouver, croyons-nous, aucun exemple d'une action sans passion, ni d'une passion sans action. Pourtant sans l'un des deux partenaires on peut concevoir l'action, ou en tout cas y porter attention ; mais si l'on peut prêter attention à l'un des deux objets sans en prêter à l'autre, la part distincte d'attention qu'on lui prête ainsi fournit un fondement suffisant pour un nom distinct.

Nous avons donc ici deux entités fictives supplémentaires, reliées le plus étroitement et connectées le plus intimement aux entités fictives d'action et de mouvement, ayant toutes pour commun archétype la même image ou le même ensemble d'images, à savoir une coquille de noix, une noix, un point de départ et une cible, dont la représentation s'accomplit par les prépositions *en*, *de*, *à partir de*, etc., qui sont employées en connexion avec leurs noms respectifs.

[CII, 51]

§6. Groupes of entities considered and denominated in respect of their concomitancy : Object – Subject.

In the idea of an object, the idea of some *action*, or at any rate some *motion*, seems to be constantly and essentially involved. Where the object is a corporeal entity, it is a body towards which the body in motion moves : the body, whether permanently or momentarily, which stands *objected*, i.e. *cast before* that other object which moves.

Even in the case of vision, in the instance of an object of sight, the relation is materially the same : the only difference is that, in the case of vision, the moving bodies being the rays of light, the *object* instead of being the body towards which, is the body *from* which, the motion takes place.

In the picture the tracing of which is the effect of the names here in question, the *object* is either on the same level with the source of the motion, or *above* it : the *subject*, as in its literal sense the word *subject* imports, is below and under it.

In the case of a human action – a motion, real or fictitious, considered as being produced by an exercise of the faculty of the will on the part of a sensitive being, this action has in every instance for its cause, the desire and expectation of some good, i.e. of some pleasure or of exemption from some pain, and the entity, the good by the contemplation of which this desire has been produced, is in this case, if not the only object, an object, and indeed the ultimate object, the attainment of which is, in the exercise of the action, aimed at.

[CII, 52]

Of entities thus intimately connected, it is not to be wondered at, if the conceptions formed, and the names bestowed in consequence, should frequently be indistinct.

In the designation of the same *entity*, in the designation of which the word *subject* is employed, the word object is at other times employed : and so also in the designation of

[CII, 51]

§ 6. Groupes d'entités considérées et nommées du point de vue de leur concomitance : Objet– Sujet

L'idée que l'on a d'un objet semble constamment et essentiellement envelopper celle d'une certaine *action*, ou en tout cas d'un certain *mouvement*. Là où l'objet est une entité corporelle, cet objet est un corps vers lequel se dirige le corps en mouvement : le corps, soit de façon permanente soit de façon momentanée, se tient *objecté*, c'est-à-dire *jeté au devant* de cet autre objet qui se meut.

Même dans le cas de la vision, lorsqu'il s'agit d'un objet de la vue, la relation est matériellement la même. La seule différence, dans ce cas, tient en ce que, les corps qui se meuvent étant les rayons de la lumière, l'*objet* n'est plus le corps vers lequel le mouvement opère, mais le corps *à partir* duquel il a lieu.

Dans l'image dont le trait est l'effet des noms dont il est question ici, l'*objet* est soit au même niveau que la source du mouvement, soit *au-dessus* de lui. Le *sujet*, selon le sens littéral que le mot *sujet* comporte, est plus bas et en dessous de l'objet.

Dans le cas d'une action humaine – mouvement réel ou fictif, considéré comme le produit de la faculté de la volonté mise en œuvre par un être sensible –, cette action a, à chaque fois, pour cause le désir et l'espérance d'un certain bien, c'est-à-dire d'un certain plaisir, ou de l'exemption d'une certaine peine ; l'entité, le bien par la contemplation duquel a été produit ce désir, est en ce cas sinon le seul objet, du moins un objet, et l'objet ultime en vérité, que l'action mise en œuvre cherche à atteindre.

[CII, 52]

Il ne faut guère s'étonner si les conceptions que l'on peut se faire d'entités aussi intimement connectées, et par suite les noms qu'on leur accorde, sont fréquemment indistinctes.

La même *entité* désignée par le mot *sujet* peut l'être par le mot « objet » que l'on emploie à d'autres moments ; de

the same entity in the designation of which the words *end in view* are employed, the word *object* is frequently alas employed.

If, in a case by which a demand is presented for the mention of an object and a subject, so it happens that for the designation of the subject you employ the word *object*, then so it [is][1] that for the designation of that which may with propriety be termed the object, but cannot with propriety be termed the subject, finding the only proper word preoccupied, you will naturally feel yourself at a loss.

In a case where the faculty of the *will* is not considered as having any part, the designation of *the end in view* is a task on which any occasion for the employment of the word object can not have place : in this case therefore, neither has the uncertainty which as above is liable to be produced by the use of that word.

In a case where the will is supposed to be employed, and which accordingly affords an end in view, one single end [to] the attainment of which by the power of the will the action is directed, in any such case what may very well happen is – that there shall be other entities to which, in the course of the action, though not in the character of *ends in view*, it may happen to the attention to be directed. Here then besides an object which may be, will be other objects no one of which can be commodiously designated by the compound appellatives end in view.

[CII, 53]

In regard to the word *subject* one convenience is – that it may be used in the plural number. The word to the exclusion of which this convenience belongs to it is the word field.[(a)] For a groupe of numerous and comparatively small entities, the word field will not, either in the singular or in the plural, conveniently serve : but to this same purpose the word subject, if employed in the plural, is perfectly well adapted.

If beneath the imagined line of action, you have need to bring to view not merely one extensive fictitious motionless body, but a multitude of smaller moveable bodies lying on

1. MS 'has'.

(a). Confer *supra* [...?] *Field.*

la même façon, la même entité désignée par les mots *but visé* peut l'être par le mot *objet* que l'on emploie, hélas, fréquemment.

S'il vous arrive d'employer le mot *objet* pour désigner le sujet dans un cas où l'on est obligé de mentionner un objet et un sujet, quand vous voudrez ensuite désigner ce qui a pour seul terme approprié l'« objet » et non pas le terme « sujet », trouvant alors le seul mot propre déjà requis, vous vous trouverez naturellement démuni.

Lorsqu'on considère que la faculté de la *volonté* ne joue pas de rôle, la désignation du *but visé* est une tâche pour laquelle il n'y a pas lieu d'employer le mot « objet ». Par conséquent, dans ce cas, aucun des deux n'a l'incertitude que l'usage de ce mot est susceptible de produire comme précédemment.

Dans un cas où l'on suppose l'emploi de la volonté, et dans lequel il y a par conséquent un *but visé*, un but unique pour la réalisation duquel l'action est dirigée par le pouvoir de la volonté, dans un cas comme celui-là, il se peut très bien qu'il y ait au cours de l'action d'autres entités, même si ce n'est pas en qualité de *buts visés*, qui dirigent l'attention. Ici donc, outre l'objet particulier qui est le but de l'action, il y aura d'autres objets dont aucun ne pourra être désigné adéquatement par l'appellation composée de « but visé ».

[CII, 53]

Pour ce qui est du mot *sujet*, il présente l'avantage de pouvoir être utilisé au pluriel. Le mot qui ne possède nullement cet avantage est le mot « champ »[(a)] [1]. Ce mot, que ce soit au singulier ou au pluriel, ne conviendra pas pour désigner un groupe d'entités nombreuses et relativement petites, tandis que le mot « sujet », employé au pluriel, sera parfaitement bien adapté pour remplir le même objectif.

Si, en dessous de la ligne imaginaire de l'action, vous avez besoin de mettre en évidence non pas simplement un corps fictif étendu et sans mouvement, mais une multitude de corps mobiles plus petits qui sont situés sur lui,

(a). Cf. *supra* [… ?] *Champ*.

1. En réalité, l'examen du terme n'a pas encore eu lieu.

it, here comes an occasion for the use of both these terms – viz. field and subject, or subjects : the *field* the extensive immoveable entity, the subjects the comparatively numerous and less extensive [bodies], [1] fixt or lying loose upon the surface of it.

In the place of the word *field*, as well as in place of the word *subject*, the words *subject-matter* may be employed : so also in the plural subject-matters. But if, in addition to an extensive surface, you have to bring to view a multitude of smaller bodies stationed on it, and if in that case instead of the word *field* you employ the word *subject-matter*, you will find that you can not commodiously after laying down your subject-matter have subjects stationed on it.
[CII, 54]

In the case where the action in question is a physical – a corporeal one, a question might perhaps arise whether the entities respectively designated by the words subject and object, belonged to the class of fictitious or real entities : a platform on which you stand to shoot an arrow – a but[t] at which you shoot your arrow – to these could not be refused the appellation of real entities. But in so far as upon the platform you superinduce the character designated by the word subject, and upon the butt the character designated by the word object – of this subject and this object it might be insisted that they are but so many names of fictitious entities.

Not that for any practical purpose a question thus turning upon mere words would be in any considerable degree worthy of regard.

Be this as it may, in the case in which the action in question is an incorporeal – a psychical action – having no other field than the mind, or than what is in the mind, in this case the title of the words subject and object, as well as of the word field, to the appellation of fictitious entities will be seen to be clear of doubt.

1. MS 'subjects'.

c'est ici l'occasion d'utiliser ces deux termes, « champ » et « sujet » (ou « sujets ») : le *champ* est l'entité étendue et immuable, les sujets sont les corps relativement nombreux, et moins étendus, fixés ou évoluant librement à sa surface.

A la place du mot *champ*, comme du mot *sujet*, on peut employer le mot *matière* [1] au singulier ou au pluriel. Mais si vous devez mettre en évidence, en plus d'une surface étendue, une multitude de corps plus petits qui y sont placés et si, dans ce cas, au lieu du mot *champ* vous employez le mot *matière*, vous vous rendrez compte qu'après avoir disposé votre matière, vous ne pourrez plus commodément y poster des sujets.

[CII, 54]

Lorsque l'action en question est de nature physique, corporelle, on pourrait peut-être se demander si les entités respectivement désignées par les mots « sujet » et « objet » appartiennent à la classe des entités fictives ou réelles. On ne peut refuser à la plate-forme d'où l'on tire une flèche et à la cible que l'on cherche à atteindre avec la flèche l'appellation d'« entités réelles ». Mais à partir du moment où vous surimposez à la plate-forme le caractère désigné par le mot « sujet » et à la cible celui désigné par le mot « objet », il faudrait souligner que ce sujet et cet objet ne sont rien d'autre que des entités fictives.

Non que, dans un but pratique, une question portant ainsi sur de simples mots mérite un quelconque degré de considération.

Cela étant, lorsque l'action en question est une action incorporelle, psychique, n'ayant pas d'autre champ que l'esprit ou ce qui est dans l'esprit, les mots « sujet », « objet », ainsi que celui de « champ », ont un titre indubitable à s'appeler des « entités fictives ».

1. *Subject-matter* peut se traduire en français par *sujet*, par *objet* ou par *matière*, au sens des contenus d'un propos ou d'un ouvrage. Les mots *sujet* ou *objet* introduiraient ici une confusion avec les termes identiques examinés dans ce passage. Le mot *matière* est donc pris ici au sens où l'on parle par exemple d'une *table des matières*.

[CII, 55]

§7. Groupes of concomitant fictitious entities resulting from the process of logical aggregation and division and subalternation.

It will be seen more at large, how it is that, when contemplating the qualities exhibited by individual objects, by abstracting the attention successively from them, quality after quality, let the groupes of individuals, present, past and future contingent included, be ever so vast and multitudinous, there will at last be left some quality or assemblage of qualities which, being found all of them existing in a certain assemblage of individuals, and not in any other, may serve for the foundation of a name by which that whole assemblage may be designated, without including in the designation any individual not included in that assemblage. The words mineral – vegetable – animal – may serve here for examples.

Wherever any such number of individuals can be found so connected with one another, so distinguished from all others, and for the designation of the *aggregate*, the *fictitious unit* composed of that multitude, [a] name or appellation has been found employed and appropriated by use, the fictitious unit thus formed will be found divisible by the imagination into lesser component aggregates or units, these again each of them into others, and in this way the largest, the first divided and all-comprehensive aggregate will be found capable of being divided and sub-divided into any number of aggregates not greater than the whole number of individuals, actual and conceivable, contained in the original factitious and fictitious whole : the name of each one of these component aggregates constituting as it

[CII, 55]

§ 7. Groupes d'entités fictives concomitantes résultant du processus d'agrégation, de division et de subalternation logiques

On montrera plus en détail comment il se fait que, lorsque l'on considère les qualités présentées par les objets individuels en détachant successivement son attention de chacune d'elles, qualité après qualité, aussi vastes et nombreux que soient les groupes d'individus – appartenant au présent, au passé ou au futur, futur contingent compris –, il restera à la fin quelque qualité ou quelque assemblage de qualités qui, se trouvant toutes exister dans un certain assemblage d'individus et non dans un autre, peuvent servir de fondement à un nom désignant la collection entière, sans inclure sous cette désignation un individu qui ne serait pas compris dans l'assemblage. Les mots « minéral », « végétal », « animal » peuvent ici servir d'exemples.

Partout où on peut trouver un tel nombre d'individus connectés ainsi l'un à l'autre, distingués ainsi de tous les autres, et où, pour désigner l'*ensemble*, l'*unité fictive* composée de cette multitude, on peut employer un nom ou une appellation consacrée par l'usage, on pourra constater que cette unité fictive ainsi constituée peut être divisée par l'imagination en de plus petits ensembles ou unités qui la composent. Chacun d'eux peut encore être divisé en d'autres, et, de cette façon, l'ensemble exhaustif[1] le plus grand que l'on a divisé en premier lieu se révélera susceptible d'être divisé et subdivisé en un nombre d'ensembles qui n'excède pas le nombre total d'individus réels et concevables contenus dans le tout fictif et factice originel. Le nom de chacun de ces ensembles qui le composent constitue comme une boîte

1. Nous traduisons le terme si valorisé par Bentham de *all-comprehensive* par « exhaustif », car c'est un synonyme de *exhaustive* comme il apparaît clairement dans certains passages (cf. annexe B, p. 169, et Glossaire, p. 229-230).

were a *box*, for the containing and keeping together the several aggregates comprized in it, the entire aggregate contained in each such box being characterized by some quality or qualities in respect of which they agreed with one another, at the same time disagreeing with and being thereby distinguished from all others.

[CII, 56]

Kingdom – Class – Order – Genus – Species – Variety – have been the names given to these boxes, to these fictitious receptacles.

That it is to the class of fictitious and not to the class of real entities that these imaginary, howsoever useful, receptacles appertain, is at this time of day sufficiently clear.

But the time has been when they have been mistaken for realities.[a]

[CII, 468]

§8. Relation as between Archetype and Type – with their respective synonyms and modifications.

When any two psychical real entities, any two ideas – whether perceptions, remembrances, or factitious mental images – have, either at the same instant or at two contiguous or near to contiguous instants, been present to the mind, each of them – such is the effect of this conjunction, howsoever transient – acquires in the event of its reappearance a tendency to draw forth and introduce the other : and the more frequently the conjunct appearance is repeated, the more apt, cæteris paribus, is this *tendency* or *probability* to ripen into *actuality*.

This tendency is equal and mutual : and forasmuch as, when considered in this most simple point of view, the two objects thus associated present not any points of difference

(a). V. post.

qui contiendrait et maintiendrait réunis les divers ensembles qui y sont compris, l'ensemble entier contenu dans chacune de ces boîtes étant caractérisé par une ou des qualités vis-à-vis desquelles ils s'accordent les uns avec les autres tout en étant en désaccord avec tous les autres et dont, par conséquent, ils se distinguent.

[CII, 56]

Règne, *classe*, *ordre*, *genre*, *espèce*, *variété* sont les noms que l'on a attribués à ces boîtes, à ces réceptacles fictifs. Il est aujourd'hui assez clair que ces réceptacles imaginaires, quoique réellement utiles, appartiennent à la classe des entités fictives et non à celle des entités réelles ; il fut toutefois un temps où ils étaient pris par erreur pour des réalités [a].

[CII, 468]

§ 8. Relation qui existe entre archétype et type, avec leurs synonymes et leurs modifications respectifs [1]

Lorsque deux entités réelles psychiques, deux idées, que ce soient des perceptions, des souvenirs ou des images mentales factices, ont été présentes à l'esprit, soit en même temps, soit à deux instants contigus ou presque contigus, chacune de ces deux entités – et tel est l'effet de cette conjonction, aussi passagère qu'elle puisse être – acquiert dans le cas de sa réapparition une tendance à susciter et à introduire l'autre. Plus fréquente est la répétition de cette apparition conjointe et plus cette *tendance*, ou *probabilité*, est susceptible, *caeteris paribus*, de mûrir en *actualité*.

Cette tendance est égale et mutuelle, et pour autant que, lorsqu'ils sont considérés de ce point de vue le plus simple, les deux objets ainsi associés ne présentent aucun

(a). Cf. ci-après.

1. Ce chapitre a été déplacé par T. S. Smith et inséré dans l'*Essay on Language*, B, vol. VIII, p. 331.

by which either can be distinguished from the other, they are not, while considered in this point of view and no other, susceptible of different names.

Where in respect of the order of time any difference between the two has place, in this difference may be found (it might be supposed) matter sufficient to serve as a ground for the formation of a difference in respect of name. But innumerable are the instances in which no difference in point of *time* can be found to have place ; and even where a difference of this sort might perhaps be observable, to such a degree is it fugitive and questionable, as to be altogether incapable of affording any permanent and sufficient practical ground for a permanent difference in respect of *name*.

[CII, 469]

At the same time so it is, that for the two ideas in a pair of ideas thus associated, two different names, and those employed throughout no inconsiderable portion of the field of thought, have actually been provided.

To the possibility of putting to any kind of use this difference in name, some difference of nature was an indispensable requisite. Of this necessary difference, a source was found in the order of *importance.*[a] For designating the object regarded as sole or superior in the scale of importance, the words thing *signified* or *archetype* were employed : for the other, the words *sign* and *type*.

In so far as importance is considered as belonging to both, and if to both, in so far [as] any difference is considered as having place in their respective degrees of relative importance, that to which the highest degree is ascribed will be considered and spoken of as the archetype or thing signified : that to which no more than an inferior degree of importance – or, what is perhaps more common, no importance at all – is regarded as belonging, will be spoken of as the type or sign.

If, while importance is considered as belonging to both, no difference of level is considered as having place bet-

(a) For an exposition of *importance* make *reference* or insert it there.

élément de différence permettant de les distinguer l'un de l'autre, ils ne sont donc pas, tant qu'ils sont considérés de ce point de vue et de nul autre, susceptibles de recevoir des noms différents.

Lorsque entre les deux entités existe une différence qui est de l'ordre du temps, on pourrait supposer que cette différence offre une matière suffisante pour servir de fondement à la formation de deux noms différents. Mais innombrables sont les cas dans lesquels on ne peut trouver aucune différence quant au *temps*, et, même là où on peut observer une différence de cette sorte, elle est tellement fugitive et problématique qu'elle est totalement incapable de fournir le fondement pratique, permanent et suffisant d'une différence permanente pour ce qui est du *nom*.

[CII, 469]

En même temps, il se trouve que l'on dispose réellement de deux noms différents, employés dans une très grande partie du champ de la pensée, pour désigner les deux idées ainsi associées en une paire.

Pour pouvoir appliquer cette différence de noms à toute sorte d'usages, une différence de nature était une condition indispensable. On a trouvé une source de cette différence nécessaire dans l'ordre d'*importance*[a]. On a ainsi utilisé, pour désigner l'objet considéré comme unique ou supérieur dans l'échelle d'importance, les mots « chose *signifiée* » ou *archétype* ; pour l'autre, on a utilisé les mots de *signe* ou de *type*.

Dans la mesure où l'on trouve que les deux idées ont de l'importance et qu'il existe une différence entre leurs degrés respectifs d'importance relative, on considérera et on désignera celle à laquelle on a conféré le plus haut degré d'importance comme l'archétype ou chose signifiée, tandis qu'on désignera l'autre à laquelle on n'a attribué qu'un degré inférieur d'importance ou, ce qui est peut-être plus commun, aucune importance du tout, comme le type ou le signe.

Lorsqu'on considère que les deux idées ont de l'importance, si l'on ne peut constater entre elles aucune diffé-

(a). *Faire référence à l'exposition de* l'importance *ou l'insérer ici.*

ween their respective situations in the scale of importance, either may be considered as possessing the character of archetype or object signified in relation to the other, which in that case will be considered as operating in the character of *type* or *sign*.

In so far as no degree of importance is regarded as belonging to either of them, no source of denomination can in that case be found for either of them – neither of them presenting any pretension to the character of *archetype*, neither of them is capable of being designated by any such denomination as that of type.

[CII, 470]

The conditions requisite to the establishment of this conjunction being so extremely simple, and such as in the nature of things can not but be of continually repeated occurrence, design, human design, can not have been necessary to the exemplification of it.

But if even without *design*, i.e. an exertion of the will applying itself to that purpose, it is capable of taking place, much more is it with and by design.

Of the production of this effect by design, language, in all its various forms, is the most extensive exemplification. Within the field of its operation, almost all other exemplifications are included.

In the case of language taken in the aggregate, the aggregate composed of ideas or other psychical entities capable of being expressed by language being considered as constituting the aggregate archetype or thing signified, the aggregate of the *sounds* applied to that purpose composes with reference to it the aggregate type or sign : this aggregate type or sign being considered as the archetype, the aggregate of the images which, by the name of *letters*, are employed for the designation of those sounds, constitutes with reference to the aggregate of those same sounds, the aggregate type or sign.

rence de niveau quant à leur situation respective dans l'échelle d'importance, on peut considérer n'importe laquelle des deux comme l'archétype ou l'objet signifié relativement à l'autre, qui sera considérée alors comme opérant en qualité de *type* ou *signe*.

Dans la mesure où l'on considère qu'aucune des deux idées n'a le moindre degré d'importance, on ne dispose en ce cas d'aucune source de dénomination pour l'une et pour l'autre ; ni l'une ni l'autre ne présentant la moindre prétention au statut d'*archétype*, on n'en peut désigner aucune par une dénomination telle que celle de « type ». [CII, 470]

Les conditions requises pour l'établissement de cette conjonction étant d'une si extrême simplicité, et telles que dans la nature des choses leur occurrence ne peut que se répéter continuellement, le dessein, le dessein humain, peut ne pas avoir été nécessaire pour en produire un exemple.

Mais si cela peut avoir lieu même sans *dessein*, c'est-à-dire même sans un exercice de la volonté s'appliquant à cette fin, elle le peut encore davantage lorsque c'est par et à dessein.

Le langage, dans toute la variété de ses formes, offre l'exemple le plus étendu de la production de cet effet par dessein. Presque tous les autres exemples sont inclus dans le champ de son opération.

Dans le cas de la langue prise dans l'ensemble, l'ensemble composé d'idées ou d'autres entités psychiques susceptibles d'être exprimées par la langue étant considéré comme constituant l'ensemble de l'archétype ou de la chose signifiée, l'ensemble des *sons* employés à cette fin constitue en référence à lui l'ensemble du type ou du signe. Cet ensemble du type ou du signe étant considéré comme l'archétype, l'ensemble des images qui, sous le nom de *lettres*, sont employées pour désigner ces sons constitue, en référence à l'ensemble de ces mêmes sons, l'ensemble du type ou du signe[1].

1. Selon la pagination de Bentham il manque deux feuillets du texte en cet endroit.

[CII, 471]

Symbol – index – indication – token – badge – the ideas attached respectively to those names are so many modifications of the idea attached to the word *sign*.

Though in the nature of the case, as above, no object of perception is incapable of being in the character of type or sign made to serve for bringing to the mind's view any other, yet by reason of their natural permanence or capacity for permanence the signs most naturally and frequently applied to this purpose are of the visible class.

So extensive, and considered in its totality so adequate, to the purpose of *designation* is the collection of signs of which language is composed, that any other sign or lesser aggregate of signs to which on any occasion it happens to be applied to any part of the same purpose is considered in no other light than that of a substitute to that instrument.

Symbol – token – badge – in these words may be seen so many names of signs of a particular description employed on some particular occasion, with or without advantage, in the character of substitutes to that universally and constantly fit and useful instrument.

Of the above three words, *symbol* and *token* are not incapable of being employed for the designation of any class of objects considered as employed in the character of *signs*. Of the word *badge* the applicability seems confined to such signs as consist of visible images.

[CII, 471]

Symbole, index, indication, marque, insigne : les idées attachées respectivement à ces mots ne sont qu'autant de modifications de l'idée attachée au mot *signe*.

Bien que, dans la nature du cas, ainsi qu'on l'a vu ci-dessus, il n'y ait pas d'objet de perception qui ne puisse, en qualité de signe ou de type, servir à présenter à l'esprit un autre objet, il n'en demeure pas moins que, en raison de leur permanence naturelle ou de leur capacité de permanence, les signes les plus naturellement et les plus fréquemment employés à cette fin sont ceux qui appartiennent à la classe des signes visibles.

La collection de signes dont le langage est composé est si étendue et, lorsqu'on la considère dans sa totalité, si adéquate aux fins de la *désignation* que tout autre signe ou tout autre ensemble plus petit de signes auquel il arrive parfois de faire appel pour réaliser une part de la même fin ne peut être considéré autrement que comme un substitut de cet instrument.

Symbole, marque, insigne – ces mots peuvent être vus comme autant de noms donnés à des signes d'espèces particulières employés dans quelque occasion particulière, avec ou sans avantage, en qualité de substituts de cet instrument universellement et constamment adapté et utile.

Des trois mots précédents, *symbole* et *marque* peuvent être employés pour désigner n'importe quelle classe d'objets que l'on considère comme employés en tant que *signes*. Le mot *insigne* ne semble pouvoir s'appliquer qu'à des signes consistant en images visibles.

[CII, 57]

§9. Relation as between Cause and Effect – Entities appertaining to it.

In the idea of causation – in the idea of the relation as between cause and effect – in the idea of the operation or state of things by which that relation is produced, in which that relation takes its rise, the idea of motion is inseparably involved : take away motion, no causation can have place – no result – no effect – no *any* thing – be produced.

In the idea of *motion*, the idea of a *moving body* is with equal necessity implied.

Of the cases in which the existence of motion – relative motion – is reported to us by our senses, there are some in which the commencement of the motion is, others in which it is not, manifest to our senses.

[CII, 58]

Endless and terminating – under one or other of these denominations may all motions, observed and observable, be included.

Endless motions are those which have place among the bodies (each of them considered in its totality) of which the visible universe is composed.

To the class of terminating or terminative motions belong all those which have place in our planet, and to judge from analogy all those which have place in any other of the celestial bodies.

So far as the motions in question belong to the endless class, so far no such distinction, and therefore no such relation, as that between cause and effect seems to have place. Each body attracts towards it all the rest : and were it to have place singly, the attraction thus exercised might be considered as if it operated in the character of a cause. But each body is attracted by every other : and were it to have place singly, the attraction thus suffered might be considered in the character of an effect. But in fact the two words

[CII, 57]

§ 9. Entités appartenant à la relation entre la cause et l'effet

L'idée de causation, l'idée de la relation entre cause et effet, l'idée de l'opération ou de l'état de choses par lesquels cette relation se produit, dans lesquels cette relation surgit, enveloppe immanquablement l'idée de mouvement. Retirons le mouvement, aucune causation ne peut avoir lieu : ni résultat, ni effet, ni *quoi que ce soit*.

L'idée de *mouvement* implique avec une égale nécessité l'idée de *corps mobile*.

Parmi les cas où l'existence du mouvement – le mouvement relatif – nous est rapportée par nos sens, il en est dans lesquels le commencement du mouvement se manifeste à nos sens et d'autres non.

[CII, 58]

Les mouvements sans fin et les mouvements qui se terminent : tous les mouvements observés ou observables peuvent se ranger sous l'une ou l'autre de ces dénominations.

Les mouvements sans fin sont ceux qui ont lieu entre les corps (chacun d'eux étant pris dans sa totalité) dont se compose l'univers visible.

Appartiennent à la classe des mouvements qui se terminent ou terminables tous ceux qui ont lieu sur notre planète et, si l'on en juge par analogie, tous ceux qui ont lieu sur tout autre corps céleste.

Pour autant que les mouvements considérés appartiennent à la classe des mouvements sans fin, il ne semble y avoir de place pour aucune distinction, et donc pour aucune relation, comme celle qui existe entre la cause et l'effet. Chaque corps attire à lui tout le reste, et, à supposer qu'elle ait lieu isolément, l'attraction ainsi exercée pourrait être considérée comme si elle opérait en qualité de cause. Mais chaque corps est attiré par chacun des autres, et, à supposer qu'elle ait lieu isolément, l'attraction ainsi subie pourrait être considérée en qualité d'effet. Mais en fait les deux mots ne sont que deux noms diffé-

are but two different names for one and the same object – for one and the same motion or tendency to motion. In the case of motions that have place among the distinct bodies with which the surface of our earth is covered, action and reaction are phenomena exhibited [by] different bodies in the character of agents and patients. In the case of the celestial bodies considered each in its totality, no such distinction has place. No such character as that of agent – no such character as that of patient – belongs separately to any one : each one is agent and patient at the same time : no one exhibits more of agency, no one more of patiency, than any other.

[CII, 59]

Suppose that, all these several bodies having been created out of nothing at one and the same instant, each with the same quantity of matter and thence with the same attractive power that appears to belong to it at present, an impulse in a certain rectilinear direction were to be given to each of them at the same time : on this hypothesis it has been rendered, it is said, matter of demonstration that the sort of intermediate motions which would be the result would be exactly those which these same bodies are found by observation to exemplify.

Here then we should have a beginning : but even here we should not have an end. In the beginning, at a determinate point of time, we should have a motion operating in the character of a cause : but at no determinate point of time to the exclusion of any other should we have either a motion or a new order of things resulting from it in the character of an effect.

[CII, 60]

Thelematic and *athelematic* – to one or other of these denominations will all motions of the terminative class be found referable : *thelematic*, those in the production of which *volition*, the inward act of a sentient and self-moving being, is seen to be concerned : *athelematic*, those in the production of which *volition* is not seen to have place.

rents désignant un seul et même objet, un seul et même mouvement ou tendance au mouvement. Dans le cas de mouvements qui ont lieu entre les corps distincts qui couvrent la surface de notre Terre, l'action et la réaction sont les phénomènes manifestés par les différents corps en qualité d'agents et de patients. Dans le cas des corps célestes considérés chacun dans sa totalité, une telle distinction n'a pas lieu d'être. Aucun d'eux ne possède séparément tel caractère d'agent ou tel caractère de patient ; chacun d'eux est en même temps agent et patient ; aucun ne manifeste plus d'activité ou plus de passivité qu'un autre.

[CII, 59]

Supposons que, tous ces corps ayant été créés à partir du néant en un seul et même instant, chacun avec la même quantité de matière et donc avec le même pouvoir attractif qui paraît lui appartenir à présent, il soit donné à chacun d'eux une impulsion dans une certaine direction rectiligne au même moment. A partir de cette hypothèse, on a tenu, comme on dit, pour objet de démonstration que la sorte de mouvements intermédiaires qui en résulteraient seraient exactement ceux que ces mêmes corps manifestent à l'observation.

Ici, nous aurions donc un commencement, mais, même dans ces conditions, nous n'aurions pas de fin. Au commencement, à un point déterminé du temps, nous aurions un mouvement opérant en qualité de cause ; mais, à aucun autre point déterminé du temps, nous n'aurions ni un mouvement ni un nouvel ordre de choses qui en serait le résultat en qualité d'effet.

[CII, 60]

Thélématique et *athélématique* : tous les mouvements de la classe des mouvements terminables peuvent être référés à l'une ou à l'autre de ces dénominations. Les mouvements *thélématiques* sont ceux dans la production desquels la *volition*, l'acte interne d'un être sensible et qui se meut de lui-même, est considérée comme impliquée. Les mouvements *athélématiques* sont ceux dans la production desquels la *volition* est considérée comme n'ayant pas lieu.

In the case of a motion of the thelematic class, you have for the *cause* of the motion, meaning the *prime* cause, of whatsoever motion happens in consequence to take place, the psychical act – the act of the will of the person by whose will the motion is produced – you have that same person for the agent.

Ergastic and *unergastic* – or fruitful and unfruitful – under one or other of these denominations will all motions of the thelematic class be found referable : *ergastic* or fruitful, all those which have for their termination and result the production of *a work* : unergastic or unfruitful, all those which are not attended by any such result.

Between these two classes, the line of separation, it will be manifest enough, can not in the nature of the case be determinate.

A work has reference to human interests and exigencies. When, in consequence of a motion or set of motions of the thelematic kind, in the body or among the bodies in which the motion has terminated, or those to which, in the whole or in any part, it has been communicated, any such change of condition, by which for any considerable portion of time they are or are not regarded as being rendered in any fresh shape subservient to human use, [has taken place], a *work* is spoken of as having thereby been produced.
[CII, 61]

In so far as a work is considered as having been produced, some person – any agent who in respect of his active talent is regarded as having borne the principal part in the production of the work, is wont to be spoken of under the appellation of *the author* or *an author.*

In this same case, any body which is regarded as having, in consequence of the motion communicated upon it, been

Dans le cas d'un mouvement de la classe thélématique, on prend pour *cause*, en entendant par là la cause *première*, de quelque mouvement qui en est la conséquence l'acte psychique – l'acte de la volonté de la personne dont la volonté produit le mouvement. On prend cette même personne pour agent.

Ergastiques et *inergastiques* ou fructueux et infructueux : tous les mouvements de la classe thélématique pourront être référés à l'une ou à l'autre de ces dénominations. *Ergastiques* ou fructueux peut s'appliquer à tous ceux qui ont pour terme ou résultat la production d'*un travail*[1]. *Inergastiques* ou infructueux s'applique à tous ceux qui ne s'accompagnent pas d'un tel résultat.

Il apparaîtra assez clairement que la ligne de séparation entre ces deux classes ne peut être déterminée en raison de la nature du cas.

Un travail se rapporte aux intérêts et aux nécessités de l'humanité. On dit d'un *travail* qu'il a été produit lorsque, en conséquence d'un mouvement ou d'un ensemble de mouvements de type thélématique, a lieu un tel changement de condition dans le corps ou entre les corps dans lesquels le mouvement s'est achevé ou dans ceux auxquels il s'est communiqué en totalité ou en partie ; par ce changement, et pour un temps plus ou moins long, on les considère ou non comme ayant été mis, sous une forme nouvelle, au service de ce qui est utile à l'homme.

[CII, 61]

Pour autant que l'on considère qu'un travail a été produit, on a coutume pour parler d'une certaine personne – tout agent que l'on considère, compte tenu de son talent actif, comme celui qui a apporté la part principale dans cette production – de l'appeler l'*auteur* ou un *auteur*.

Dans ce même cas, on caractérise et on désigne habituellement comme un instrument tout corps considéré

1. Nous traduisons *work* par « travail », donnant à ce mot le double sens, qu'il a aussi en anglais, d'« opération » et de « résultat de l'opération ». La traduction par *œuvre* sera utilisée lorsque ce sera nécessaire.

rendered contributory to the production of the work, is wont to be spoken of in the character and by the name of an instrument : any *body,* viz. if inanimate, [or] considered as inanimate, an *instrument* in the *physical* sense ; if animated, or considered as animated, and in particular if regarded as *rational,* an instrument in the *psychical* sense : – if regarded as *simple,* a tool or implement – if regarded as *complex,* an engine, a machine – a system of machinery.
[CII, 62]

To the case, and to that alone, in which the motion or motions, being of the *thelematic* and therein moreover of the *ergastic* kind, have had for their prime mover or principal agent concerned, a rational, or at least a sensitive being, belong the words end, operation, means, design.

Operation is a name given to any action in so far as it is considered as having been performed with a view to the production of a work.

Of the word *end,* and its synonym – the compound term *end-in-view,* the exposition has been already given : the idea of good (i.e. pleasure or exemption from pain in this or that shape or shapes) as about eventually to result to the agent in question from the proposed act in question.

The word *means* is a term applicable with equal propriety to the designation of any body considered in the character of an *instrument,* or any *action* or *motion* considered in the character of an *operation,* tending to the production of *a work,* or any good looked to in the character of *an end.*

Productive and *unproductive* – under one or other of these denominations, as the case is, may be referred the action in question, in so far as, being of the *thelematic* and moreover of the *ergastic* kind, it has for its *end in view* the bringing into existence any intended result in the character of a *work.*
[CII, 63]

Productive and *unproductive* – whether in actual *result* or only in *tendency* – to one or other of these denominations may also be referred every motion or set of motions of

comme ayant contribué à la production de ce travail du fait du mouvement qui lui a été communiqué. Tout *corps*, inanimé ou considéré comme inanimé, est un *instrument* dans le sens *physique* ; s'il est animé ou si on le considère comme animé et, en particulier, si on le regarde comme *rationnel*, c'est un instrument dans le sens *psychique* ; s'il est regardé comme *simple*, c'est un outil ou un ustensile ; s'il est regardé comme *complexe*, c'est un appareil, une machine ou un système de machinerie.

[CII, 62]

Les mots « fin », « opération », « moyen », « dessein » ne sont appropriés que dans le seul et unique cas où le ou les mouvements de type *thélématique*, et parmi eux plus particulièrement ceux de type *ergastique*, ont eu pour premier moteur ou principal agent un être rationnel, ou tout au moins sensible.

« Opération » est un nom donné à une action dans la mesure où l'on considère qu'elle est effectuée en vue de produire un travail.

L'exposition du mot *fin* et de son synonyme, l'expression composée *but visé*, a déjà été faite. Elle consiste dans l'idée d'un certain bien (plaisir ou évitement de douleur, sous telle ou telle forme) qui doit éventuellement résulter pour l'agent de l'acte projeté.

Le mot *moyen* est un terme qui peut s'appliquer de façon aussi appropriée pour désigner tout corps, considéré en qualité d'*instrument*, ou pour désigner toute *action* ou tout *mouvement* considérés en qualité d'*opération* tendant à la production d'*un travail* ou d'un bien envisagés à titre de *fin*.

Productive et *improductive* : selon le cas, l'action peut se référer à l'une ou à l'autre de ces dénominations, pour autant que, étant de type *thélématique* et, qui plus est, de type *ergastique*, elle a pour *but visé* de porter à l'existence quelque résultat prévu en qualité de *travail*.

[CII, 63]

On peut aussi référer à l'une ou l'autre des dénominations de *productif* et d'*improductif*, soit dans leur *résultat* actuel soit seulement dans leur *tendance*, tout mouve-

the athelematic kind – every motion or set of motions produced in, by and upon such agents as are of the purely physical kind.

This distinction is applicable to all the three physical kingdoms : but on the mention of it, the two living kingdoms – the vegetable and the animal – will be most apt to present themselves.

[CII, 64]

In the use frequently made of the word *cause* may be seen an ambiguity, of which, in respect of its incompatibility with any correct and clear view of the relation between cause and effect, there may be a practical use in endeavouring to remove.

On the one hand, a *motion*, an *action*, an *operation* – on the other hand, an *agent*, an *operator*, an *author :* to the designation of both these in themselves perfectly distinct objects the word is in use to be indiscriminately applied.

Take for example the questions that used to be agitated in the logical schools. Is the moon, says one of them, the cause or a cause of the flux and reflux of the sea ? Here the moon. Here the word cause is employed to designate a corporeal being considered in the character of an agent.

The cause (says a position of which frequent use was made in the same theatres of disputation) *the cause is always proportioned to its effect.* But between the moon itself and the tide, i.e. the flux and reflux of the sea, there can not be any proportion : they are *disparate* entities : the one, the *moon*, a real entity ; the other, the flux and reflux, i.e. the motions of the sea, are but fictitious entities. Between the moon itself and the water moved by it – i.e. between the quantity of both, proportion may have place : between the motion and thence the action of the moon and the motion of the water, a proportion may have place. But between the moon, a body, and the flux and reflux of the sea, no proportion can have place ; neither can be either larger or smaller than the other.

ment ou ensemble de mouvements du type athélématique produit dans, par et sur des agents du type purement physique.

Cette distinction est applicable à chacun des trois règnes physiques, même si, lorsqu'on la mentionne, ce sont plutôt les deux règnes vivants, le végétal et l'animal, qui sont les plus susceptibles de venir à l'esprit.

[CII, 64]

On peut voir dans l'usage fréquent que l'on fait du mot *cause* une ambiguïté que l'on peut chercher à lever pour un avantage pratique, compte tenu de son incompatibilité avec toute vue correcte et claire de la relation entre la cause et l'effet.

On a, d'un côté, un *mouvement*, une *action*, une *opération* ; de l'autre, un *agent*, un *opérateur*, un *auteur*. On emploie généralement le même mot sans discrimination pour désigner ces deux objets en eux-mêmes parfaitement distincts.

Prenons, par exemple, les questions qui ont été longtemps agitées dans les écoles de logique. La Lune, demande l'une d'elles, est-elle la cause ou une cause du flux et du reflux de la mer ? On emploie ici le mot « cause » pour désigner un être corporel, la Lune, considéré en qualité d'agent.

La cause (selon une affirmation d'un usage fréquent dans ces mêmes théâtres de dispute) *est toujours proportionnée à son effet*. Cependant, entre la Lune elle-même et la marée, c'est-à-dire le flux et le reflux de la mer, il ne peut y avoir une quelconque proportion. Ce sont des entités *disparates*, dont la première, la Lune, est une entité réelle et les autres, le flux et le reflux, c'est-à-dire les mouvements de la mer, ne sont que des entités fictives. Entre la Lune elle-même et l'eau qu'elle déplace, c'est-à-dire entre la quantité de l'une et de l'autre, on peut établir une proportion entre le mouvement et donc l'action de la Lune et le mouvement des eaux, il peut y avoir une proportion. Mais entre la Lune, qui est un corps, et le flux et le reflux de la mer, il ne peut y avoir aucune proportion ; l'un des deux ne peut être ni plus petit ni plus grand que l'autre.

[CII, 65]

In speaking of God, it has been common to speak of that inferential being by such names as *the cause of all things – the great, the universal cause.* In this instance, the same sort of confusion – the same sort of indistinctness in the expression – the same consequent confusion in men's conceptions – as in the case mentioned is apt to have place.

The *will* of God – the *act* of God – these are the entities to the designation of which, and of which alone, the term *cause* can in the case in question with propriety, consistently with analogy, be employed – these on the one hand – the word *cause* on the other – are alike names of fictitious entities.

Author and Creator : these alone, and not the word cause, can with propriety be employed in speaking of God. These, as well as God, are names of real entities, not names of fictitious entities : author, a name applicable to man, or in a word to any being considered as susceptible of design : Creator, a term exclusively appropriated to the designation of *God* considered with reference to his *works*.

[CII, 66]

In the use commonly made of the terms *work, cause, effect, instrument* – and in the habit of prefixing to them respectively the definitive article *the* – seems to be implied a notion, of which the more closely it is examined, the more plainly will the incorrectness be made apparent. This is that where the effect is considered as one, there exists some one object, and no more than one, which with propriety can be considered as its cause.

Of the exemplification and verification of this supposition, there exists not, it is believed, perhaps so much as a single instance.

[CII, 65]

Lorsqu'on parle de Dieu, il est devenu courant de parler de cet être inférentiel avec des noms tels que *la cause de toutes choses*, *la cause suprême*, *la cause universelle*. Dans cet exemple, on retrouve la même sorte de confusion et d'équivoque dans l'expression et, par suite, la même confusion dans les conceptions humaines que dans le cas précédent[1].

La *volonté* de Dieu, l'*acte* de Dieu sont les seules entités qui peuvent, dans le cas en question, être désignées par le terme de *cause* de façon appropriée et conformément à l'analogie. Ces termes, d'une part, et le terme de cause, de l'autre, sont pareillement des noms d'entités fictives.

« Auteur » et « Créateur », ceux-là seuls et non le mot « cause », sont les noms qui peuvent être employés de façon appropriée en parlant de Dieu. Ce sont, tout comme le nom « Dieu », des noms d'entités réelles et non pas des noms d'entités fictives : « auteur » est un nom que l'on peut appliquer à l'homme ou, en bref, à tout être considéré comme susceptible d'un dessein, « Créateur » est un terme exclusivement approprié à la désignation de *Dieu* en référence à ses *œuvres*.

[CII, 66]

Dans l'emploi communément fait de termes tels que *travail*, *cause*, *effet*, *instrument*, et dans l'habitude de les faire précéder par les articles définis *le* ou *la*, il semble que soit impliquée une notion qui apparaît d'autant plus erronée qu'on l'examine de plus près : ainsi, lorsqu'un effet est considéré comme unique, il existe un certain objet, et pas plus d'un, qui peut à juste titre être considéré comme sa cause.

Sans doute n'existe-t-il peut-être pas un seul exemple qui illustre et vérifie une telle supposition[2].

1. Bentham fait implicitement allusion ici à la discussion humienne de la Providence qui repose entièrement sur une nécessaire mais inacceptable disproportion entre la cause et ses effets. Quel serait l'avantage théologique d'une cause qui serait exactement proportionnée à ses effets ?

2. Cet argument est repris des *Dialogues sur la religion naturelle*. Hume montre en effet que l'usage du principe de causalité ne peut

Take in the first place an effect – any effect – of the physical kind.

No effect of this class can, it is believed, be assigned that is not the result of a multitude of influencing circumstances : circumstances, some always in different ways contributing to the production of it, others frequently operating in opposition to it : contributing to it, viz. in the character of promoting and co-operating *causes ;* others operating in the opposite character of *obstacles.*

[CII, 67]

In relation to the result in question, considered in the character of an *effect,* suppose at pleasure any one body to be the prime or *principal* agent or mover, and the motion, the action, or the operation of it to be the *prime* or principal *cause.*

In no instance can any such cause be in operation but it will happen to it to be on all sides encompassed and surrounded by *circumstances.*

These circumstances will consist of the state of the contiguous and surrounding bodies in respect of form, colour, quantity, motion or rest.

Among these, some will appear to be exercising on the result a material influence – others not to be exercising any such influence : influential and influencing circumstances – uninfluencing or uninfluential circumstances – in one or other of [these][1] two classes of circumstances taken together will every circumstance, by which it can happen to the principal agent or agents to be encompassed, be referred.

Obstructive or *promotive* – under the one or the other of these denominations may the whole assemblage of influential circumstances be comprized.

1. MS 'this'.

Prenons en premier lieu un effet, un effet quelconque, de type physique.

Aucun effet de cette classe, croyons-nous, ne peut être assigné qui ne soit le résultat d'une multitude de circonstances influençantes : certaines d'entre elles contribuent toujours de différentes façons à sa production, d'autres opèrent fréquemment en s'y opposant ; certaines contribuent à sa production en qualité de *causes* promouvantes et coopérantes, d'autres opèrent en qualité contraire d'*obstacles* [1].

[CII, 67]

En rapport avec le résultat en question considéré en qualité d'*effet*, supposons qu'un corps est le premier ou le *principal* agent ou moteur et que son mouvement, son action ou son opération, est la *cause première* ou principale.

Une telle cause ne sera en aucun cas opérante, mais il lui arrivera plutôt d'être de tous côtés entourée et encerclée par des *circonstances.*

Ces circonstances consisteront dans l'état des corps contigus et environnants, selon leur forme, leur couleur, leur quantité, leur mouvement ou leur repos.

Parmi ces circonstances, quelques-unes paraîtront exercer sur le résultat une influence matérielle, d'autres non. On pourra référer toute circonstance entourant l'agent principal ou les agents principaux à l'une ou à l'autre de ces deux classes de circonstances prises ensemble : les circonstances influentes et influençantes, les circonstances non influentes ou non influençantes.

Les circonstances *promotrices* et les circonstances *obstructrices* : l'assemblage entier des circonstances influentes peut être compris sous l'une ou l'autre de ces dénominations.

---

garantir aux théistes la certitude d'un Dieu unique, comme ils le croient à tort. Le principe de causalité fonde tout autant le polythéisme. Des œuvres, qui annoncent une grande unité, sont en réalité le produit d'une division du travail très poussée.

1. Ce vocabulaire de la contribution à la non-production est en apparence lourd et maladroit, mais c'est un discours précis qui, à l'instar du traitement mathématique de la probabilité des causes, rend commensurables la production d'événements et leur non-production.

Any circumstances that act, that are considered as operating, in the character of *obstructive* circumstances are termed in one word *obstacles.*
[CII, 68]

The internal constitution of the moving body – the internal constitution of the immoveable or no-moving bodies with which it comes in contact – and the configuration of these same bodies – upon all these several circumstances, or rather groupes of circumstances, must the nature of the ultimate effect produced by the motion be dependent – whether that effect be a purely physical result, or a human work.

In so far then as by the term *cause* nothing more is meant to be designated than one alone of all those sets of co-operating circumstances, be the effect what it may, the cause can never of itself be adequate to the production of it : nor between the quantum of the effect and the quantum of the cause can any determinate proportion have place.

But of the case in which, in the extent given to the import attributed to the word *cause*, the whole assemblage of these influencing circumstances [is] [1] taken into the account and comprized, it seems questionable whether so much as a single example would be to be found.
[CII, 69]

In the notions commonly attached to the word *cause*, much deficiency in respect of clearness and correctness as well as compleatness can not [but] have place : and that in the inferences made from either the one to the other – whether it be the cause that is deduced or supposed to be determined from the effect, or the effect that is deduced and supposed to be determined from the cause – much uncertainty and inconclusiveness can not but be a frequent, not to say an almost constant and continual result.

Seldom indeed does it happen that, of the co-influencing circumstances, the collection made for this purpose is compleat : nor is it always that in such collection so much as the principally influencing circumstance or circumstances are included.

1. MS 'are'.

Toute circonstance qui agit, qui est considérée comme opérante, en qualité de circonstance *obstructrice* est appelée, en un mot, *obstacle*.

[CII, 68]

La constitution interne du corps mobile, celle des corps immuables ou immobiles avec lesquels ce corps entre en contact, et la configuration de ces mêmes corps : de toutes ces circonstances, ou plutôt de ces groupes de circonstances, doit dépendre la nature de l'effet ultime produit par le mouvement, que cet effet soit un résultat purement physique ou qu'il soit un travail humain.

Pour autant donc que, par le terme de *cause*, on ne veut rien désigner d'autre qu'un seul de tous ces ensembles de circonstances qui coopèrent, quel que puisse être l'effet, la cause ne peut jamais être d'elle-même adéquate à la production de son effet, et il ne peut y avoir entre le quantum de l'effet et le quantum de la cause de proportion déterminée.

Mais on peut se demander s'il est possible de trouver ne serait-ce qu'un seul exemple de cas où l'extension donnée à la signification que l'on attribue au mot *cause* prenne en compte et comprenne l'assemblage entier de ces circonstances agissantes.

[CII, 69]

Dans les notions communément attachées au mot *cause*, il ne peut y avoir qu'une très grande déficience sur le plan de la clarté et de l'exactitude comme sur le plan de l'exhaustivité ; et dans les inférences tirées dans un sens ou dans un autre, que ce soit la cause qui soit déduite ou supposée déterminée à partir de l'effet, ou que ce soit l'effet qui soit déduit ou supposé déterminé à partir de la cause, le résultat le plus fréquent, pour ne pas dire le plus constant, ne peut être que l'incertitude et l'absence de conclusion.

Il arrive rarement, en vérité, que la collection des circonstances co-influentes faite à cette fin soit complète ; dans une telle collection, même la ou les circonstances qui influencent principalement ne sont pas toujours incluses[1].

1. L'intérêt de cette critique de la cause (qui prolonge les analyses humiennes) et de la promotion accentuée de la notion de « circonstance » tient à l'effort de Bentham pour restaurer, par-delà la

In those cases in which the several influencing circumstances are all of them subject not only to the observation but at the disposal of human agency, any such miscalculations and errors as from time to time happen to be made, may, when perceived, from time to time be corrected.

Thus it is for example in the case of the observations that have for their field the anatomy and physiology of plants and animals.

Thus it is moreover with little exception in the instance of the practical applications made of the respective theories of Chemistry and Mechanics : the influencing circumstances being for the most part, or even altogether, and that at all times, subject not only to our observation, but at our disposal as well as subject to our command.

[CII, 70]

The cases in which our inferences from supposed causes to supposed effects, and from supposed effects to supposed [causes], [1] seem most precarious and exposed to error are on the one hand cases belonging to the field of medicine, on the other hand cases belonging to the field of naval architecture.

In cases belonging to the field of *medicine*, the influencing circumstances belonging principally to the class of chemical phenomena – to those phenomena by which particular sorts of bodies are distinguished from each other, lie in a great degree out of the reach of our observation.

In cases belonging to the field of naval architecture, the influencing circumstances, belonging principally to the class of mechanical phenomena – to those phenomena which belong in common to bodies in general, may perhaps

1. MS 'effects'.

Lorsque toutes les diverses circonstances influentes sont non seulement soumises à l'observation mais encore mises à la disposition de l'activité humaine, de tels faux calculs et de telles erreurs, comme il arrive d'en faire parfois, peuvent, quand on les repère, être de temps à autre corrigés.

Il en est ainsi, par exemple, dans le cas des observations qui ont pour champ l'anatomie et la physiologie des plantes et des animaux.

Il en est encore ainsi, à de rares exceptions près, dans le cas des applications pratiques que l'on fait des théories respectives de chimie et de mécanique, les circonstances influentes étant pour la plupart, voire toutes, non seulement soumises, et cela en permanence, à notre observation mais aussi mises à notre disposition aussi bien que placées sous notre maîtrise.

[CII, 70]

Les cas dans lesquels nos inférences, de causes supposées à partir d'effets supposés et d'effets supposés à partir de causes supposées, semblent particulièrement précaires et sujettes à erreur sont, d'un côté, les cas qui appartiennent au champ de la médecine et, de l'autre, les cas qui appartiennent au champ de l'architecture navale.

Dans les cas qui appartiennent au champ de la *médecine*, les circonstances influentes relevant principalement de la classe des phénomènes chimiques – de ces phénomènes par lesquels on distingue les différentes sortes de corps les uns des autres – échappent dans une large mesure à notre observation.

Dans les cas qui appartiennent au champ de l'architecture navale, les circonstances influentes relevant surtout de la classe des phénomènes mécaniques – de phénomènes qui appartiennent en commun aux corps en

physique galiléenne et newtonienne, une perspective cosmologique qui avait été perdue avec l'effondrement de la physique aristotélicienne. Or la totalité du monde fonde toujours les totalités partielles envisagées par la physique moderne ; les lois ne prennent leur sens que dans une perspective ouverte.

in *specie* be without much difficulty comprehended in their totality by observation, but in respect of their *quantity* lie in great measure beyond even the reach of *observation*, and in a still greater degree are out of the reach of *command*.
[CII, 71]

Prone as is the human mind to the making of hasty and imperfectly-grounded inductions on the field of physical science, it can not but be much more so in the field of ethics, in which is included the field of politics : commonly not only the collection made of influencing circumstances incompleat, but uninfluencing *circumstances* and even *obstacles* held up to view in the character of principally or even exclusively operating causes.

Thus superior is the density of the clouds which overhang the relation between cause and effect in the field of morals as compared with the field of physics. Two concurring considerations may help us to account for this difference : 1. the elements of the calculation being in so large a proportion of the psychical class – such as intentions, affections and motives – are in a proportional degree situated out of the reach of direct observation : 2. in the making of the calculation, the judgment is in a peculiar degree liable to be disturbed and led astray by the several sources of illusion : – by original intellectual weakness – by sinister interest – by interest-begotten prejudice – by adoptive prejudice.
[CII, 72]

Material, formal, efficient, final – by these in the language of the Aristotelian Schools – by these even in the

général – peuvent peut-être s'appréhender *in specie* sans grande difficulté dans leur totalité grâce à l'observation, mais pour ce qui est de leur *quantité*, ils sont dans une large mesure hors de portée de notre *observation* et, beaucoup plus encore, de notre *maîtrise*.

[CII, 71]

Enclin comme l'est l'esprit humain à faire des inductions hâtives et mal fondées dans le champ de la science physique, il ne peut que l'être plus encore dans le champ de l'éthique, lequel comprend le champ de la politique. Ordinairement, non seulement la collection des circonstances influentes y est incomplète, mais ce sont encore des *circonstances* non influentes, voire des *obstacles*, que l'on pose et présente comme des causes qui opèrent à titre principal, voire exclusif.

C'est ainsi que la densité des nuages qui surplombent la relation de cause à effet dans le champ moral est supérieure à ce qu'elle est dans le champ physique. Deux considérations convergentes peuvent nous aider à rendre compte de cette différence : 1. comme les éléments de calcul sont dans une très grande proportion de la classe psychique – tels que les intentions, les affections et les motifs –, on les trouve dans une même proportion situés hors de portée de l'observation directe ; 2. dans la réalisation du calcul, le jugement est particulièrement susceptible d'être troublé et détourné par les diverses sources d'illusion – par la faiblesse intellectuelle originelle, par l'intérêt néfaste, par le préjugé enraciné dans l'intérêt, par le préjugé par adoption [1].

[CII, 72]

Dans la langue des écoles aristotéliciennes, et même dans les plus hautes formes de la langue commune, les

1. Bentham dans ses écrits politiques distingue le préjugé par intérêt, qui dérive directement de la perception par l'individu de son propre intérêt ou de celui de son groupe social, et le préjugé par adoption, qui est le produit de l'*influence* (terme central de ses analyses sociales et politiques) exercée par ceux qui ont le pouvoir d'imposer leurs opinions, et à travers elles leurs propres intérêts individuels et collectifs. Dans le second cas, le préjugé vient bien également d'un intérêt, mais c'est celui des autres.

higher forms of common language – so many different species of causes are considered as designated.

Neither incapable of being applied to practice – nor of being ever applied with advantage, these distinctions present in this place a just claim to notice. The relation they bear to the foregoing exposition will now be brought to view.

Matter and *form* – both these, it has been seen, are necessary to existence, meaning to real and physical existence, to the existence of a physical body.

1. By *material cause* is indicated the matter of the body in question – considered in so far as it is regarded as contributory to the production of the effect in question.

2. By *formal* cause, the form of the same body.

3. By *efficient* cause must be understood, in so far as any clear and distinct idea is attached to the term, the motion of some body or bodies : what is meant to be designated by it may in general be supposed to be the motion of that body or assemblage of bodies which is regarded as the principal motion – the motion which has the principal share in the production of the effect.

But to the production of the effect – meaning a physical effect – whatsoever it be, a correspondent and suitable disposition of the circumjacent non-moving bodies is not (it has been seen) less necessary than a correspondent and suitable motion or aggregate of motions on the part of the moving bodies.

[CII, 73]

To the designation of the matter and of the *form* that concurrs in the production of the effect, the language here in question is therefore, we see, adequate.

But to the designation of the other influencing circumstances, we see how far it is from being adequate.

4. By final *cause* is meant the *end* which the agent had in view, meaning, as hath been seen, by the *end*, if any thing at all be meant by it, the good to the attainment of which the act was directed : the good, i.e. the pleasure or

termes de « cause matérielle », de « cause formelle », de « cause efficiente », de « cause finale » sont considérés comme désignant autant d'espèces différentes de causes.

Ces distinctions, qui ne sont ni incapables de s'appliquer à la pratique ni incapables non plus de le faire quelquefois avantageusement, réclament en cet endroit une attention légitime. La relation qu'elles entretiennent avec ce qui vient d'être exposé va désormais être mise en évidence.

La *matière* et la *forme* sont toutes deux, comme nous l'avons vu, nécessaires à l'existence, en entendant par là l'existence réelle, physique, l'existence d'un corps physique.

1. La *cause matérielle* indique la matière d'un corps donné, considérée ici pour autant qu'on la regarde comme contribuant à la production de l'effet en question.

2. La cause *formelle* indique la forme de ce même corps.

3. Par cause *efficiente*, on doit entendre, pour autant que quelque idée claire et distincte s'attache à ce terme, le mouvement d'un corps ou de plusieurs corps. On peut supposer en général que ce qu'on veut désigner par là est le mouvement de ce corps ou de l'assemblage de corps, celui qu'on regarde comme le mouvement principal, c'est-à-dire celui qui a la part principale dans la production de l'effet.

Mais pour la production de l'effet – entendant par là un effet physique –, quel qu'il soit, une disposition correspondante et adéquate des corps immuables environnants, comme on l'a vu, n'est pas moins nécessaire qu'un mouvement ou qu'une composition de mouvements correspondants et adéquats effectués par les corps mobiles.
[CII, 73]

Pour la désignation de la matière et de la *forme* qui concourt à la production de l'effet, le langage que nous examinons ici est donc adéquat, comme nous le voyons.

Mais, pour désigner les autres circonstances influentes, nous voyons combien il est loin d'être adéquat.

4. Par *cause finale*, on veut signifier le *but* que l'agent avait en vue, signifiant par là, comme on l'a remarqué et pour autant que cela veut dire quelque chose, le bien vers

pleasures, the exemption or security from such or such pain or pains.

It is therefore only in so far as the effect is the result of design on the part of a sensitive being, a being susceptible of pains and pleasures – of those sensations which by us are experienced and known by the names of pleasures and pains – that the species of cause here called *final* can have place.

The doctrine of final causes supposes therefore on the part of the agent in question the experience of pleasure and pain – of pleasures and pains the same as those of which we have experience : for to us there are no others : employed in any such attempt as that of designating and bringing to view the idea of any others, they would be employed in designating and bringing to view so many non-entities.

[CII, 74]

§10. Existence, and the classes of fictitious Entities related to it.

Existence is a quality the most extensively applicable, and at the same time the most simple of all qualities, actual or imaginable. Take away all other qualities, this remains : to speak more strictly, take any entity whatsoever, real or fictitious, abstract the attention from whatsoever other qualities may have been found belonging to it, this will still be left. *Existence* is predicable of naked *substance*.

Opposite to the idea of existence is that of non-existence. Non-existence is the negation of existence. Of every other entity, real or fictitious, either *existence* or *non-existence* is at all times predicable. Whether such other entity be real or fictitious, its existence is of course a fictitious entity : i.e. the word existence is in all cases the name of a fictitious entity.

lequel l'acte est dirigé ; le bien, c'est-à-dire le plaisir ou les plaisirs, l'évitement de la douleur ou la sécurité à l'égard de tel ou tel type de douleur.

C'est donc seulement pour autant que l'effet est le résultat d'un dessein de la part d'un être sensible, c'est-à-dire d'un être susceptible de douleurs et de plaisirs, de ces sensations dont nous faisons l'expérience et que nous connaissons par les noms de « plaisirs » et de « douleurs », qu'a cours l'espèce de cause appelée ici cause *finale*.

La doctrine des causes finales suppose donc de la part de l'agent l'expérience du plaisir et de la douleur, de ces mêmes plaisirs et douleurs dont nous avons l'expérience : car pour nous il n'y en a pas d'autres. Employées pour tenter de faire apparaître et de désigner l'idée de quelques autres, elles ne le seraient que pour faire apparaître et désigner autant de non-entités.

[CII, 74]

§ 10. L'existence, et les classes d'entités fictives qui lui sont reliées

L'existence est une qualité, celle qui peut être appliquée de la façon la plus étendue et qui est en même temps la plus simple de toutes les qualités, réelles ou imaginables. Retirons toutes les qualités, celle-ci demeurera. Pour parler plus rigoureusement, prenons n'importe quelle entité, réelle ou fictive, et faisons abstraction de toutes les autres qualités que l'on peut trouver en elle, celle d'existence lui sera encore laissée. L'*existence* est prédicable de la *substance* nue.

L'idée de non-existence s'oppose à celle d'existence. La non-existence est la négation de l'existence. L'*existence* ou la *non-existence* est toujours prédicable de toute autre entité, réelle ou fictive. Que cette autre entité soit réelle ou fictive; son existence, elle, sera évidemment toujours le nom d'une entité fictive ; autrement dit, le mot « existence » est, dans tous les cas, le nom d'une entité fictive.

The idea of *non-existence* is the idea of *absence* extended. Take any *place*, and therewith any real entity – any body – existing in that place : suppose it no longer existing in that place, you suppose its *absence*, its *relative* non-existence : expell it in like manner from every place, you suppose its *absolute* non-existence.

It is through the medium of absence – the familiar and continually recurring idea of absence – that the idea of non-existence – the transcendent and awful idea of non-existence – is attained.

Being as above a species of quality, *existence* itself is a fictitious entity : it is *in* every real entity : every real entity is *in* it.

In it, the man the object of whose appetite is the sublime, and he the object of whose appetite is the ridiculous, may here find matter for their respective banquets. *Nothing* has been laughed at to satiety : the punster who has played with *nothing* till he is tired may renew the game with existence and non-existence.

[CII, 75]

At any point of *time*, take any entity – any real entity – whatsoever, between its existence in that place and its non-existence in that same place, there is not any *alternative* – there is not any *medium* – whatsoever.

Necessity, Impossibility ; Certainty, uncertainty ; Probability, improbability ; actuality, potentiality ; – whatsoever there is of reality correspondent to any of these names is neither more nor less than a disposition, a persuasion of the mind, on the part of him by whom these words are employed, in relation to the state of things or the event or events to which these *qualities* are ascribed.

Down to this present time – whatsoever be this present time – whether the time of writing it or the time of any one's reading it – whatsoever has existed has had existence ; whatsoever has not existed has not had existence : at this present time, whatsoever does exist has existence ; whatsoever does not exist has not existence : and so at any and every future point of time. Throughout the whole expanse

L'idée de *non-existence* est l'idée d'une *absence* étendue. Prenons un *lieu* et avec lui une entité réelle, un corps quelconque existant dans ce lieu. Supposons maintenant qu'il n'existe plus en ce lieu : nous supposons son *absence*, sa non-existence *relative*. Expulsons-le de même de tout lieu possible : nous supposons alors sa non-existence *absolue*.

C'est par le médium de l'absence, par l'idée familière et continuellement récurrente d'absence, que l'on parvient à l'idée de non-existence, à l'idée transcendante et terrifiante de non-existence.

Étant, comme on l'a vu plus haut, une espèce de qualité, l'*existence* est elle-même une entité fictive. Elle est *en* chaque entité réelle, chaque entité réelle est *en* elle.

Celui qui a de l'appétit pour le sublime et celui qui en a pour le ridicule peuvent chacun trouver dans cette non-existence matière à leurs banquets respectifs. Le *néant* a été objet de moquerie à satiété. Le faiseur de bons mots qui a joué avec le *néant* jusqu'à épuisement peut relancer le jeu avec l'existence et la non-existence.

[CII, 75]

En tout point du *temps*, si nous prenons une entité – une entité réelle –, quelle qu'elle soit, il n'y a aucune *alternative*, il n'y a pas d'autre *médium*, quel qu'il soit, entre son existence en ce lieu et sa non-existence en ce même lieu.

Nécessité, *impossibilité* ; *certitude*, *incertitude* ; *probabilité*, *improbabilité* ; *actualité*, *potentialité* : quel que soit ce qu'il y a de réalité correspondant à chacun de ces mots, ce n'est ni plus ni moins qu'une disposition, qu'une persuasion de l'esprit chez celui qui les utilise en rapport avec l'état de choses ou avec l'événement ou les événements auxquels on attribue ces *qualités*.

Jusqu'à présent, quel que soit d'ailleurs ce présent, qu'il s'agisse du moment où j'écris ces lignes ou qu'il s'agisse du moment où quelqu'un les lira, tout ce qui a existé a eu l'existence, tout ce qui n'a pas existé n'a pas eu l'existence. Ce qui existe à présent a l'existence et tout ce qui n'existe pas n'a pas l'existence. Et ainsi à tout instant futur du temps. A travers le temps tout entier

of time – past, present and future put together – where will room be found for any thing real to answer to any one of these names ?

Quality itself is but a fictitious entity : but these are all of them so many fictitious qualities : they do not, as real qualities do – they do not like gravity, solidity, roundness, hardness – belong to the objects themselves to which they are ascribed : in the character of attributes of the objects to which they are ascribed, they are mere chimæras, mere creatures of the imagination – mere non-entities.

Yet non-entities as they are, but too real is the mischief of which some of them – and in particular the word *necessity* – has been productive : antipathy, strife, persecution, murder, upon a national, upon an international scale.

[CII, 76]

The persuasion expressed by the word *certainty* has for its [object] [1] the event itself simply : the persuasion indicated by the word *necessity* has for its object not only that event but an infinity of other events and states of things out of number from the beginning of time in the character of its *causes*.

Certainty, necessity, impossibility – exhibited seriously in any other character than that of expressions of the degree of the persuasion entertained in relation to the subject in question by him whose words they are, in the use of these words is virtually involved the assumption of omniscience. – All things that are possible are within my knowledge : this is not upon the list. Such being interpreted is the phrase – *this thing is impossible*.

The sort of occasion on which, without any such assumption, these terms can be applied is that of a contradiction in terms – a self-contradictory proposition, or two mutually contradictory propositions, issuing at the same time from the same mouth or the same pen. But here the

1. MS 'persuasion'.

– futur, passé, présent pris ensemble –, où trouvera-t-on une place pour quelque chose de réel qui réponde à l'un de ces noms ?

La qualité elle-même n'est qu'une entité fictive, et ce ne sont là toutes qu'autant de qualités fictives. Elles n'appartiennent pas, comme le font les qualités réelles telles que la gravité, la solidité, la rondeur, la dureté, aux objets eux-mêmes auxquels elles sont attribuées. Ce sont de simples chimères, de pures créatures de l'imagination, de simples non-entités.

Encore que pour des non-entités comme elles, la malfaisance que certains de ces mots, et en particulier le mot *nécessité*, ont produite – antipathie, conflit, persécution, meurtre à l'échelle nationale et internationale [1] – n'est que trop réelle.

[CII, 76]

La persuasion qu'exprime le mot *certitude* a uniquement pour objet l'événement lui-même. La persuasion indiquée par le mot *nécessité* a pour objet non seulement cet événement mais une infinité d'autres événements et d'innombrables états de choses depuis le début des temps considérés comme ses *causes*.

La certitude, la nécessité, l'impossibilité sont des mots dont l'utilisation enveloppe virtuellement l'assomption d'omniscience, lorsqu'ils sont présentés sérieusement autrement qu'en qualité d'expressions du degré de la persuasion qu'entretient, relativement à l'objet concerné, celui qui prononce ces mots. Toutes les choses qui sont possibles sont intérieures à ma connaissance. *La chose est impossible* : cette proposition peut être interprétée comme : « Elle n'est pas sur la liste. »

Ces termes peuvent être utilisés sans cette assomption dans le cas d'une contradiction dans les termes, d'une proposition qui se contredit elle-même ou de deux propositions mutuellement contradictoires provenant simultanément de la même bouche ou de la même plume. Mais

1. Nous ne pouvons ici manquer l'occasion de signaler que l'on doit à l'inventivité verbale de Bentham la création du terme *international* (cf. Glossaire, *néologismes*, p. 256-257).

objects to which these attributes are with propriety applicable are – not the objects for the designation of which the propositions are applied, but the propositions themselves. Propositions thus contradictory and incompatible can not with propriety be applied to the same object : that they should is impossible : i.e. inconsistent with the notions entertained by the person in question in relation to what is proper and what improper in language.

[CII, 77]

It is impossible that among a multitude of bodies all equal to one another, four taken together should not be greater than two taken together : – why ? – because by the word *four* has by every person been designated a number greater than by the word *two*.

Yet in affirmance of the truth of a proposition thus impossible, persuasion rising to the highest pitch of intensity has been entertained. Why ? Because the human mind having it in its power to apply [itself][1] to any object or to forbear to apply [itself][2] at pleasure, the person in question has exercised this power in relation to the import of the words in question as above : i.e. to the import which, according to his experience, all persons by whom they have been employed have been constantly in the habit of annexing to them. But against an object which the mind has contrived to exclude out of the field of its attention, no objection can in that same field be seen to bear : whatsoever therefore were the considerations by which he was engaged to endeavour to persuade himself of the truth of the self-contradictory and therefore impossible proposition, remain without any thing to counteract their force.[(a)]

1. MS 'its mind'..
2. MS 'it'.
(a). Add an exposition, i.e. by paraphrasis, of the words certainty and necessity ?

alors les objets auxquels peuvent s'appliquer de façon appropriée ces attributs ne sont pas les objets pour la désignation desquels on emploie ces propositions mais les propositions elles-mêmes. En effet, des propositions contradictoires et incompatibles ne peuvent s'appliquer de façon appropriée au même objet. Qu'elles le fassent est impossible, c'est-à-dire incohérent avec les notions admises par la personne en question quant à ce qui est propre et impropre dans le langage.

[CII, 77]

Il est impossible que parmi une multitude de corps tous égaux entre eux la réunion de quatre d'entre eux ne soit pas plus grande que la réunion de deux seulement. Pourquoi ? Parce que, pour chacun, le mot *quatre* désigne un nombre plus grand que le nombre désigné par le mot *deux*.

Encore que, en soutenant la vérité d'une proposition impossible de ce genre, on ait pu porter la persuasion à son plus haut point d'intensité. Pourquoi ? Parce que, l'esprit humain ayant le pouvoir de s'appliquer ou de s'abstenir de s'appliquer à sa guise à un objet quelconque, la personne en question a exercé ce pouvoir relativement à la signification des mots, c'est-à-dire à la signification qui, selon son expérience, est habituellement annexée aux mots par tous ceux qui les emploient. Mais à l'encontre d'un objet que l'esprit s'est employé à exclure du champ de son attention, on ne peut dresser dans ce même champ nulle objection. Quelles que soient donc les considérations qui ont engagé cette personne à se persuader elle-même de la vérité de ces propositions contradictoires en elles-mêmes et donc impossibles, ces propositions demeurent sans rien qui vienne contrecarrer leur force[a].

(a). *Ajouter une exposition, par paraphrase, des mots* certitude *et* nécessité *?*

[CII, 78]

§11. Political and Quasi-Political fictitious entities.

Effects.

1. Obligation. 2. Right. 3. Exemption. 4. Power. 5. Privilege. 6. Prerogative. 7. Possession. 8. Possession legal. 9. Property. 10. [...?] of passive political advantage.

Causes.

1. Order. 2. Prohibition, Inhibition, etc. 3. Punishment. 4. Pardon. 5. Licence. 6. Warrant. 7. Judgment. 8. Decision.

All these have for their efficient causes Pleasure and Pain, but principally pain, in whatsoever shape, and from which soever of the five sanctions or sources of pleasure and pain, derived or expected : viz. – 1. the physical sanction. 2. The sympathetic sanction or sanction of sympathy.[a] 3. The popular or moral sanction. 4. The political including the legal sanction. 5. The religious sanction.

Obligation is the root out of which all these other fictitious entities spring.

Of all the sanctions or sources of pain and pleasure above brought to view, the political sanction being susceptible of being the strongest and surest in its operation, and accordingly the obligation derived from it the strongest and most effective, perfect and efficient, this is the sanction which it seems advisable to take for consideration in the first instance : the correspondent obligations of the same name which may be considered as emaning from these other fictitious entities being, in the instance of some of these sanctions, of too weak a nature to act with a force capable of giving to any of those other productions any practical value.

(a). Quere whether to insert the sympathetic ?

[CII, 78]

§ 11. Entités fictives politiques et quasi politiques

Effets.

1. Obligation. 2. Droit. 3. Exemption. 4. Pouvoir. 5. Privilège. 6. Prérogative. 7. Jouissance. 8. Possession légitime. 9. Propriété. 10. [... ?] de l'avantage politique passif.

Causes.

1. Ordre. 2. Prohibition, interdit, etc. 3. Châtiment. 4. Grâce. 5. Autorisation. 6. Garantie. 7. Jugement. 8. Décision.

Toutes ces entités ont pour causes efficientes le Plaisir et la Douleur – tout particulièrement la douleur –, quelle que soit leur forme, à partir desquels dérivent ou sont attendues l'une ou l'autre des cinq sanctions ou sources de plaisir et de douleur : 1. la sanction physique ; 2. la sanction sympathique ou sanction de la sympathie[a] ; 3. la sanction populaire ou morale ; 4. la sanction politique, qui comprend la sanction légale ; 5. la sanction religieuse.

L'*obligation* est la racine d'où sortent toutes ces autres entités fictives.

Comme, de toutes les sanctions ou sources de douleur ou de plaisir exposées plus haut, la sanction politique est celle qui peut être la plus forte et la plus sûre dans son opération et comme, par conséquent, l'obligation qui en dérive peut être la plus forte, la plus effective, parfaite et efficace, il paraît conseillé de prendre en considération cette sanction en premier lieu. Les obligations qui portent le même nom que ces sanctions auxquelles elles correspondent et que l'on peut considérer comme émanant de ces autres entités fictives sont, dans le cas de certaines d'entre elles, d'une nature trop faible pour agir avec une force permettant de donner à ces autres productions une valeur pratique quelconque.

(a). *Chercher s'il faut insérer la sanction sympathique.*

[CII, 79]

An obligation – understand here that sort of obligation which through the medium of the will operates on the active faculty – takes its nature from some act – from the act to which it applies itself : it is an obligation to perform or to abstain from performing a certain *act*.

A legal obligation to perform the act in question is said to attach upon a man, to be incumbent upon him, in so far as in the event of his performing the act at the time and place in question he will not suffer any pain, but in the event of his not so performing it he will suffer a certain pain – viz. the pain that corresponds to it, and by the virtue of which, applying itself eventually as above, the obligation is created.[1]

1. The text appears to be abandoned at this point.

[CII, 79]

Une obligation – nous entendons par là cette sorte d'obligation qui opère sur la faculté active par l'intermédiaire de la volonté – tire sa nature d'un certain acte, de l'acte auquel elle s'applique : il s'agit d'une obligation d'effectuer ou de s'abstenir d'effectuer un certain *acte*.

On dit qu'une obligation légale d'effectuer l'acte en question s'attache à quelqu'un, lui incombe, pour autant que, dans le cas où il effectue l'acte, en lieu et en temps voulus s'entend, il ne subira nulle douleur, tandis que dans le cas où il ne l'effectue pas ainsi, il subira une certaine douleur, c'est-à-dire la douleur qui lui correspond, et en vertu de laquelle, quand elle s'applique éventuellement comme ci-dessus, l'obligation est créée [1].

1. Le texte est abandonné ici.

Appendix

APPENDIX A

[CII, 2]

The most general, i.e. the most extensive propositions belonging to Physics, to Somatology[(a)] – the only branch of Physics that comes under the cognizance of sense, have been considered as forming a separate discipline under the name – the perfectly uncharacteristic name – of mathematics.[(b)]

The most general and extensive propositions belonging to Physics, in the largest sense of the word, embracing *Somatology* and Psychology taken together, have been considered as forming in like manner a separate discipline, to which the name of ontology has been assigned.

APPENDIX B

[CII, 7]

An *entity* is a denomination, in the import of which every subject matter of discourse for the designation of which the grammatical part of speech called a noun substantive is employed, may be comprised.

Entities may be distinguished into 1. perceptible, 2. inferential.

(a) Somatology – the science of what belongs to bodies.
(b) i.e. *Learning* : from μάθω, to learn.

Annexes

ANNEXE A

[CII, 2]

On considère que les propositions les plus générales, c'est-à-dire les plus étendues, qui appartiennent à la physique, à la somatologie[(a)], la seule branche de la physique qui soit du ressort des sens, constituent une branche séparée des arts et des sciences qui porte le nom le moins caractéristique qui soit de « mathématiques »[(b)]. De la même façon, on a considéré que les propositions les plus générales et les plus étendues qui appartiennent à la physique, prise dans son sens le plus large en incluant aussi bien la *Somatologie* que la Psychologie, constituent une discipline séparée à laquelle on a attribué le nom d'« ontologie ».

ANNEXE B

[CII, 7]

Une *entité* est une dénomination dont la signification permet d'englober tout objet de langue que l'on désigne par la partie du discours qu'on appelle en grammaire un « substantif ».

On peut distinguer les entités perceptibles et les entités inférentielles.

(a). *Somatologie : la science qui concerne les corps.*
(b). *Apprentissage ; de* μάθω, *apprendre.*

A perceptible entity is every entity the existence of which is made known to human and other beings by the immediate testimony of one or more of their senses.

An inferential entity is an entity which at this time of day at least is not made known to human beings in general, by the testimony of sense, but is inferred from a chain of reasoning.

An inferential entity is either human or superhuman.

A human inferential entity is the soul of man, considered as existing in a state of separation from the body – a superhuman entity is either supreme or subordinate ; the supreme, superhuman, inferential entity is God. A subordinate superhuman entity is either good or bad. A good subordinate, superhuman inferential entity is an angel.

A bad subordinate, superhuman, inferential entity is a devil.

[CII, 16]

An entity, whether perceptible or inferential, is either real or fictitious.

A real entity is an entity to which, on the occasion and for the purpose of discourse, existence is really meant to be ascribed.

A fictitious entity is an entity to which, though by the grammatical form of the discourse employed in speaking of it existence is ascribed, yet in truth and reality existence is not meant to be ascribed.

Every noun substantive which is not the name of [a] real entity, perceptible or inferential, is the name of a fictitious entity.

Every fictitious entity bears some relation to some real entity : and can no otherwise be understood than in so far as that relation is perceived, – a conception of that relation is obtained.

Reckoning from the real entity to which it bears relation, a fictitious entity may be styled a fictitious entity of the first remove, a fictitious entity of the second remove, and so on.

A fictitious entity of the first remove is a fictitious entity a conception of which may be obtained by the considera-

Est une entité perceptible toute entité dont l'existence se fait connaître aux êtres humains et aux autres êtres par le témoignage immédiat de l'un ou de plusieurs de leurs sens.

Une entité inférentielle est une entité qui, en ces temps-ci du moins, ne se fait pas connaître des êtres humains en général par le témoignage des sens, mais qui est inférée à partir d'une chaîne de raisonnements.

Une entité inférentielle est soit humaine, soit surhumaine.

Une entité inférentielle humaine est l'âme humaine, considérée comme existant dans un état de séparation d'avec le corps – une entité surhumaine est soit suprême, soit subordonnée ; l'entité inférentielle surhumaine suprême est Dieu. Une entité surhumaine subordonnée est soit bonne soit mauvaise. Une bonne entité inférentielle surhumaine subordonnée est un ange.

Une mauvaise entité inférentielle surhumaine subordonnée est un démon.

[CII, 16]

Une entité, perceptible ou inférentielle, est soit réelle soit fictive.

Une entité réelle est une entité à laquelle, à l'occasion et pour le but du discours, on entend réellement attribuer l'existence.

Une entité fictive est une entité à laquelle on n'entend pas attribuer en vérité et en réalité l'existence, quoique, par la forme grammaticale du discours que l'on emploie lorsqu'on parle d'elle, on la lui attribue.

Tout substantif qui n'est pas le nom d'une entité réelle, perceptible ou inférentielle, est le nom d'une entité fictive.

Toute entité fictive entretient une certaine relation avec une certaine entité réelle, et elle ne peut être autrement comprise que dans la mesure où cette relation est perçue, où l'on parvient à une conception de cette relation.

En comptant à partir de l'entité réelle à laquelle elle est reliée, une entité fictive peut être caractérisée comme entité fictive de premier ordre, de deuxième ordre, etc.

Une entité fictive de premier ordre est une entité fictive que l'on peut concevoir en considérant la relation

tion of the relation borne by it to a real entity without need of considering the relation borne by it to any other fictitious entity.

A fictitious entity of the second remove is a fictitious entity for obtaining a conception of which it is necessary to take into consideration some fictitious entity of the first remove.

[CII, 17]

Considered at any two contiguous points of time, every real entity is either in motion or at rest.

N.B. When a real entity is said to be at rest, it is said to be so with reference to some other particular real entity or aggregate of real entities : for so far as any part of the system of the universe is perceived by us, we at all times perceive it not to be at rest. Such at least is the case not only with the bodies called planets, but with one or more of the bodies called fixed stars : and by analogy we infer this to be the case with all the rest.

This premised, considered with reference to any two contiguous points of time past, every perceptible real entity was during that time either in motion or not in motion. If not in motion, it was at rest.

Here then we have two correspondent and opposite fictitious entities of the first remove, viz. a motion and a rest.

A motion is a mode of speech commonly employed : a rest is a mode of speech not so commonly employed.

The reason of this difference cannot now immediately be given : it will be given a little further on.

To be spoken of at all, every fictitious entity must be spoken of as if it were real. This it will be seen is the case with the abovementioned pair of fictitious entities of the first remove.

A body is said to be in motion. This taken in the literal sense is as much as to say, here is a larger body called a motion ; *in* this larger body, the other body, namely the real existing body, is contained.

qu'elle entretient avec une entité réelle, sans être obligé de considérer la relation qu'elle entretient avec quelque autre entité fictive.

Une entité fictive de deuxième ordre est une entité fictive qui, pour être conçue, requiert de prendre en compte une certaine entité fictive de premier ordre.

[CII, 17]

Considérée en deux moments contigus quelconques du temps, toute entité réelle est soit en mouvement soit au repos.

N. B. Lorsqu'on dit qu'une entité réelle est au repos, on ne peut le dire qu'en référence à une autre entité réelle particulière ou à un ensemble d'entités réelles puisque, quelle que soit la partie du système de l'univers que nous percevons, elle ne nous paraît jamais au repos. Au moins en va-t-il ainsi non seulement avec ces corps que l'on appelle planètes, mais aussi avec l'un ou plusieurs de ceux que l'on nomme étoiles fixes ; et, par analogie, nous inférons qu'il en va ainsi de tous les autres corps.

Cela étant posé, toute entité réelle perceptible, considérée en référence à deux moments contigus du passé, était durant cette période en mouvement ou ne l'était pas ; et si elle ne l'était pas, elle était au repos.

Nous avons dònc ici deux entités fictives de premier ordre, en correspondance et en opposition mutuelles, à savoir un mouvement et un repos.

Un mouvement est une façon de parler communément employée. Un repos est une façon de parler moins communément employée.

On ne peut donner tout de suite la raison de cette différence : on le fera un peu plus loin.

Ne serait-ce que pour en parler, on doit parler de toute entité fictive comme si elle était réelle. C'est, comme on le verra, le cas du couple d'entités fictives de premier ordre que l'on vient de mentionner.

On dit d'un corps qu'il est en mouvement. Si on le prend dans un sens littéral, cela équivaut à dire : voici un corps plus grand que l'on appelle un mouvement ; *dans* ce corps plus grand est contenu l'autre corps, à savoir le corps réellement existant.

So in regard to rest. To say this body is at rest, is as much as to say, here is a body, and it will naturally be supposed a fixed body, and here is another body, meaning the real existing body, which is *at* that first-mentioned body, i.e. attached to it. As if the fictitious body were a stake, and the real body a beast tied to it.

[CII, 19]

An instance of a fictitious entity of the second remove is a quality. There are qualities that are qualities of real entities : there are qualities that are qualities of the abovementioned fictitious entities of the first remove. For example, of motion, rectilinearity, curvilinearity, slowness, quickness ; and so on.[a]

[CII, 8]

A perceptible real entity is in one word a body.

The name *substance* has by the Logicians of former times been used to comprise perceptible and inferential real entities : Souls, God, Angels, Devils have been designated by them by the appellation *substance*.

The name *body* is the name of the genus generalissimum of that class of real entities.

Under this genus generalissimum accordingly, a system of divisions which has for its limit the aggregate of all distinguishable individual bodies may be pursued through as many stages as are found conducive to the purposes of discourse. At any such stage and at any number of such stages, the mode of division may be bifurcate[b] and exhaustive : i.e. all-comprehensive.

The division according to which bodies are spoken of as subjects of one or other of the three physical kingdoms, viz. animal, vegetable and mineral, is a trifurcate division. By substituting to this one stage of division, two stages each

(a). Go on to bring to view the several other fictitious entities of the second remove, those of the 3[rd.] remove, if any, and so on.

(b). N.B. The use of the exhaustive mode of division as contradistinguished from that which is not exhaustive, i.e. all-comprehensive, is to show that your conception and comprehension of the subject, in so far as the particulars comprehended in it are in view, is complete.

De même pour le repos. Dire que ce corps-ci est au repos équivaut à dire : voici un corps, et il sera naturellement supposé fixe, et voici un autre corps, le corps réellement existant, qui est *à* ce premier corps, autrement dit qui lui est attaché, comme si le corps fictif était un piquet et le corps réel une bête qui lui était liée.

[CII, 19]

Une qualité est un exemple d'entité fictive de deuxième ordre. Il y a des qualités qui sont qualités d'entités réelles. Il y a des qualités qui sont qualités d'entités fictives de premier ordre, comme celles que l'on a mentionnées plus haut. Par exemple, en ce qui concerne le mouvement : la rectilinéarité, la curvilinéarité, la lenteur, la rapidité, et ainsi de suite[1 (a)].

[CII, 8]

En un mot, une entité réelle perceptible est un corps.

Le nom de *substance* a été utilisé par les logiciens des temps anciens pour comprendre les entités réelles perceptibles et inférentielles. Ils ont désigné âmes, Dieu, anges, démons par le terme de *substance*.

Le nom de *corps* est le nom du *genus generalissimum* [genre le plus général] de cette classe d'entités réelles.

Sous ce *genus generalissimum*, il est possible de poursuivre un système de division qui trouve sa limite dans l'ensemble de tous les corps individuels discernables, en passant par autant d'étapes que l'on trouve souhaitable pour les buts du discours. A chacun de ces stades, à chacun de leur rang, le mode de division peut être bifurqué et exhaustif : autrement dit, il peut tout contenir[(b)].

La division selon laquelle les corps sont dits soumis à l'un ou l'autre des trois règnes physiques – animal, végétal et minéral – est une division trifurquée. En substituant

1. Le manuscrit de cette section finit ici, mais une note en marge écrite au crayon dit ceci :

(a). *Poursuivre, porter au jour les diverses autres entités fictives de second ordre, celles de troisième ordre et ainsi de suite, s'il y a lieu.*

(b). *N. B. L'emploi du mode exhaustif de division, que l'on doit distinguer de* celui qui ne l'est pas, *vise à montrer que votre conception et votre compréhension du sujet, pour autant que l'on considère les êtres particuliers qu'il comprend, sont complètes.*

of them bifurcate, the division may be rendered, or rather shown to be, exhaustive : as thus –

A body is either endued with life or not endued with life.

A body endued with life, is either endued with sensitive life or with life not sensitive. A body endued with sensitive life is an animal. A body endued with a life not sensitive is a vegetable. A body not endued with life is a mineral.

A motion is in the like manner a genus generalissimum, which in like manner is susceptible of a system of division carried on through any number of stages : and at any stage the mode of it may be as above bifurcate and exhaustive. [CII, 20]

Practical uses of this distinction between names of real, and names of fictitious entities.

These uses are : 1. attaching, in the only way in which they can be attached, clear ideas to the several all-comprehensive and leading terms in question : 2. obviating and excluding the multitudinous errors and disputes of which the want of such clear ideas has been the source : disputes which, in many instances, have not terminated in words, but through words have produced antipathy, and, through antipathy, war with all its miseries.

APPENDIX C

[CII, 13]

Classification of entities – real and fictitious.
Real entities, viz. 1. Perceptible Bodies :
2. Inferential, human soul in a separate state :
God and other incorporeal beings.

Perceptible and inferential : under one or other of these denominations may be reduced all *real* entities : *perceptible* those of the existence of which the persuasion is produced by sense without reasoning, i.e. without reflection :

à cet unique stade de division deux stades, l'un et l'autre bifurqués, la division peut être rendue exhaustive, ou plutôt on peut montrer qu'elle l'est, comme suit :

– un corps est soit doué de vie soit ne l'est pas ;

– un corps doué de vie est soit doué de vie sensitive soit ne l'est pas ;

– un corps doué de vie sensitive est un animal ; un corps doué de vie non sensitive est un végétal ; un corps qui n'est pas doué de vie est un minéral.

Un mouvement est semblablement un *genus generalissimum* qui, de la même manière, peut connaître un système de divisions passant par un certain nombre de stades, avec, à chacun d'eux, une division qui peut être bifurquée et exhaustive comme ci-dessus.

[CII, 20]

Emplois de cette distinction entre noms d'entités réelles et noms d'entités fictives.

Ces emplois consistent à : 1. attacher de la seule façon possible des idées claires aux différents termes directeurs et exhaustifs en question ; 2. éviter et exclure la prolifération d'erreurs et de disputes qui ont résulté de l'absence de telles idées claires. Ces disputes bien souvent n'en sont pas restées aux mots, mais ont engendré, à travers eux, l'antipathie et, à travers celle-ci, la guerre et son cortège de malheurs.

ANNEXE C

[CII, 13]

Classification des entités réelles et fictives.
Entités réelles : 1. Corps perceptibles.
2. Entités inférentielles, l'âme humaine à l'état séparé ; Dieu et autres êtres incorporels.

Entités perceptibles et inférentielles : toutes les entités *réelles* peuvent être réduites à l'une ou à l'autre de ces dénominations. Les entités *perceptibles* sont celles dont on se persuade de l'existence par les sens sans raisonne-

inferential those of the existence of which the persuasion, in as far as it has place, is produced by reason, by reflection.

1. Under the head of perceptible *real* entities may be placed without difficulty individual perceptions of all sorts : the impressions produced in groupes by the application of sensible objects to the organs of sense : the ideas brought to view by the recollection of those same objects : the new ideas produced by the action of the imagination, by the decomposition and recomposition of those groupes – to none of these – not to mention at present any articles in the same [...?] – can the character, the denomination, of *real* entities be refused.

Faculties – powers of mind – dispositions : all these are *unreal* – all these are but so many fictitious entities. When a view of them comes to be given, it will be seen how perfectly distinguishable among psychical entities are those which are recognized in the character [of] real, from all those which are here referred to the class of fictitious entities.

Pathematic, apathematic – to one or other of these denominations may be referred all the aggregate imaginable multitudes of perceptions : pathematic, viz. such as either themselves consist purely of or are accompanied by pain or pleasure : apathematic, such as have not any such accompaniment in either shape.

[CII, 14]

2. Sole remaining perceptible entities, *bodies* of all sorts.

To some it may seem matter of doubt, whether to a perception of any kind, the appellation of a *real entity* can with propriety be applied.

ment, c'est-à-dire sans réflexion ; les entités inférentielles sont celles dont on se persuade, pour autant qu'il y a persuasion, par la raison, par la réflexion.

1. Sous le chapitre des entités *réelles* perceptibles, on peut placer sans peine des perceptions individuelles de toutes sortes : les impressions qui se produisent en groupes[1] par l'application des objets sensibles aux organes des sens ; les idées qui se présentent à la vue par l'évocation de ces mêmes objets ; les idées nouvelles produites sous l'influence de l'imagination par la décomposition et la recomposition de ces groupes. A aucune de ces perceptions l'on ne peut refuser le caractère, la dénomination d'entité *réelle*.

Facultés – pouvoirs de l'esprit – dispositions : toutes ces entités sont *irréelles*. Elles ne sont toutes qu'autant d'entités fictives. Lorsqu'on en viendra à les examiner, on montrera combien sont parfaitement discernables, parmi les entités psychiques, celles qui sont reconnues comme réelles de celles qui sont ici référées à la classe des entités fictives.

Pathématique ou apathématique : à l'une ou à l'autre de ces dénominations peuvent être référées tous les ensembles imaginables de perceptions ; les perceptions *pathématiques* sont soit celles qui consistent elles-mêmes purement en plaisir ou en peine, soit celles qui s'accompagnent de plaisir ou de peine. Les perceptions *apathématique*s sont celles qui ne s'accompagnent ni de l'un ni de l'autre.

[CII, 14]

2. Les *corps* de toutes sortes, seules entités perceptibles qui restent.

Certains peuvent douter du caractère approprié de l'appellation d'*entité réelle* appliquée aux perceptions de toute nature.

1. Bentham utilise ici un terme rare employé dans ce sens en français et en anglais pour désigner les figures collectives créées en peinture ou en sculpture.

Certain it is that it can not, if either *solidity* or *permanence* be regarded as a quality belonging to the essence of *reality*.

But in neither of these instances can, it is believed, [there] be any sufficient or just reason assigned, why the field of reality should be regarded as confined within the limits which on that supposition would be assigned to it.

Whatsoever claim an object belonging to the class of bodies may be considered as possessing to the attribute of reality, i.e. of existence, every object belonging to the class of *perceptions* will be found to possess a still better title – a title established by still more immediate evidence. Of the reality of perceptions, they are themselves their own evidence : it is only by the evidence afforded by perceptions that the reality of a body of any kind can be established. [CII, 9]

By the common appellation of *inferential* real entities may be designated beings of two widely distant descriptions : viz. in the first place, the human soul considered as existing in a state of separation from the body ; in the next place, *God*, the almighty being, creator and preserver of all other real entities.

Howsoever widely different in other respects, the title of these two sorts of real beings to the common appellation of *inferential* will, it is believed, be found sufficiently clear.

Of a human soul existing in a state of separation from the body, no man living will, it is believed, be found ready to aver himself to have had perception of any individual example : or, at any rate, no man who, upon due and apposite interrogation, would be able to obtain credence.

Considered as existing and visiting any part of our earth in a state of separation from the body, a human soul is a ghost : and, at this time of day, *custom* scarcely does,

Il est certain qu'il ne peut l'être si la *solidité* ou la *permanence* sont considérées comme des qualités appartenant à l'essence de la réalité.

Toutefois, dans aucun de ces cas, croyons-nous, on ne peut assigner une raison suffisante ou légitime pour que le champ de la réalité soit considéré comme contenu à l'intérieur des limites qu'une telle supposition lui attribuerait.

Quelle que soit la prétention qui permet de considérer qu'un objet appartenant à la classe des corps possède l'attribut de la réalité, c'est-à-dire de l'existence, on verra que tout objet appartenant à la classe des *perceptions* possède, à un titre bien plus élevé, un titre établi par une preuve encore plus immédiate. De la réalité des perceptions, elles sont elles-mêmes leur propre preuve. C'est uniquement par la preuve fournie par les perceptions que la réalité d'un corps, quelle que soit sa nature, peut être établie.

[CII, 9]

On peut désigner par l'appellation commune d'entités réelles *inférentielles* les êtres correspondant à deux définitions très éloignées l'une de l'autre : en premier lieu, l'âme humaine considérée comme existant dans un état de séparation d'avec le corps ; en second lieu, Dieu, l'être tout-puissant, créateur et protecteur de toutes les autres entités réelles.

Aussi largement différents soient-ils sous d'autres aspects, ces deux sortes d'êtres réels prouveront, croyons-nous, suffisamment clairement leur titre à l'appellation commune d'entités *inférentielles*.

On ne trouvera, croyons-nous encore, aucun homme vivant prêt à certifier lui-même avoir eu, ne serait-ce qu'une fois, la perception d'une âme humaine existant dans un état de séparation d'avec le corps ou, en tout cas, on ne trouvera personne qui, soumis à un interrogatoire en bonne et due forme, puisse être cru.

L'âme humaine ne serait qu'un fantôme si on la considérait comme existant et visitant quelque endroit de la Terre dans un état de séparation d'avec le corps. De nos jours, si la *coutume* a du mal à nous imposer de croire aux

fashion certainly does not, command us to believe in ghosts.

Of this description of beings, the reality, not being in any instance, attested by *perception*, can not therefore be considered any otherwise than as matter of *inference*.

[CII, 10]

As to God – sanctioned by divine revelation, according to the freshest and most approved edition of that sublime and mysterious discourse – sanctioned by the religion of Jesus, as delivered to us by the Apostle Paul, is the proposition that by no person was God ever seen at any time : [(a)] for at that time men had not yet learnt so much as to *see*, much less to eat, their God.

Of Moses, in a prior edition of that same sublime and mysterious discourse, it is indeed said, whether by that same Moses himself, or by some other person, that, on one particular occasion, the existence of that almighty person was certified to him by the sense of sight. But by any person whom the averment of the Apostle finds persuaded of its correctness, that of the Jewish lawgiver and historian can not without self-contradiction be received as possessed of that same property ; and forasmuch as no parts of that infinite being but the hinder parts were supposed by Moses to have been presented to his view, the only conclusion consistent with the persuasion of the correctness of the averment delivered by the Apostle will be that on the particular occasion in question either the Jewish sage laboured under a misconception, or that in the copies which have reached us of that history and of the translations made of it, one of those errors has crept in, the probability of which there is such frequent occasion to lament.

[CII, 11]

If the above observations be correct, God not being, consistently with the imperfections of the human senses, capable of being referred to the class of perceptible entities, can not, in consequence of the imperfections under which

(a). In the Greek original : τον θεον ονδεις εωρακε πωποπε.

fantômes, ce ne sera certainement pas la *mode* qui nous commandera d'y croire.

Comme la réalité de cette sorte d'êtres ne peut jamais être attestée par la perception, elle ne peut donc relever que du seul domaine de l'*inférence*.

[CII, 10]

Quant à Dieu, la proposition selon laquelle personne n'a jamais vu Dieu a été consacrée par révélation divine, selon l'édition la plus récente et la plus autorisée de ce sublime et mystérieux discours, consacrée par la religion de Jésus dans la version fournie par l'apôtre Paul[(a)] : car à cette époque les hommes n'en savaient pas assez pour *voir*, et encore moins pour manger, leur Dieu.

Dans une édition antérieure de ce même sublime et mystérieux discours de Moïse, il est dit en effet, soit par Moïse lui-même soit par une autre personne, que, dans une occasion bien particulière, l'existence de cette personne toute-puissante lui a été certifiée grâce au sens de la vue. Mais toute personne qui est persuadée de l'exactitude de la preuve de l'apôtre Paul ne peut admettre sans contradiction la même propriété dans celle du législateur et historien juif ; puisque Moïse est censé ne pas avoir vu d'autres parties de cet être infini que les parties arrière, la seule conclusion cohérente avec la conviction de l'exactitude de la déclaration de l'apôtre Paul sera que, dans l'occasion particulière dont il est question, le sage juif a œuvré sous l'emprise d'une erreur de conception, ou que, dans les copies de cette histoire qui nous sont parvenues et dans celles des traductions qui en ont été faites, s'est glissée l'une de ces erreurs dont la probabilité donne si souvent l'occasion de se lamenter.

[CII, 11]

Si les observations précédentes sont exactes, puisque Dieu n'est pas susceptible, en raison de l'imperfection des sens humains, d'être référé à la classe des entités réelles perceptibles, il ne peut pas être davantage référé que l'âme humaine, considérée comme existant à l'état séparé, en conséquence de l'imperfection avec laquelle travaille la

(a). Dans le texte grec original : τον θεον ονδεις εωρακε πωποπε.

human reason labours, can not, any more than the soul of man considered as existing in a separate state – be referred by it to any other class than that of *inferential* real entities, as above described.

Should there be any person, to whose view the souls of men considered in a state of separation from the body, should present itself as not capable of being, with propriety, aggregated to the class of real entities, to every such person, the class to which it belongs would naturally be that of fictitious entities : in which case it would probably be considered as being that whole, of which so many other psychical entities, none of which have ever been considered any otherwise than as fictitious, such as the understanding and the will – the *perceptive faculty*, the *memory* and the *imagination* – are so many parts.

Should there be any person who, incapable of drawing those inferences by which the creator and preserver of all other entities is referred to the class of real ones, should refuse to him a place in that class, the class to which such person would find himself in a manner compelled to refer that invisible and mysterious and tremendous being would be – not as the soul of man that of fictitious entities, but that of non-entities.

To any such property as that of *exhaustiveness*, this division of *inferential* real entities into the *souls of men* in a state of separation on the one hand, and the creator and preserver of all entities on the other hand, presents not any pretension.

[CII, 12]

Angels and *Devils : Devils* being a party of *Angels* in disgrace : Angels living under a sort of subordinate *Aristocracy* of *Archangels : Devils* under a *Monarchy* filled by a *Prince : Cherubims* a sort of Angels in an infant and as yet unformed state in which nothing but head and wings are as yet visible...

All these are so many *inferential* beings, of the existence of which the persuasion is fortified at least by, if not principally derived from, their portraits as exhibited in such rich profusion by artists of various classes. *Thrones, dominations, princedoms, virtues, powers* – in this one verse are exhibi-

raison humaine, à une autre classe qu'à celle des entités réelles *inférentielles* telles qu'on les a décrites ci-dessus.

Si jamais il existait quelqu'un dont la conception des âmes humaines, considérées dans un état de séparation d'avec les corps, se présentait comme ne pouvant s'intégrer proprement à la classe des entités réelles, pour une telle personne, la classe dans laquelle il faudrait la ranger serait naturellement celle des entités fictives. Dans ce cas, il faudrait probablement la considérer comme étant cet ensemble dont tant d'autres entités psychiques qui n'ont jamais été autrement considérées que comme des entités fictives, telles que l'entendement et la volonté – la *faculté de perception*, la *mémoire* et l'*imagination* –, sont autant de parties.

Si jamais il existait quelqu'un qui, incapable de tirer ces inférences par lesquelles le Créateur et le Protecteur de toutes les autres entités est référé à la classe des entités réelles, lui refusait une place dans cette classe, une telle personne se trouverait en quelque sorte contrainte de ranger cet être invisible, mystérieux et redoutable, non pas dans la classe des entités fictives, comme dans le cas de l'âme humaine, mais dans celle des non-entités.

Cette division des entités réelles *inférentielles* en *âmes des hommes* à l'état de séparation, d'un côté, et en Créateur et Protecteur de toutes les entités, de l'autre, ne prétend pas à une qualité telle que celle de *l'exhaustivité*. [CII, 12]

Les *Anges* et les *Démons* : les *Démons* constituent une partie des *Anges* en disgrâce ; les Anges vivent dans la subordination d'une espèce d'*Aristocratie* d'*Archanges*, les *Démons* sous une *Monarchie* dirigée par un *Prince* ; les *Chérubins* sont une sorte d'Anges à l'état d'enfance et d'inachèvement de la forme, dont seuls la tête et les ailes sont à ce jour visibles…

Ce sont tous autant d'êtres *inférentiels* dont les portraits présentés avec un tel luxe de profusion par les artistes de diverses classes renforcent au moins notre persuasion qu'ils existent, quand cette persuasion n'en dériverait pas principalement. *Trônes*, *dominations*, *principautés*, *vertus*, *pouvoirs* – dans ce seul verset l'illustre

ted by the illustrious Angelographer of modern times[a], the several orders of Angels : and this same classification seems alike applicable to Angelic beings in either state, as well in a state of disgrace as in a state of favour.

By the learner as well as by the teacher of useful *logic*, all these subjects of *ontology*, may, without much detriment (it is believed), either to any other useful *art*, or any other useful Science, be left in the places in which they are found. [CII, 15]

Of *ideas* our perception is still more direct and immediate than that which we have of corporeal substances – of their existence our persuasion more intense and irresistible than that which we have of the existence of corporeal substances.

Speaking of entities, ideas might perhaps be accordingly considered as the sole *perceptible* ones ; substances, those of the corporeal class, being with reference and in contradistinction to them no other than *inferential* ones.

But if substances themselves be the subject of the division, and for the designation of the two branches of the division the words perceptible and inferential are employed, it is to corporeal substances that the characteristic and differential attributive *perceptible* can not but be applied, the term inferential being thereupon employed for the designation of incorporeal ones.

The more correct and compleat the consideration bestowed, the more clearly will it be perceived, that from the

(a). Search out and quote the passage in the New Testament in which these are distinguished.

angélographe[1] des temps modernes[(a)2] expose les différents ordres d'anges, et cette même classification semble s'appliquer pareillement aux êtres angéliques dans l'un et l'autre état, à ceux qui sont en état de disgrâce comme à ceux qui sont en état de faveur.

L'étudiant comme l'enseignant de *logique* utile[3] peuvent abandonner tous ces objets d'*ontologie* là où ils les ont trouvés sans grand dommage, croyons-nous, pour tout autre *art* et Science utiles.

[CII, 15]

Notre perception des *idées* est encore plus directe et immédiate que celle des substances corporelles. La persuasion que nous avons de leur existence est plus intense et plus irrésistible que celle qui concerne l'existence des substances corporelles.

En termes d'entités, peut-être pourrait-on par conséquent dire des idées qu'elles sont les seules entités *perceptibles* ; les substances, celles de la classe corporelle, n'étant en référence aux premières, et par opposition à elles, rien d'autre que des entités *inférentielles*.

Mais si ce sont les substances elles-mêmes qui font l'objet de la division dont les deux branches sont désignées par les mots de « perceptible » et d'« inférentielle », l'attribut caractéristique et différentiel *perceptible* ne peut alors s'appliquer qu'aux substances corporelles, le terme d'« inférentiel » étant alors réservé à la désignation des substances incorporelles.

Plus on considérera exactement et complètement ce problème, et plus on percevra clairement que l'inférence

1. Ce terme d'« angelographe » paraît être un néologisme en anglais où l'on parle toutefois concurremment d'« angelography » et d'« angelology » pour désigner le savoir concernant les anges. Ce terme d'« angelographe » le paraît plus encore en français où l'on connaît plutôt les termes d'« angéologie » ou d'« angélologie ».

(a). *Chercher et citer le passage du Nouveau Testament dans lequel ils sont distingués.*

2.Peut-être Bentham fait-il allusion ici au verset 3-10 de la lettre de Paul aux Éphésiens qui distingue les « pouvoirs » et les « principautés ». Bentham connaissait très bien les textes attribués à Paul, dont il fait grand usage dans ses écrits sur la religion.

3. Cf. Glossaire, p. 225 *sq*.

existence of perceptions, viz. of sensible ones, the inference whereby the existence of corporeal entities, viz. the bodies from whence these ideas are respectively deduced, [is inferred] is much stronger and more irresistible than the inference whereby the existence of incorporeal entities alias souls inseparable from bodies, and God or Gods alias Persons of the Godhead, is inferred from the existence of perceptible entities, *alias* corporeal substances, *alias* bodies. Suppose the non-existence of corporeal substances – of any hard corporeal substance that stands opposite to you – make this supposition and as soon as you have made it, act upon it, pain, the perception of pain, will at once bear witness against you, and be your punishment, your condign punishment. Suppose the non-existence of the above-mentioned inferential incorporeal substances, of any of them, or of all of them, and the supposition made, act upon it accordingly – be the supposition conformable or not conformable to the truth of the case, at any rate no such immediate counter-evidence, no such immediate punishment, will follow.

d'où l'on tire, à partir de l'existence des perceptions, autrement dit des perceptions sensibles, l'existence d'entités corporelles, c'est-à-dire de corps à partir desquels sont respectivement déduites ces idées, est beaucoup plus forte et plus irrésistible que l'inférence par laquelle on déduit à partir de l'existence d'entités perceptibles, autrement dit des substances corporelles ou des corps, l'existence des entités incorporelles, autrement dit les âmes inséparables des corps, et Dieu ou les Dieux, autrement dit les Personnes de la Divinité. Supposez la non-existence des substances corporelles, de quelque substance corporelle dure qui s'oppose à vous, et cette supposition aussitôt faite, agissez sur elle ! La douleur, la perception de la douleur témoignera immédiatement contre vous. Telle sera votre punition, votre punition méritée. Supposez maintenant la non-existence d'une ou de toutes les substances incorporelles inférentielles, et une fois cette supposition faite, agissez sur l'une d'elles ! Que la supposition soit conforme ou non à la vérité du cas, du moins ne s'ensuivra-t-il pas une pareille contre-épreuve immédiate, une semblable punition immédiate[1].

1. Bentham reprend en cet endroit le célèbre « argument » de Samuel Johnson (1709-1784) contre Berkeley, tel qu'il a été rapporté par son biographe, James Boswell (1740-1795) : un jour que celui-ci parlait de l'idée de la non-existence de la matière, Johnson prétendit la réfuter en donnant un coup de pied violent contre une pierre : « *I refute it* thus » (cf. J. Boswell, *The Life of Samuel Johnson*, Hardmondsworth, Penguin Classics, p. 122). Bentham n'est pas toujours aussi polémique à l'égard de Berkeley, puisqu'il mêle souvent à ses critiques une réelle admiration pour le penseur.

Sur une feuille séparée, Bentham a noté ceci : « Dans les ouvrages des auteurs qui sont actuellement en vogue [en l'année 1813], nombreuses sont les notions dont l'apparence peut provoquer une sensation de surprise dans un esprit inexpérimenté voire, un jour peut-être, dans un esprit expérimenté.

Parmi ces notions, on retiendra d'abord le déni de l'existence des corps et ensuite le déni de l'existence des idées générales et abstraites.

Ces paradoxes apparentés, puisque en effet on peut les considérer ainsi, qui sont donc les premiers à les avoir respectivement répandus ? Je ne peux me le rappeler si je l'ai jamais su et, en supposant que cela soit faisable, je ne sais si la peine que je me donnerais à chercher serait compensée par la valeur de la découverte.

APPENDIX D

[CII, 27]

Class the first of names of fictitious entities – names of physical fictitious entities.

To this class belong all those which will be found included in Aristotle's list – included in his *ten predicaments* : – the *first* excepted.

In the order in which he has placed and considered them they stand as follows :

1. Substance.
2. Quantity.
3. Quality.

[CII, 28]

From this list of Aristotle's, the list of names of physical fictitious entities, will, as here presented, be found to be in a considerable degree different, viz. in the first place in respect of the particulars of which it is composed, in the next place in respect of the order in which they are brought to view. Of these differences thus made, the grounds will successively be brought to view.

1. Quantity. Quantity can not exist without some substance of which it is the quantity. Of substance, no species, no individual, can exist without existing in some certain quantity.

2. Quality. Quality can not exist without some substance of which it is the quality. Of substance, no species can exist without being of some quality : of a multitude of qualities of which the number is in every instance indeterminate, capable of receiving encrease and that to an indefinite degree, according to the purposes for which, and the occasions on which, the several substances of which they are qualities may come to be considered.

[CII, 29]

3. Place. Of place the notion can not be entertained without the notion of some substance considered as *placed*, or capable of existing or, as we say being *placed*, in it.

ANNEXE D

[CII, 27]

Première classe de noms d'entités fictives : noms des entités fictives physiques.

Appartiennent à cette classe toutes les entités que l'on trouvera comprises dans la liste des *dix catégories* d'Aristote, à l'exception de la *première* d'entre elles.

Il les a placées et examinées dans l'ordre suivant : 1. la substance ; 2. la quantité ; 3. la qualité [1].

[CII, 28]

La liste des noms des entités fictives physiques que nous présentons ici se distinguera considérablement de cette liste d'Aristote ; en premier lieu, par les éléments qui la composent, en second lieu, par l'ordre dans lequel ils sont exposés. Nous exposerons successivement les fondements de ces différences à mesure qu'elles apparaîtront.

1. La quantité. La quantité ne peut exister sans une substance dont elle est la quantité. De la substance, aucune espèce, aucun individu ne peut exister sans exister en une certaine quantité.

2. La qualité. La qualité ne peut exister sans une substance dont elle est la qualité. Aucune espèce de substance ne peut exister sans être de telle ou telle qualité, d'une multitude de qualités dont le nombre est à chaque fois indéterminé et peut croître de façon indéfinie, en fonction des buts et des circonstances dans lesquels les différentes substances dont elles sont les qualités peuvent être considérées.

[CII, 29]

3. Le lieu. La notion de lieu ne peut être conçue sans la notion d'une substance que l'on considère comme *logée*, ou comme capable d'exister, ou, disons, d'être *logée* en lui.

Parmi ceux qui ont soutenu la notion de la non-existence de la matière, y compris des différents corps qui se présentent à nos sens, l'évêque Berkeley, s'il n'est pas le premier chronologiquement, en est du moins le plus illustre partisan. »

1. L'énumération est inachevée dans l'original. C'est la disposition même d'Aristote qui est donnée dans l'édition Bowring et non celle de Sanderson dont l'auteur s'est généralement servi comme livre de référence au système aristotélicien.

Place may be considered as *absolute* or relative. Supposing but one substance in existence, that substance would be in some place, that place would be absolute, relative place there would be none. Suppose two substances, then in addition to its own absolute place, each substance would have a *relative* place – a place constituted by the position occupied by it in relation to the other.

Of no individual substance is any notion commonly entertained without some notion of a place – a relative place – as being occupied by it.

The place considered as being occupied by an individual substance is different, according to the purpose for which, and the occasion on which, the substance is taken into consideration.

Expressive of the notion of place, taken in their physical, original, archetypal signification, are the several words termed prepositions of place and adverbs of place. These are :

1. In	1. Out – Out of
2. On or upon	2. From above
3. Under	3. From under
4. At	4. From
5. Above (Adverb)	
6. Below (Adverb) Underneath	
7. Round	
8. Around (Adverb)	

[CII, 30]

4. Time. Time is as it were on an ulterior and double account a fictitious entity : its denominatives, so many names of fictitious entities.

Compared with substance, and in particular with body, place is, as hath been [seen], a fictitious entity. Without some body placed in it, or considered as being capable of being placed in it, place would either not have existence, or what, with reference to use would amount to the same thing, there could be no purpose for which, no occasion on which, it would be considered as having existence.

But if, putting out of consideration body, place is a fiction, time is so to speak a still more fictitious fiction, leaning upon nothing more substantial than the fiction of place.

Le lieu peut être considéré comme *absolu* ou comme relatif. A supposer qu'il n'existe qu'une seule substance, celle-ci serait dans un certain lieu ; ce lieu serait un lieu absolu ; il ne pourrait y avoir de lieu relatif. Si l'on suppose deux substances, il s'ensuivrait que chacune d'elles, en plus de son propre lieu absolu, aurait un lieu *relatif*, constitué par la position qu'elle occupe par rapport à l'autre.

Aucune notion de substance individuelle n'est communément conçue sans une notion d'un lieu – d'un lieu relatif – qu'elle occupe.

Le lieu que l'on considère comme occupé par une substance individuelle diffère selon le but et la circonstance dans lesquels on prend en considération la substance.

Expriment la notion de lieu dans leur signification archétypale, originaire, physique, plusieurs mots, que l'on appelle des « prépositions » et « adverbes de lieu ». Ce sont les suivants :

1. dans	1. hors, en dehors
2. sur ou au-dessus	2. de dessus
3. sous	3. de dessous
4. à	4. de
5. dessus	
6. dessous	
7. autour	
8. alentour	

[CII, 30]

4. Le temps. Le temps est, pour ainsi dire, comme une entité fictive d'ordre supérieur et à un double titre. Ses dénominations sont autant de noms d'entités fictives.

Comparé à la substance et, en particulier, au corps, le lieu est, comme on l'a vu, une entité fictive. Sans un corps logé en lui, ou considéré comme pouvant être logé en lui, le lieu n'aurait aucune existence ou, ce qui, en référence à l'usage, reviendrait au même, il n'y aurait ni but ni occasion qui permettrait de le considérer comme ayant une existence.

Mais si, quand on ne considère plus le corps, le lieu est une fiction, alors le temps est pour ainsi dire une fiction plus fictive encore puisqu'elle ne s'appuie sur rien de plus substantiel que la fiction de lieu.

To be capable of being spoken of, time itself must be – is – can not but be – spoken of as a species of space. Witness the prepositions *in* and *at* : *in* such a portion of time : *at* such a portion of time : *in* an hour : *at* 12 o'clock : *in* such a year : in such a month : in such a day : *at* such an hour : *at* so many minutes after such an hour : *at* so many seconds of such a minute of such an hour.

Witness again the common expressions – a short time – a long time – a space of time.

By a line it is that every portion of time, every particular time, is represented and spoken of : by a line, i.e. by body of which the length alone is considered without thickness : i.e. without breadth or depth.

[CII, 31]

5. Motion. 6. Rest. 7. Action. 8. Passion.

At each step the subject of consideration becomes more and more complicated.

Rest is the absence or negation of motion. Every body is either *in* motion, or at rest. Here *place*, i.e. *relative space*, is still the archetype. Motion is a thing, a momentarily imagined substance, within which the body is conceived as being placed : *rest* a like body *at* which the real body is considered as being placed.

In the notion of *motion* that of time is moreover involved : and again that of place, as being that in which the idea of time is by the like necessity involved.

In motion a body can not have been, but it must have been in two different places, at or in two different, which is as much as to say in two successive, portions of time.

For the space of time in question – i.e. for a portion of time composed of portions of the same length which were operative[?] in the case of the motion – the body has been at rest – in so far as in all that length or space of time it has not changed its place with reference to any other.

Pour pouvoir parler du temps lui-même, on en parle, on ne doit et on ne peut en parler que comme d'une espèce d'espace. En témoignent les prépositions *dans* et *à*. On dit ainsi : « *dans* tel laps de temps », « *à* telle partie du temps », « *dans* une heure », « *à* midi », « *dans* telle année, tel mois, tel jour », « *à* telle heure », « *à* tant de minutes passé telle heure », « *à* tant de secondes après telle minute de telle heure ».

En témoignent encore les expressions courantes comme : « un temps court », « un temps long », « un espace de temps ».

On se représente toute partie du temps, tout temps particulier, et on en parle comme s'il s'agissait d'une ligne, c'est-à-dire d'un corps dont on ne considère que la longueur, sans l'épaisseur, c'est-à-dire sans la largeur ni la profondeur.

[CII, 31]

5. Le mouvement. 6. Le repos. 7. L'action. 8. La passion.

A chaque étape, le sujet que nous considérons devient de plus en plus compliqué.

Le repos est l'absence ou la négation du mouvement. Tout corps est soit *en* mouvement soit au repos. Ici le *lieu*, c'est-à-dire l'*espace relatif*, constitue encore l'archétype. Le mouvement est une chose, une substance momentanément imaginée, dans laquelle le corps est conçu comme logé. Le *repos* est un corps semblable *au sein* duquel le corps réel est conçu comme placé.

L'idée de *mouvement* enveloppe d'ailleurs celle de temps et aussi celle de lieu, laquelle enveloppe, par la même nécessité, l'idée de temps.

Un corps ne peut avoir été en *mouvement* qu'en ayant dû être en deux lieux différents, à ou dans deux parties différentes, ce qui revient à dire dans deux parties successives du temps.

Pendant l'espace de temps en question, c'est-à-dire durant l'intervalle de temps composé des mêmes parties du temps qui étaient en jeu dans le cas du mouvement, le corps a été au repos pour autant que, durant tout cet espace ou laps de temps, il n'a pas changé de place par rapport à aucun autre corps.

Taken in the aggregate, in so far as can be concluded either from observation or in the way of inference from analogy, no body whatsoever is or ever has been or ever will be absolutely in a state of rest, in a state of rest absolutely, i.e. without being in motion with reference to some other body or bodies.

[CII, 32]

The earth which we inhabit is not at rest : the sun himself about which she moves is not at rest : being but so many suns, the stars called *fixt* are themselves no more at rest than he is.

Considered as a *whole*, the *parts* of our earth are, as far as appears, with reference to one another, the greater [part] of them always *at* rest – others, especially those near the surface, many of them, a considerable proportion of them, occasionally *in* motion : and so in regard to the several separate bodies, consisting of such portions of the matter of which the earth is composed, as are detached and separate of one another, each of them having between itself and every other, with the exception of the base on which it stands, and upon which, by the principle of attraction under the several forms under which it operates, it is kept at that place, certain portions of intervening space.

Of such of them as are in a state of solidity, rest – relative rest – rest with relation to each other – in so far as they are in that state, is the naturally constant state : *in* motion they are not *put*, but by some accident supervening from without : of such of them as are in a state of fluidity, [liquid] [1] and gaseous included, motion – relative motion – is in every instance a natural state, exemplified to a greater or less extent, depending partly on the particular qualities of the several fluids, partly upon the accidents *ab extra* to which individually taken they happen to have been exposed.

[CII, 33]

In addition to the notion of motion, in the notion of *action and passion* the notion of causation or causality is superadded. The body E is in motion : of such motion what is the cause ? Answer, the action of another body, the body

1. MS 'liquidity'.

Si l'on prend les corps dans leur ensemble, pour autant qu'on puisse tirer une conclusion, soit de l'observation, soit par analogie, au moyen de l'inférence, aucun d'eux, quel qu'il soit, n'est, n'a été ni ne sera dans un état de repos absolu, c'est-à-dire sans être en mouvement relativement à un autre ou à d'autres corps.

[CII, 32]

La Terre que nous habitons n'est pas au repos, non plus que le Soleil autour duquel elle tourne. Les étoiles que l'on qualifie de *fixes*, et qui ne sont qu'autant de soleils, ne sont pas plus au repos que lui.

Si l'on considère la Terre comme un *tout*, la plupart des *parties* qui la composent sont, à s'en tenir aux apparences, toujours *au* repos les unes par rapport aux autres. De nombreuses autres, une proportion considérable d'entre elles, surtout parmi celles qui se trouvent près de la surface, entrent occasionnellement en mouvement. Ainsi en est-il de chacun des différents corps séparés, consistant en parties de la matière terrestre, détachés et séparés les uns des autres et chacun d'eux ayant entre lui-même et les autres certaines parties d'espace intermédiaire – à l'exception de la base sur laquelle il repose et sur laquelle il est maintenu en place par le principe d'attraction selon les différentes formes qu'il prend pour agir.

Le repos, le repos relatif, le repos de chacun d'eux par rapport aux autres, est l'état naturellement constant de ceux des corps qui restent à l'état de solides. Ils ne sont *mis en* mouvement que par quelque accident survenant du dehors. Le mouvement – le mouvement relatif – est toujours l'état naturel des corps à l'état fluide (comprenant l'état liquide et gazeux), mouvement qui se manifeste avec plus ou moins d'ampleur selon les qualités particulières des différents fluides, pour une part, et selon les accidents extérieurs auxquels il leur arrive d'être individuellement exposés, pour une autre part.

[CII, 33]

A la notion de mouvement se surajoute la notion de causation ou de causalité dans la notion d'*action et de passion*. Un corps E est en mouvement. Quelle est la cause de ce mouvement ? La réponse est la suivante :

S : which by the exercise, exertion, influence of a correspondent power which it possesses becomes productive of that effect.

In themselves, the two fictitious entities action and passion are not only correspondent but inseparable. No action without passion : no passion without action : no action on the one part without passion on the other.

In the case of action, and thereupon on the part of the one of two bodies, motion – perceptible motion, on the part of the other body is relative motion in every instance a neverfailing consequence ? To judge from analogy the probability seems to be in the affirmative.[(a)]

In so far as on the part of one of the two alone any motion is perceptible, on the part of the other no motion being perceptible, the one of which the motion is perceptible is most commonly considered and spoken of as the agent, the other as the patient : a state of motion is the state *in* which the former is said to be *in ;* a state of passion, the state in which the other is said to be *in*.

[CII, 34]

Relation. Under this head, such is its amplitude, several of the others seem totally or partially to be included : viz.

1. Quantity. All quantities bear some relation or other to each other.

2. Quality.

(a). 1. The earth and a projected stone.
2. A larger and a lesser magnet.
3. Liquids and Gases.

c'est l'action d'un autre corps, le corps S, qui, en exerçant le pouvoir correspondant qu'il possède, produit cet effet.

En elles-mêmes, les deux entités fictives, l'action et la passion, ne font pas que se correspondre : elles sont inséparables l'une de l'autre. Pas d'action sans passion, pas de passion sans action ; pas d'action d'un côté sans passion de l'autre.

Dans le cas de l'action, et par là du mouvement perceptible de l'un des deux corps, la conséquence n'est-elle pas immanquablement le mouvement relatif de l'autre corps ? Si l'on en juge par analogie, la probabilité paraît pencher vers l'affirmative[(a)].

Pour autant que le mouvement n'est perceptible que de la part d'un seul des deux corps, et que de la part de l'autre aucun mouvement ne l'est, on appelle communément celui dont le mouvement est perceptible « l'agent » tandis qu'on appelle l'autre « le patient ». Un état de mouvement est l'état dans lequel on dit que l'agent est *en* lui ; un état de passion est l'état dans lequel on dit que le patient est *en* lui.

[CII, 34]

Relation. Sous ce titre, il semble que l'on puisse inclure en totalité ou en partie plusieurs des autres, tant est grande son amplitude :

1. la quantité, puisque toutes les quantités ont quelque relation les unes avec les autres ;

2. la qualité[1].

(a). *1. La Terre et une pierre projetée.*
2. Un grand et un moins grand aimant.
3. Liquides et gaz.

1. Le manuscrit de cette section s'interrompt brusquement.

Glossaire

Ce glossaire présente les termes fondamentaux de la théorie des fictions. Il déploie la gamme des termes distincts ou opposés qui désignent le fictif et la fiction ; il montre comment cette distribution de termes tient aux enjeux pratiques de la doctrine utilitariste ; il scrute comment le fictif vient s'inscrire dans le champ philosophique et scientifique pour en déplacer les enjeux et en surmonter les difficultés ; puis il considère la doctrine de la proposition qui trame la théorie des fictions. Celles-ci, en effet, ne peuplent le langage et ne conduisent à toutes sortes d'illusions que parce que l'unité minimale de la signification n'est pas le mot individuel, comme on le croit d'ordinaire, mais la proposition.

Placés en encadrés, quelques extraits de textes de Bentham viendront éclairer les notions expliquées dans les notices.

Ce glossaire est thématique. La liste qui suit facilitera son emploi.

Liste des entrées

aggregate (ensemble) et exhaustivité, 229
dynamique psychologique, 230
entités fictives, 207
entités fictives (ordre des), 219
entités fictives du droit (contrôle des), 220
entités fictives et entités fabuleuses, 208
entités réelles, 205
entités réelles et entités fictives, 203
fallaces ou sophismes politiques, 225
fiction et *fictitious* (traduction de), 196
fiction juridique (*fictio legis*), 200
fictions (diversité des significations), 198
fictions logiques, 209

langage (formes, usages, propriétés), 253
langue et politique, 223
langue matérielle et langue immatérielle, 215
logique utile, 225
méthodisation ou arrangement, 228
nature, 236
néologismes, 256
nomographie, 227
objets de la communication, 241
ontologie, 234
paraphrase, 210
prédication, 247
probabilité, 237
proposition, 243
sens, signification, portée, 248
termes neutres, eulogistiques et dyslogistiques, 231
tout et parties, 239

FICTION et *FICTITIOUS* (traduction de)

Les mots benthamiens *fiction* et *fictitious* ne sont que trop facilement entendus d'un locuteur français. Comme Jacques Lacan l'a souligné, il y a une difficulté réelle à traduire et à entendre le terme *fictitious* (cf. Dossier, p. 267), difficulté qui engage la saisie de la doctrine. Le mot français *fictif* prête en effet à malentendu, si on veut le prendre uniquement comme synonyme d'*illusoire* ou de *trompeur*. Étienne Dumont, le premier traducteur des écrits de Bentham en français, et d'autres après lui n'ont pas vu la dimension proprement linguistique du terme et, du même coup, ont raté la théorie des fictions dans son ensemble. Une telle théorie impose d'assigner aux termes fondamentaux une signification qui ne renvoie plus simplement aux errements de l'imagination. Certes, Bentham paraît assimiler, dans certains contextes, entité fictive et entité imaginaire, entité fictive et tromperie. Il s'agit souvent pour lui d'insister sur leur statut d'entités non réelles, mais surtout, et c'est l'origine de bien des méprises, le terme reçoit des significations différentes et même opposées selon le texte considéré et l'intention qui le porte. Ces oppositions de sens ne sont ni des contradictions ni des inconséquences d'un auteur étourdi. Elles sont au contraire reprises et assumées dans la théorie elle-même, puisque les fictions trompeuses, nuisibles, inutiles sont, au même titre que les fictions légitimes et indispensables, des êtres de langage. Si l'adjectif *fictif* présente en français la connotation de *tromperie*, qualité de toute façon logée au centre des préoccupations d'une théorie qui vise la clarification maximale du langage, par quel autre terme pourrait-on traduire *fictitious* ? Les deux seules possibilités qui restent ne sont pas sans présenter de graves inconvénients : elles consisteraient soit à s'éloigner de la langue courante et à reprendre l'adjectif *ficticieux* de l'ancienne langue française, voire *fictice*, soit à s'écarter de la langue d'origine, et, en partant de la propriété majeure de l'entité fictive, celle qui la définit comme un être purement langagier ou verbal, à traduire par *entité symbolique*, par exemple.

Mais au vrai, quelle est la langue d'origine de l'expression *fictitious entity* ? Bentham ne nous dit-il pas qu'il l'a empruntée à d'Alembert (cf. Texte 2, p. 204), qui parlait d'*être fictif*, et qu'elle est donc déjà une traduction ? S'il emprunte l'expression à d'Alembert – ce qui n'est d'ailleurs pas sûr –, c'est avec un tout autre sens : il forge un concept qui devient le foyer d'une théorie dont la première ambition est d'être le socle d'une science du comportement humain ; la fiction bien comprise peut servir d'instrument à la réforme politique inscrite dans le projet utilitariste.

Curieux aller et retour translinguistique donc, qui a continué avec l'acclimatation plus récente, mais encore mal reconnue, des termes benthamiens en France par la voie de la doctrine lacanienne. La formule fameuse *la vérité a structure de fiction* résonne à l'unisson de la théorie benthamienne (cf. Dossier, J. Lacan, p. 267).

L'irréductibilité, au moins partielle, de la *fictitiousness* à la notion de tromperie ou d'erreur impose de la réinscrire dans le double contexte d'une théorie de la science qui entend combattre le scepticisme humien et d'une théorie de la proposition qui veut être le fondement scientifique d'un art de la législation et de la morale. Mais encore faut-il ne pas oublier que ces enjeux ont une histoire particulièrement longue, et que le terme d'origine latine de « fiction » (*fictio*) renvoie aux pratiques juridiques de Rome et à « la théologie politique du Moyen Age », pour reprendre une expression de E. Kantorowicz. Sur l'histoire et les enjeux de cette question, nous renvoyons à Yan Thomas, qui a remarquablement fait le point sur la notion de fiction dans la pensée juridique occidentale[1]. La théorie de Bentham, inscrite dans cette histoire de l'Occident, peut être considérée comme un moment particulièrement important : voulant participer au nom de la science à l'éradication des fictions anciennes dans tous les domaines de l'action et de la pensée, la théorie en question met au jour la racine langagière de toute fiction et, sur l'autre bord, le caractère fictif de tout discours.

Quant à la fiction maîtresse de l'âge industriel, celle du bonheur du plus grand nombre, on pourra apercevoir chez le même Bentham sa facture, dans la mesure où l'utilitarisme consiste, en dernière analyse, en un grand *déménagement* des fictions.

I. Le champ des fictions

FICTIONS (diversité des significations)

Le mot *fiction* désigne le plus souvent des individualités linguistiques. Il existe plusieurs types de fictions, que Bentham distingue nettement selon les contextes. Il y a la *fiction logique*, sans laquelle le langage serait impossible, fiction qui, prise en ce sens neutre, c'est-à-dire auquel on n'attache ni plaisir ni déplaisir (voyez *termes neutres, eulogistiques et dyslogistiques*, p. 231), est synonyme d'entité fictive. Il y a la *fiction au sens poétique ou littéraire du terme*, à laquelle on attribue généralement une signification positive, même si c'est parfois pour s'aveugler sur les effets nuisibles de la poésie « enthousiasmante ». Enfin, il y a *la fiction qui reçoit une acception très péjorative* : c'est celle qu'utilisent le prêtre, l'homme de loi, le politicien. Le mot est alors pris dans le sens d'une feinte destinée à tromper et à faire triompher des intérêts pernicieux. Dans ce sens péjoratif, la fiction est le nom donné à tout ce qui peut s'assimiler à la notion romaine et scolastique de la *fictio legis*.

1. Yan Thomas, « *Fictio legis*, l'empire de la fiction romaine et ses limites médiévales », in *Droits*, n° 21, Paris, PUF, 1995.

Le terme est encore utilisé parfois pour désigner plus généralement le langage comme outil, instrument, artifice, dispositif, créé par les hommes pour atteindre des fins essentiellement pratiques.

TEXTE 1

Nous ne pouvons rendre compte de ce qui a lieu ou de ce qui se passe dans nos esprits sans en parler comme s'il s'agissait d'une partie d'espace, avec en elle des parties de matière dont certaines sont au repos et d'autres en mouvement. Rien de ce qui a lieu ou de ce qui se passe dans notre esprit ne peut se dire ou même se penser hors de la voie de la *fiction*. A ce mot de « fiction », nous ne devons pas lier les sentiments de plaisir ou de déplaisir qui s'attachent à lui si fort à propos dans les occasions où il est le plus souvent usité. La fiction de type logique est très différente, quant à son but et à sa nécessité, de la fiction de type poétique et de type politique. La fiction du logicien est très différente des fictions des poètes, des prêtres, des juristes. Les fictions auxquelles le logicien a affaire, sans qu'il en ait été l'auteur, n'ont eu pour objet et pour effet ni plus ni moins que la continuation du commerce humain, de cette communication et de cet échange de pensée tels qu'ils peuvent avoir lieu d'un homme à l'autre. Les fictions du poète, qu'il soit créateur de fables historiques ou de fables dramatiques, qu'il mette les mots de son discours en vers ou non, sont dépourvues de toute insincérité et n'ont pour seuls objet et effet que d'amuser, sauf dans les cas où elles poussent à l'action, action dirigée dans tel ou tel sens et dans tel ou tel but particuliers. Sous quelque forme que ce soit, la fiction, lorsqu'elle a été employée par le prêtre ou le juriste, a toujours eu pour objet et effet de tromper et, en trompant, de gouverner et, en gouvernant, de promouvoir l'intérêt réel ou supposé de la partie qui en use aux dépens de la partie destinataire. Dans l'esprit de tous, la fiction dans le sens logique est l'œuvre de la nécessité, dans le sens des poètes, de l'amusement, et dans le sens des prêtres et des hommes de loi, de l'immoralité nuisible sous forme d'ambition nuisible. Et trop souvent, prêtre et juriste ensemble ont forgé cet instrument et pris part à sa constitution.

Fragment on Ontology, B, vol. VIII, p. 199.

FICTION JURIDIQUE (*fictio legis*)

Elle représente le prototype de la fiction nuisible, et c'est pour combattre son usage dans la pratique juridique que s'est d'abord constituée la théorie des fictions. Bentham, aussi bien dans ses écrits polémiques que dans un grand nombre de ses textes théoriques, réserve le terme de *fiction* à cette feinte, à cette « fausseté volontaire » utilisée par l'instance judiciaire pour faire tomber un cas nouveau ou un cas qu'elle veut soumettre par intérêt à sa juridiction sous une catégorie juridique ancienne ou sciemment erronée. Ce procédé fort ancien de la *fictio legis*, que l'on trouve chez le préteur romain comme chez le juge anglais, sert donc à créer une norme ou à en étendre l'usage par un mensonge tenu pour vrai. On subsume ainsi volontairement une chose, un fait, une personne, sous une catégorie impropre, que l'on sait mensongère, pour combler une lacune du droit et trouver une solution à des cas nouveaux sans avoir à multiplier les normes. Cet expédient juridique s'est tout particulièrement développé dans le système légal de *Common Law*, caractérisé, à l'instar de la pratique romaine, par l'importance de la jurisprudence dans la fixation et la création des normes de droit. Quand Bentham déclare que « la saison des fictions est achevée [1] », il s'en prend donc au système de *Common Law* et à son défenseur le plus fameux de l'époque, sir William Blackstone : c'est à la lecture des *Commentaries on the Laws of England* [2] de cet auteur qu'il a senti, dès sa jeunesse, « le souffle pestilentiel de la fiction ». Dans ses *Commentaries*, Blackstone défendait

1. FG, p. 124. Outre l'article de Yan Thomas déjà cité, on se reportera à E. Mari, « Jeremy Bentham, du souffle pestilentiel de la fiction dans le droit à la théorie du droit comme fiction », in *Revue interdisciplinaire d'études juridiques*, 1985, n° 15. On trouve de nombreuses et précieuses réflexions sur la portée anthropologique de la fiction dans l'œuvre de Pierre Legendre.

2. Dans ses *Commentaries*, parus entre 1765 et 1769, Blackstone, professeur de renom à l'époque de la formation de Bentham, entendait exposer méthodiquement le système légal anglais.

en effet cette technique de façon toute scolastique en soutenant que la fiction était bénéfique, utile et même indispensable pour trouver une solution juridique équitable en évitant la chicane et l'erreur. La fiction, comme fausseté calculée, était au service de la vérité et de la justice, selon les formules de la tradition : *in fictione juris semper subsistit aequitas* ou encore *causa fictionis est aequitas*.

C'est précisément cette position de la tradition que Bentham inverse strictement dans sa contestation. A rebours de la scolastique (*fictio figura veritatis*), Bentham dénonce la fiction du droit comme un instrument qui est commandé par le mensonge (*mendacity*), la fausseté (*falsehood*), l'injustice, l'imposture, la tromperie, l'illusion, etc., et qui est principalement utilisé pour servir les intérêts particuliers de la caste juridique. Il ne voit plus dans la fiction juridique qu'« une fausseté volontaire [*wilful falsehood*] prononcée par un juge dans le but de donner à l'injustice les couleurs de la justice » (B, vol. V, p. 13).

L'attaque benthamienne contre la *fictio*, mensonge prétendument utile, est cependant problématique. Par définition, la fiction ne vaut dans la pragmatique juridique que comme une fausseté sue comme fausse mais tenue pour vraie par commodité. « La fiction requiert avant tout la certitude du faux », selon l'expression de Yan Thomas. Ce n'est donc pas tant sa fausseté en elle-même qui est condamnée par Bentham que les usages et les effets incontrôlables et nuisibles auxquels elle donne lieu et qui en font la source de toutes les usurpations. La fiction juridique est présentée comme le prototype des métaphores maniées par les institutions en vue de masquer ou de conserver des intérêts particuliers nuisibles au grand nombre. Étendu au politique, le procédé de la feinte juridique apparaît comme le moyen le plus efficace et l'exemple le plus manifeste de l'usurpation du pouvoir législatif, lequel devrait revenir au souverain. De là cette autre définition écrite en 1822 : « On peut définir une fiction du droit comme une fausseté volontaire qui a pour objet de confisquer le pouvoir législatif par et au profit de ceux qui ne pourraient pas ou n'oseraient pas le revendiquer ouvertement, et qui ne pourraient pas l'exercer, sinon par le subterfuge qu'elle produit ainsi [1]. » Mais la catégorie de la mauvaise *fiction* s'étend encore à toutes les formes mythiques par lesquelles la société politique suppose ses origines : état de nature, droits innés, contrat originaire. Bentham dénonce la fausse clarté de ces mythes jusnaturalistes et il y voit le moyen par lequel certains whigs entendent mesurer les lois à l'aune d'idéaux pour ne rien changer réellement. De même, il s'attaquera plus tard aux différentes Déclarations des droits de l'homme et du citoyen comme à un mensonge anarchiste exploité par les révolutionnaires français [2]. Bien entendu, Bentham ne réserve pas ses coups aux seuls révolutionnaires et il fustige avec la même vigueur les fictions du double corps du roi, de l'éternité de la Couronne, du droit divin, que l'on trouve abondamment dans les recueils des jurisconsultes anglais. Un authentique calcul des plaisirs et des peines doit se substituer à toutes ces chimères fallacieuses. Marx n'a pas été insensible à la critique de la fiction de l'intérêt général par un auteur qu'il cite d'ailleurs longuement dans une note de *La Sainte Famille* [3]. Marx a cependant méconnu totalement le Bentham de la maturité, théoricien de la démocratie, chez lequel les fictions du langage sont clairement présentées comme des moyens de domination du petit nombre sur le grand nombre.

Cette constante attaque contre les fictions du droit et de la politique a été source de confusion, en particulier de la part de Dumont qui n'a vu de celles-ci que les effets nuisibles.

L'originalité de Bentham ne tient pas seulement à cette extension généralisante de la notion de fiction nuisible. S'il la condamne, c'est qu'elle s'offre comme masque, qu'elle se fait trop vite oublier comme fausseté par ses utilisateurs, qu'elle s'est figée dans la tradition en perdant ses

1. FG, p. 172.

2. Voir B. Binoche, *Critiques des droits de l'homme*, Paris, PUF, coll. « Philosophies », 1989 ; A. L. Cot, « J. Bentham et la boîte de Pandore des droits naturels », in *Oeconomia*, série PE, n° 18.

3. Karl Marx, *Œuvres*, III, Philosophie, *op. cit.*, p. 575.

raisons originelles. Mais la fausseté, la feinte, la facture, la fabrication artificielle, toutes ces notions qui accompagnent la catégorie de fiction, font parallèlement l'objet de considérations très différentes dans lesquelles la *fausseté innocente* devient la caractéristique même du langage. Si la *fictio* du droit servait la vérité dans la tradition juridique, la vérité avec Bentham ne pourra plus se dire que dans l'élément de la fiction. Il ne suffira pas d'opposer à la fausseté de la fiction la vérité et la réalité, mais de saisir que vérité et réalité sont dépendantes de la feinte du symbole, de la totalité fictive (*fictitious whole*) du langage.

ENTITÉS RÉELLES ET ENTITÉS FICTIVES : **l'opposition fondamentale**

C'est l'opposition constitutive de la théorie du langage, celle qui représente aux yeux de Bentham son apport le plus important à la logique, à la psychologie et à la morale (cf. Texte 2, p. 204).

Le langage souffre d'un défaut de structure qui tient au fait qu'il met sur un même pied deux sortes de noms que l'on ne peut distinguer par leur forme substantive : les noms des entités fictives et les noms des entités réelles, que Bentham abrège, précisément parce que leur nature de noms ne les différencie pas, en entités fictives et entités réelles. Une entité est désignée par un substantif, qui semble se rapporter toujours à une substance réelle. En d'autres termes, un substantif peut se rapporter à des entités extrêmement différentes, les unes ayant une existence réelle et les autres une existence seulement linguistique. L'illusion propre au langage humain tient pour une large part à ce que l'on croit immédiatement qu'à tout nom correspond un être réel, que tout mot renvoie à une chose. Cette illusion se retrouve dans la conception atomistique de la signification contre laquelle Bentham a édifié sa théorie de la proposition (cf. *proposition*, p. 243) ; elle voudrait qu'un mot ait une signification en lui-même, indépendamment du contexte dans lequel il se trouve. C'est la racine des croyances dans toutes les sortes de fictions, de fables et de fallaces. Cependant, si les effets les plus néfastes de ce défaut propre à la structure du langage doivent être éliminés, en particulier dans les domaines décisifs pour le bonheur humain que sont le droit et la science, il est impossible de le supprimer, sauf à se passer de tout langage élaboré et à rétrograder à la condition de la brute. En comprenant mieux la racine de l'illusion, en se dotant des techniques qui réduiront le risque de confusion, on pourra reconstruire un ordre légal et politique dans lequel les mots se référeront avec un plus haut degré de probabilité au plan du réel.

Bentham, loin de condamner toutes les fictions, montre que rien ne peut être dit ni fait sans elles. Encore faudra-t-il opérer un tri pour obtenir le bon instrument linguistique composé des seules « faussetés innocentes », en les référant non plus à une vérité, à une équité, à une justice dont on ne sait pas ce qu'elles sont, mais à la seule utilité, ou au bonheur, dont on peut mesurer scientifiquement la valeur grâce à un appareil de mesure et de contrôle, lui-même composé de fictions.

TEXTE 2

La division entre entités réelles et entités fictives, ou plutôt la division des noms substantifs en noms d'entités réelles et en noms d'entités fictives.

La division et la distinction qui ont été ainsi mises au jour jettent une vive lumière sur le champ entier de la logique et, par là, sur le champ entier de l'art et de la science, et plus spécialement sur la branche psychique, et donc éthique ou morale, de la science.

En l'absence d'une conception claire de cette distinction, nombre de mots vides sont considérés comme les représentants d'une réalité correspondante. En un mot, de simples fictions sont très souvent regardées comme des réalités.

D'Alembert est l'auteur des œuvres[1] dans lesquelles j'ai remarqué la notion de cette distinction : *être fictif* est l'expression

qu'il emploie pour désigner l'objet pour lequel, depuis lors, j'ai moi-même employé l'appellation de *fictitious entity*.
On pourra aussi trouver de façon occasionnelle la même distinction présentée dans les œuvres philosophiques de Voltaire, à propos des facultés de l'esprit.

Logical Arrangements and Instruments of Discovery
(B, vol. III, p. 287)

1. *Mélanges de littérature et de philosophie* [note de Bentham]. Le terme en question ne se trouve pas dans le recueil mentionné par Bentham.

ENTITÉS RÉELLES

Au premier abord, l'entité réelle est simplement la substance corporelle individuelle qui est immédiatement perçue.

« Par entité réelle, il faut entendre une substance, c'est-à-dire un objet dont l'existence se fait connaître à nous par un ou plusieurs de nos cinq sens. Une entité réelle est soit une personne, soit une chose, une substance rationnelle ou non rationnelle » (*Essay on Language*). Cette définition tranche avec celle qui est donnée dans *Of Ontology* (« Une entité réelle est une entité à laquelle, à l'occasion et pour le but du discours, on entend réellement attribuer l'existence », annexe B, p. 165), dans la mesure où l'entité est, en celle-ci, clairement *tenue pour* réelle dans le *vouloir dire*, dans le *meaning*. Il faut donc aller plus loin dans l'analyse et faire intervenir une autre division. Bentham distingue les entités *perceptibles* et les entités *inférentielles*. Ce qui est tenu pour réel passe par les chaînes de la réflexion, comme l'indique suffisamment la croyance dans l'âme et en Dieu. A ceci près que le réel a un moyen très sûr de nous rappeler à sa nature de réel par la sensation de douleur : le réel d'un corps extérieur peut être démontré par la douleur du choc provoqué par une rencontre ou un contact un peu brutal, selon l'argument très direct, tourné contre Berkeley, du docteur Samuel

Johnson (cf. note 1, p. 183). Mais cette épreuve qui nous donne la certitude du réel est extrême, et l'être sensible cherche précisément à se soustraire à l'expérience de la douleur. Il y a là toutefois, sous la dureté de l'opposition entre le réel perceptible et le réel inférentiel, plutôt une continuité car même les entités réelles perceptibles sont généralement supposées, du moins jusqu'à un certain point. Bentham s'interroge en effet sur le *degré* de la réalité, sur la probabilité de la réalité du perçu grâce à nos sens, et va jusqu'à dire, cette fois dans la tradition de Berkeley et de Hume, que ce sont nos perceptions qui peuvent apparaître plus certaines que les corps qu'elles perçoivent. En dehors de l'épreuve directe et potentiellement douloureuse du réel, on reste voué au calcul de la probabilité de la réalité de ce qui est perçu. La qualité de réel attribuée à une entité est une supposition, le résultat d'une inférence, une croyance quant à la cause immédiate ou lointaine de la perception, avec tous les degrés possibles de la probabilité sans doute. La pluie qui cause le bruit qui me réveille ou Dieu qui est cause de toutes choses sont des entités dont la qualité de réalité est supposée : elle est le résultat d'une inférence, d'un jugement. De sorte que la qualification de « réelle » que l'on attribue à une entité, à partir d'un jugement, sauf extrémité de l'épreuve directe de la douleur, n'échappe pas à la théorie générale de la prédication et de la fiction.

TEXTE 3

Il est regrettable, bien que ce soit nécessaire et indispensable, de n'avoir comme seul mode possible pour parler des entités fictives que celui d'en parler comme si elles étaient autant d'entités réelles. Cette fausseté sans blâme étant universellement présente dans la langue et restant universellement sans contradiction, est très largement prise pour vérité. Tout nom employé se trouve associé dans l'esprit des auditeurs comme dans celui des locuteurs à une entité, et cette entité, bien que dans la moitié des cas ce ne soit qu'une entité fictive, est prise pour une entité réelle dans tous les cas. Parler d'un objet par son nom, son nom universellement connu, revient à lui attribuer de l'existence : de là, un volume considérable d'erreur, de mauvaise conception, d'obscurité, d'ambiguïté, de doutes, de conflit, de passions coléreuses, de discorde et d'hostilité. Il y a plus d'un individu qui ne pourrait supporter patiemment de voir contestée la réalité de ces objets qu'il a pris l'habitude d'appeler ses droits. Ce n'est pas sans un grand mérite ni sans beaucoup de louange que l'on a affirmé l'existence de ces objets fictifs. L'assertion a été prise pour une preuve, et plus les mots mis en série étaient forts et nombreux, plus on a estimé que la preuve était complète et décisive[1].

Essay on Language, B, vol. VIII, p. 327-328.

1. C'est le fondement langagier de l'illusion du droit naturel critiqué en maints endroits par Bentham, et en particulier dans les *Anarchical Fallacies* (B, vol. II, p. 489-529).

ENTITÉS FICTIVES

Une entité fictive est définie, par opposition à l'entité réelle, comme « une entité à laquelle on n'entend pas attribuer en vérité et en réalité l'existence, quoique, par la forme grammaticale du discours que l'on emploie lorsqu'on parle d'elle, on la lui attribue » (annexe B, p. 165). Ou encore ainsi : « Par entité fictive, il faut entendre un objet dont l'existence est feinte par l'imagination pour le but du discours, et dont on parle, quand elle est ainsi formée, comme s'il s'agissait d'une entité réelle » (*Essay on Language*). L'écart entre ces deux formulations manifeste les deux approches complémentaires de l'entité fictive : l'une, insistant sur la racine *linguistique*, et l'autre, sur sa production *imaginaire*.

Les *entités fictives* se distinguent par un fil des entités réelles, car si l'on tient pour réelles les entités réelles, par la forme grammaticale du discours que l'on tient sur elle, on attribue aussi l'existence à l'entité fictive, quoiqu'on n'entende pas la lui accorder en vérité et en réalité. Ainsi on peut bien parler du *corps politique*, de la *volonté géné-*

rale, de la *Couronne*, de la *propriété*, des *facultés*, des *pouvoirs de l'esprit*, de ses *dispositions*, comme s'il s'agissait d'existants ; ils ne sont pourtant pas des êtres réels et ne sont jamais que des êtres fictifs. Sans doute les entités réelles s'opposent-elles aux entités fictives car : « Tout substantif qui n'est pas le nom d'une entité réelle, perceptible ou inférentielle, est le nom d'une entité fictive » (annexe B, p. 165). Mais le *comme si*, ou plus exactement le *spoken as if* constitutif de l'entité fictive, l'entité dont on ne peut jamais parler que *comme si* elle était réelle, ne suffit pas à la distinguer de l'entité réelle, qui ne saurait trouver sa garantie du côté d'un simple sensualisme. Sans doute y a-t-il l'épreuve du réel par la sensation de douleur ; toutefois, toute personne qui discourt effectue le partage entre ce qu'elle décide de tenir pour réel et ce qu'elle décide de tenir pour fictif, quand bien même ce tri ne serait d'ailleurs pas apparent dans le discours, qui donne aux entités fictives le même statut de substantif qu'aux entités réelles.

ENTITÉS FICTIVES ET ENTITÉS FABULEUSES

Il y a deux types d'entités non réelles qui sont souvent prises l'une pour l'autre : les *entités fictives* à proprement parler et les *entités fabuleuses*. Le fictif est un artifice sans doute, ou une feinte, comme l'indique l'étymologie, mais il est inhérent au langage et de nature conventionnelle. Tromperie et confiance, mensonge et vérité sont bien des effets et des aspects du fictif selon Bentham, mais ils ne l'épuisent pas. En réalité, la *fictivité* benthamienne, si l'on ose traduire ainsi la *fictitiousness*, est la condition d'engendrement des entités fabuleuses ou imaginaires dans les contes, les romans, les religions et les mythologies. Dans *Of Ontology*, Bentham prend plusieurs exemples, comme celui du diable ou d'autres créatures célestes. Dans d'autres contextes, il montre comment les entités fictives, jusqu'à un certain point indispensables, dérivent en entités fabuleuses, comme c'est le cas pour la déesse Nature, ou bien pour les vices et les vertus. La différence tient au degré de foi que l'on veut bien attacher à l'existence d'une créature correspondant au nom de l'entité. On remarquera qu'entre l'entité fabuleuse et l'entité réelle inférentielle suprême, Dieu, il n'y a qu'un degré de croyance. De fait, il arrive que certaines entités participent de plusieurs ordres, selon le point de vue ou l'usage que l'on en fait.

FICTIONS LOGIQUES

Dans le sens le plus large, ce sont tous les éléments individuels du langage sans lesquels aucune proposition ne pourrait être faite et qu'un long processus de formation a introduits dans la langue, donnant ainsi à l'homme la possibilité de se séparer de la brute qui ne connaît qu'une désignation des entités réelles relatives à ses sens et à ses besoins. Dans un sens plus restreint, ce sont les noms communs qui désignent les différents genres de fictions fondamentales que Bentham examine à partir des catégories d'Aristote. *Of Ontology* leur est principalement consacré.

Il ne faudrait pas trop séparer les fictions logiques à proprement parler des entités fictives du droit ou de la politique. Les premières constituent la texture des secondes. Le temps ou l'espace, la relation ou la quantité, sont les fictions premières d'où dérivent les secondes. C'est particulièrement vrai du terme si fréquemment utilisé par Bentham d'*aggregate*, comme substantif ou comme adjectif. Le nom de cette *unité fictive* est employé en Angleterre par les juristes (sir H. Finch, *Law*) ou les philosophes (Hobbes, *De corpore politico*) dans le sens de la *corporatio* ou encore de la *personne fictive*. Le gouvernement et la législation opèrent selon une logique d'agrégation dont il faut, pour parvenir au maximum de bonheur, contrôler toutes les étapes. Ce contrôle, en effet, est le seul moyen de disposer dans le plus grand ensemble, qui est celui de l'État, de tous les individus sans en oublier aucun, de les distribuer dans des classes homogènes, de les identifier aisément et sans erreur.

PARAPHRASE : ses modes subsidiaires

Comment peut-on s'assurer, une fois reconnu inévitable le recours aux entités fictives, que les effets des propositions qui les renferment ne seront pas trompeurs et fallacieux, ouverts aux malversations politiques des dirigeants et des privilégiés ? Cette assurance repose sur l'exposition la plus claire, correcte et complète des significations des termes utilisés. L'*exposition* d'un mot permet de le rendre clair à l'auditeur ou au lecteur. Elle est, avec la *méthodisation* (p. 228), l'une des classes d'opérations logiques les plus importantes. Il existe de nombreuses opérations qui permettent l'exposition d'un mot, qui peuvent varier selon l'objet, la nature du mot, la situation ou la connaissance des locuteurs. La signification d'un mot est toujours donnée dans un contexte, que ce soit une situation réelle dans laquelle il y a désignation d'un objet ou d'un acte, ou que ce soit dans le contexte linguistique d'une ou de plusieurs propositions (cf. *proposition*, p. 243). On s'est servi jusque-là presque universellement d'une méthode d'exposition spéciale, *par genre et différence*, qui revient, en plaçant le mot à exposer dans une proposition définitionnelle, à le loger dans l'emboîtement des genres et des espèces créés par méthodisation (cf. *méthodisation*, p. 228). Les logiciens ont simplement oublié de questionner ses présupposés : l'objet à définir doit pouvoir se ranger dans un emboîtement d'ensembles (*a nest of aggregates*) et il ne doit pas être l'ensemble le plus grand (*Essay on Logic*, B, vol. VIII, p. 245). La définition traditionnelle ne peut convenir aux noms d'entités fictives qui sont des genres suprêmes ou qui dérivent d'une entité fictive de premier ordre. N'ayant pas d'agrégat supérieur dans lequel on pourrait les inclure, ils ne peuvent donc recevoir de définition dans le sens rigoureux du terme. Il est nécessaire d'emprunter une autre voie d'exposition, et Bentham invente à cet effet le procédé de la paraphrase qui reçoit une acception précise ici (Texte 4).

TEXTE 4

Grâce à l'attention que j'ai accordée à cette distinction [*celle des entités réelles et fictives*], j'ai été en mesure de découvrir et de montrer qu'une classe composée de nombreux mots ne pouvait être exposée selon la forme ordinaire de définition, la forme *per genus et differentiam*, cette dernière ayant été, avec jusqu'à présent bien peu de succès et de bénéfice quelconque, la technique à peu près universelle qu'on leur a appliquée. Dans le même temps, j'ai été en mesure de présenter la seule exposition instructive et utile dont les mots de cette classe sont susceptibles, l'exposition par paraphrase – la seule forme d'exposition susceptible de fixer le sens qui leur est attaché, et de le placer en même temps sous un point de vue clair et déterminé –.
Considérez, en particulier, la classe des entités fictives politiques, qui comprend les entités légales: par l'indication de la relation que chacune des significations des mots en question entretient avec les idées fondamentales de douleur et de plaisir, est attribuée ainsi à une nombreuse tribu de mots – mots qui, dans l'esprit de beaucoup d'écrivains, n'avaient reçu aucune idée assignable ni sens fixé et réel – une signification distincte et fixe, signification qui, jusqu'à ce jour, avait flotté dans les nuages et avait ballotté à chaque coup de vent doctrinal –.

Logical Arrangements and Instruments of Discovery,
B, vol. III, p. 287.

La paraphrase consiste à remplacer une proposition contenant une entité fictive que l'on ne comprend pas par une autre proposition qui ne la contient plus mais qui est commandée par une entité réelle. C'est cette nouvelle proposition qui éclaire la signification de la première. La paraphrase se détaille en plusieurs opérations. Il ne suffit pas de remplacer simplement un mot par un autre, puisque le sens ne provient que d'une proposition entière (cf. *proposition*, p. 243). Il s'agit de remplacer une phrase par une autre. En premier lieu, on placera donc l'entité fictive dans une phrase dont elle est sujet, par un « remplissage » réalisé à l'aide d'une copule et d'un prédicat : c'est la *phraséoplérose*. On peut alors remplacer cette phrase par une autre dans laquelle une entité réelle sera en position de sujet. L'entité réelle de substitution est choisie si elle constitue la source réelle de l'entité fictive ou si elle est l'*archétype* matériel – ou image emblématique – de la proposition fictive, c'est-à-dire l'image d'une chose ou d'un événement réel qui vient à l'esprit lorsqu'on a affaire à une proposition fictive : c'est le procédé d'*archétypation*.

Cette paraphrase trouve son principe dans l'idée d'une remontée vers la source réelle ou matérielle des mots et des idées qui ont dérivé au cours de l'histoire et selon les progrès de la langue. Dans son premier état, la langue renvoyait à des états de chose ou à des événements rapportés par des propositions entières. Les prépositions, par exemple, trouvaient leur sens dans le contexte de ces propositions factuelles ou événementielles (cf. Texte 7, p. 217). Les mots, depuis leurs racines nominales désignant des objets physiques ou des événements, ont proliféré par diverses formes de dérivation que l'on peut observer en s'attachant justement à la racine. Ils se sont aussi détachés du seul plan matériel et ont désigné de plus en plus des objets immatériels. Le domaine du droit est un exemple privilégié : les mots originaires sont ceux qui se rapportent à des sanctions, à des peines et à des récompenses. A la base de tous droits, il y a des obligations, et ces obligations n'ont de significations que rapportées à des plaisirs et à des douleurs. Pour nous en tenir à un exemple précis, Bentham distingue, dans le cas de l'*obligation*, la racine de l'idée, qui tient aux idées de peine et de plaisir, de la racine du mot « qui consiste en une image matérielle employée comme un archétype ou comme un emblème, c'est-à-dire en l'image d'une corde, ou de quelque autre lien (du latin *ligo*, « lier ») par lequel un objet est attaché ou lié à un autre, comme une personne est liée à une certaine façon de procéder ». Les mots qui ont dérivé jusqu'à sembler désigner les êtres les plus éloignés du réel empirique trouvent ordinairement leurs racines dans des mots qui désignent des êtres réels, tel le mot *esprit* qui renvoie à l'opération physique de la *respiration* ; quant à la pensée qui s'empare de ces mots, et qui ne suit pas nécessairement la même dérive qu'eux, elle ne s'éloigne pas non plus sans aucun ordre des entités réelles, et en particulier des plaisirs et des peines. L'histoire est ici fondamentale et explique que l'homme se rende graduellement étranger à ses propres productions mentales, dont il ne gouverne ni la dérive ni les contradictions – même sur le terrain des sciences où il se figure être maître du jeu –.

Bentham était fort conscient d'employer lui-même des termes et des formules entièrement fictives (droits, intérêts, facultés, par exemple). John Skorupski prend avec raison l'exemple de la formule du *plus grand bonheur* qui, aux yeux de Bentham, ne voulait rien dire tant qu'elle n'était pas l'objet d'une paraphrase contenant les entités réelles du plaisir et de la peine[1].

TEXTE 5

Pour l'exposition et l'explication de la paraphrase et des autres modes qui lui sont liés et qui sont ses auxiliaires, c'est, de tous les exemples possibles, celui qui, issu du groupe des entités fictives éthiques, c'est-à-dire des obligations, des droits et des autres avantages qui dépendent de l'obligation, présente, par la nature du cas, l'intérêt le plus instructif.

Les entités fictives qui composent ce groupe ont toutes pour source réelle une seule et même sorte d'entité réelle, la sensation, le terme étant pris dans un sens qui signifie non pas simplement la perception mais la perception considérée comme productrice de douleur seule, de plaisir seul, ou des deux.

Il faut observer que la douleur peut avoir pour équivalent une perte de plaisir, et le plaisir de même peut avoir pour équivalent un évitement de la douleur.

Une obligation (c'est-à-dire l'obligation de se conduire d'une certaine manière) est imposée à un homme ou plutôt on dit qu'elle est imposée à un homme si, pour le cas où il manquerait de se conduire de cette manière, la douleur ou la perte de plaisir est envisagée comme ce dont il doit subir l'épreuve[1].

→

1. John Skorupski, *English-Language Philosophy, 1750-1945*, Oxford University Press, 1993, p. 26.

Dans cet exemple :
1. Le mot qui doit être exposé est « obligation ».
2. Comme ce n'est pas le nom d'une entité réelle mais seulement celui d'une entité fictive, et comme cette dernière n'a pas de genre supérieur, cette entité n'est pas considérée comme susceptible d'une définition sous la forme ordinaire, *per genus et differentiam*, mais plutôt comme redevable d'une exposition par la voie de la paraphrase.
3. Pour la rendre propre à l'exposition sous cette forme, elle doit constituer, au titre de sujet d'une proposition, une proposition fictive avec l'aide des compléments nécessaires pour la composer. Ces compléments sont, d'une part, le prédicat *imposée à un homme*, d'autre part, la copule *est*. Lorsqu'on les ajoute au nom du sujet, ici *une obligation*, on compose la proposition fictive qui doit être exposée par paraphrase : *une obligation est imposée à un homme*.
4. En prenant le nom du sujet comme base, on complète la phrase par l'addition de ce prédicat : *imposée à un homme*, et de cette copule : *est*, et l'on accomplit ainsi l'opération de phraséoplérose, c'est-à-dire de complémentation de la phrase.
5. La source de l'explication qui est donnée ainsi par paraphrase est l'idée d'une sensation éventuelle qui est exprimée par les noms des modes différents et opposés de la sensation, c'est-à-dire la douleur et le plaisir avec leurs équivalents respectifs, et la désignation de l'événement qui est considéré comme celui qui a provoqué la sensation.
6. Pour la formation des diverses propositions fictives dont l'entité fictive « obligation » sert à constituer le sujet, l'image emblématique ou archétypale est celle d'un homme couché à terre qu'un corps pesant oppresse, de telle sorte que : soit il l'empêche tout à fait d'agir, soit, en disposant les choses pour qu'il agisse, il ne le puisse que selon la direction et la manière requises et pas autrement.

Les sources distinctes d'où peuvent provenir la douleur et le plaisir constitutifs de l'obligation en question, c'est-à-dire les différentes sanctions distinguées par les noms de « sanction physique », de « sanction populaire ou morale », de « sanction politique » (qui comprend la sanction légale) et de « sanction religieuse », sont des points particuliers qui appartiennent à une autre partie du champ et qui ont reçu une explication en un autre lieu[2].

En cet autre lieu, on verra aussi les causes qui ont empêché l'attention et la perception de l'humanité de saisir la seule vraie et intelligible source de l'obligation, de formuler la seule vraie et intelligible explication de sa nature telle que l'on vient de l'indiquer.

On peut bâtir sur l'exposition que nous avons donnée du terme *obligation*, qui servira ainsi de base, les autres expositions des droits, quasi-droits ou avantages analogues aux droits, ainsi que leurs modifications respectives, de même que les diverses modifications dont est elle-même susceptible l'entité fictive *obligation*.

Essay on Logic, B, vol. VIII, p. 247-248.

1. Cependant, ce n'est seulement que dans la mesure où un homme est averti de la probabilité de subir dans l'événement en question la conséquence déplaisante que l'obligation peut posséder quelque probabilité d'être effective.
2. Voir IPML, chap. III.

LANGUE MATÉRIELLE et LANGUE IMMATÉRIELLE

Le procédé de la paraphrase repose sur la notion d'une formation des langues que Bentham reprend partiellement de Condillac, même s'il le critique pour l'usage excessif et peu analysé qu'il fait du concept même d'*analyse* (Bentham lui reprochant surtout d'avoir méconnu la dualité des processus à l'œuvre dans la langue, celui de synthèse et celui d'analyse). Les mots ont d'abord été des sons et des gestes, puis des noms attribués à des objets individuels entrant en relation avec les sens et les besoins. Mais ce serait tomber dans un atomisme que Bentham réfute que de penser l'origine du langage comme une suite de mots isolés ; il soutient que, dès le début, une langue matérielle permettait d'exprimer des états de choses et des désirs par des propositions entières même si celles-ci étaient réduites à un seul mot. Les interjections sont des vestiges de cette langue première. La langue matérielle n'a pas disparu : elle demeure le soubassement de cette langue immatérielle que nous employons pour désigner une multitude de fictions. Bentham insiste à de nombreuses reprises sur la liaison à établir entre les termes qui désignent des réalités spirituelles, psychiques, intellectuelles et les termes désignant des objets matériels et des réalités corporelles auxquels ils sont liés par une origine commune et vis-à-vis desquels ils prennent sens. C'est ainsi que l'on peut comprendre qu'à chaque entité fictive puisse être associé un *archétype* ou un emblème matériel qui pourra le remplacer dans la *paraphrase*. Il souligne encore que l'on ne parle des entités et des événements psychiques et intellectuels que de façon spatialisée.

TEXTE 6

Comment la fausseté [des fluxions] est-elle compatible avec la vérité mathématique, présentée comme la vérité par excellence ? Nous ne voulons pas dire ici qu'il ne faille pas recourir à de telles fictions ; mais que, à chaque fois qu'on les utilise, en vue d'instruire et à cette occasion, il faut avertir qu'on s'en sert ou qu'il est nécessaire d'y recourir.

Dire que, dans le discours, on ne doit jamais recourir, sous aucun prétexte, au langage des fictions reviendrait à dire qu'il ne faut jamais tenir de discours sur des sujets qui impliquent des opérations, ou des affections ou d'autres phénomènes de l'esprit. Car il n'est pas possible de trouver d'idées sur ce registre qui n'aient leur origine dans les sens ; la matière est le seul sujet direct de quelque fragment de discours verbal que ce soit. A l'occasion et pour les besoins du discours, on considère l'esprit et on en parle comme s'il s'agissait d'une masse matérielle ; et c'est seulement à la façon d'une fiction que tout ce qui est dit, à propos d'une opération ou d'une affection de l'esprit, est soit vrai, soit faux.

Chrestomathia, p. 369-370.

TEXTE 7

Des noms sont très tôt attachés aux sources de la perception quand elles sont d'une nature matérielle ou corporelle, qu'elles soient audibles ou visibles. Lorsque l'objet est présent immédiatement aux deux parties, locuteur et destinataire, au moment où le signe est présenté par le locuteur au sens du destinataire, l'individualité de l'objet, dont l'idée est présentée par ce signe à l'attention du destinataire, est continuellement établie. Voici un pain, voilà une pomme. Au moment où le signe est ainsi présenté aux sens, la chose signifiée – la portion de matière ainsi nommée – étant en même temps offerte au sens des deux parties, le contenu du mot *pain* ou du mot *pomme* est ainsi fixé facilement et sans aucun risque d'erreur.

Les objets d'une nature corporelle peuvent être désignés et nommés de façon directe.

Il n'en va pas de même d'un objet dont le siège se trouve dans l'esprit, dans le cas d'un être immatériel. Pour produire dans un autre esprit une conception quelconque d'un objet de cette classe, il n'existe absolument qu'un seul moyen qui consiste à en parler comme s'il appartenait à l'autre classe, comme s'il était un objet matériel ; à présenter au destinataire un certain signe dont la signification lui est familière en tant que signe d'un certain objet matériel, et à s'appuyer sur la ressemblance ou plutôt l'analogie qui peut exister entre l'objet matériel dont il était originellement le signe et l'objet immatériel pour lequel il est maintenant employé comme signe afin d'avoir quelque chance d'éveiller dans son esprit l'idée qu'en cette circonstance on cherche à éveiller, c'est-à-dire l'idée de l'objet immatériel.

Si je disais « apportez-moi ce pain qui se trouve dans ce panier » et si un panier contenant un pain existait bien, alors, en présence de nous deux, j'éveillerais dans votre esprit deux idées, celle du panier et celle du pain. A la portion de discours qui a pour sujet la matière correspond donc ici une portion de discours qui a l'esprit pour sujet. Par quel moyen, avec des mots employés à cet effet, ai-je donc réussi ma tentative de soumettre à votre propre esprit l'idée générale, en conjonction avec l'idée particulière, de quelque chose que j'ai fait parvenir dans votre esprit ? J'y suis parvenu en vous poussant à considérer votre propre esprit à l'image ou selon l'apparence d'un réceptacle dans lequel l'idée est faite pour se trouver, comme est déposé le pain matériel dans le panier matériel. Ici, après avoir officié en un sens *matériel*, la préposition *dans*, une préposition qui signifie le *lieu*, officie dans un sens *immatériel*, et c'est par son sens matériel qu'elle peut être expliquée lorsqu'elle est employée dans son sens immatériel, car elle ne pourrait recevoir son explication d'aucune autre source.

Employé pour la désignation d'une classe d'objets matériels, un signe est, ou peut être, le signe d'une *entité réelle*. Employé afin de désigner un objet de la classe des objets immatériels, un signe ne peut pas, sous ce rapport, être le signe d'autre chose que d'une entité fictive. L'entité dont le signe en question est donné comme un signe – votre esprit, comme dans l'exemple précédent – aura, en tant que substance immatérielle, la réalité qu'il vous plaira de lui attribuer. Mais dans la phrase en question, en vertu de la préposition *dans*, c'est en tant que substance matérielle que l'on en parle, c'est-à-dire comme un réceptacle dans lequel une idée peut se trouver, comme un pain peut l'être dans un panier. Et dans la mesure où c'est en cette qualité-là que l'on en parle, on emploie la fiction. Par conséquent, le nom qui est ainsi donné à votre esprit est le nom d'une entité fictive et votre esprit lui-même est une entité fictive.

S'il vous déplaisait de reconnaître ainsi votre esprit, prenez alors plutôt comme entité fictive l'idée dont on parle et considérez qu'elle est comme logée en lui ou, si cela ne vous est pas agréable, considérez votre entendement, votre volonté, votre conception, votre imagination comme autant d'existences séparées susceptibles de loger en elles des objets. La matérialité de l'origine du sens du signe, il est vrai, n'est plus visible dans certains cas. Nous pouvons prendre pour exemples, parmi les termes précédents, le mot *esprit* lui-même et le mot *volonté*. Pourtant dans un bien plus grand nombre de cas, cette matérialité est restée assez claire. Parmi ceux qui précédent, nous avons pour exemples les mots *entendement*, *conception* et *imagination*. Même en ce qui concerne le mot *esprit*, bien que la racine de ce mot dans les idées matérielles soit perdue, la matérialité reste assez claire[1]. Notre mot *spirit* correspond au mot français *esprit* ou au mot latin *spiritus* dont il dérive. Qu'*esprit* ait signifié originellement *souffle*, c'est-à-dire l'air que l'on décharge des poumons, est suffisamment notoire.

Pour autant que l'on puisse en trouver quelque origine, c'est dans un sens matériel que l'on doit trouver l'origine de tout mot possédant un sens immatériel. Constatant que la règle est vérifiée dans tous les nombreux cas où les deux sortes de sens sont attachés au même mot, nous pouvons seulement conclure

qu'originellement ce fut aussi le cas pour le nombre relativement petit de mots dans lesquels et pour lesquels on ne peut trouver à présent aucun sens matériel.
A travers tout le champ du langage, en parallèle à ce que nous pouvons appeler la langue matérielle, et exprimée dans les mêmes mots, court la ligne de ce que nous pouvons appeler la langue immatérielle. Ce qui veut dire non pas que chaque mot qui a un sens matériel possède aussi un sens immatériel, mais plutôt que chaque mot qui a un sens immatériel possède, ou au moins possédait, un sens matériel.
En un mot, nos idées provenant toutes de nos sens, de quelle autre source peuvent provenir leurs signes, de quelle autre source peut provenir notre langue ?

Essay on Language, B, vol. VIII, p. 328-329.

1. Bentham, pour montrer cette racine matérielle, traduit *mind* par le français *esprit* donné comme « très proche, même s'il ne coïncide pas ».

ENTITÉS FICTIVES (ordre des)

Il existe plusieurs sortes d'entités fictives selon les champs dans lesquels elles fonctionnent et selon les rangs qu'elles occupent. Bentham les range en effet selon un ordre qui correspond à leur degré de proximité avec une entité réelle : entité fictive de 1er ordre, de 2e ordre, etc. Le mot que nous traduisons par *ordre* est le terme anglais *remove* ; il indique une idée de *passage* et de *transition* à un ordre supérieur (*supra*, p. 32).

Bentham dit avoir emprunté l'idée d'une dérivation des entités fictives à John Horne Tooke (B, vol. VIII, p. 185 ; cf. aussi Dossier, Willard V. O. Quine, p. 269). On ne peut comprendre la signification d'un mot qu'à partir de la signification des termes précédents et donc aussi de la place du terme à expliquer dans la succession des entités. C'est le ressort de l'exposition des entités dans *Of Ontology*.

Dans l'exemple du mouvement, on peut rapporter l'événement qui concerne une entité réelle en disant qu'un corps se meut. On peut aussitôt transformer l'expression verbale en substantif et constituer le *mouvement* en *fiction de premier ordre* ; mais on peut à nouveau qualifier le mouvement de continu, régulier, irrégulier, et constituer par là, en forgeant les substantifs de *continuité*, de *régularité*, d'*irrégularité*, des *entités fictives de second ordre*, et ainsi de suite.

Ce renversement du verbe, de l'adverbe ou de l'adjectif en substantif avait déjà été repéré par Leibniz et par Berkeley comme le geste caractéristique des fictions. Leibniz montre que nous créons la fiction de l'espace en réifiant des rapports et des relations entre phénomènes ; et Berkeley, pourtant si critique à l'égard de Leibniz dans *L'Analyste*, montrera les graves difficultés dans lesquelles on tombe sans le vouloir en parlant du temps comme s'il pouvait être séparé de la suite des idées à partir desquelles on l'a abstrait (*Traité sur les principes de la connaissance humaine*, § 45-48).

ENTITÉS FICTIVES DU DROIT **(contrôle des)**

Ce sont celles qui ont intéressé en premier lieu Bentham dans son travail de rédaction des codes de droit. Hormis les termes renvoyant directement à des corps ou à des actions, la plupart des catégories utilisées dans le domaine du droit doivent être considérées comme des entités fictives et traitées comme telles selon la méthode de la paraphrase, ainsi que l'indique le manuscrit tiré de *Of Laws in General* (cf. Texte 8, p. 222).

De par la fonction prééminente du droit dans la production du bien-être, il est essentiel de ne pas se méprendre sur la nature des mots utilisés. Certains, parmi les plus fondamentaux, sont particulièrement dangereux. Tel est le cas pour le mot « droit » (*right*), qui est une production du législateur et qui ne peut se maintenir que par la protection que lui assure le pouvoir du gouvernement. L'investiture politique qui seul produit un droit particulier est mal interprétée par celui qui en est le bénéficiaire s'il croit qu'il possède en propre un *droit naturel*.

Cette expression est une fiction mal fondée, une entité imaginaire que l'on prend, à la manière des qualités et en raison de la structure de la proposition, pour une chose logée à l'intérieur d'une substance. Le jusnaturalisme, dans ses versions conservatrices ou révolutionnaires, repose sur une confusion linguistique motivée par des intérêts politiques et sociaux.

L'État, lui-même, est une entité fictive suprême, comme l'indique Bentham qui, dans son *Constitutional Code*, le définit comme « le vaste réceptacle fictif dans lequel on peut considérer que tous les fonctionnaires sont inclus » (B, vol. IX, p. 223). La connaissance de la nature symbolique du droit appelle un contrôle des effets de la loi et des opérations institutionnelles en général, selon des procédures réglées dont la paraphrase et les formules du calcul des plaisirs et des peines sont des éléments. L'idée essentielle tient en ceci : l'artifice légal et institutionnel une fois qu'il est reconnu pour ce qu'il est, à savoir une construction symbolique, peut être maîtrisé, transformé, réformé selon les besoins de la communauté. Dans la visée essentiellement pratique de l'utilitarisme, si le principe d'utilité ou principe du plus grand bonheur permet de justifier la nécessité des réformes, la théorie des fictions permet, elle, d'en penser la possibilité. Le droit ne s'ordonne plus à une Nature à reproduire ou à recréer, à un contrat qui lierait toutes les générations à venir après lui, mais à des besoins calculables et changeants selon les circonstances qu'un agencement contrôlé de fictions peut satisfaire.

TEXTE 8

Pouvoir, droit, prohibition, devoir, obligation, charge, immunité, exemption, privilège, propriété, sécurité, liberté, ainsi qu'une multitude d'autres termes que l'on pourrait citer, sont tous autant d'entités fictives qui peuvent être considérées, pour parler communément, comme des créations et des instruments du droit dans des circonstances données. Il n'est pas une opération que le droit n'accomplisse sans que l'on ne voie la création et l'utilisation d'une façon ou d'une autre de ses productions imaginaires. Il est clair que tout ceci n'est qu'une pure œuvre de fantaisie, une sorte d'allégorie, une énigme dont la solution ne peut être donnée qu'en retraçant l'histoire des opérations qu'effectue le droit en relation à certaines entités réelles. Voudrait-on savoir par exemple ce que fait réellement la loi en chaque cas et en quoi elle affecte la condition des parties qui sont concernées par elle ? Il faudrait connaître, dans chaque cas, les actes qu'elle considère et l'aspect sous lequel elle se rapporte à eux. Il faudrait savoir qui sont les personnes et quelles sont les choses, s'il y en a, qui sont en cause ; quels sont les actes de ces personnes ; si leur finalité regarde d'autres personnes ou bien des choses ; en quelles circonstances, s'il y a lieu, l'acte est permis ou interdit, ordonné ou non. Sachant tout cela, nous aurions des idées pour nos mots. L'ignorant, nous n'en aurions aucune. L'ingénuité des premiers auteurs du langage – lequel, s'il ne fut imposé par la nécessité, fut du moins une réponse à l'appel du besoin – a jeté un voile de mystère sur la face de chacune des sciences, voile qui n'est jamais plus épais que sur celle de la théorie du droit. Il ne sera guère possible en pratique et il ne sera peut-être pas même opportun de supprimer entièrement cet obstacle. Nous devons cependant avoir appris à le surmonter aisément en toute circonstance avant de pouvoir obtenir une claire perception de l'état réel des choses. Ces dénominations fantastiques constituent une sorte de papier-monnaie : si nous savons à tout instant comment les échanger et comment obtenir à leur place de la monnaie de bon aloi, tout est pour le mieux. Si nous ne le pouvons pas, nous sommes trompés, et au lieu d'être les maîtres d'une connaissance réelle dont nous entendions nous pourvoir par leur moyen, nous n'avons alors que sophistique et non-sens.

Les idées annexées aux mots *personne* et *chose* sont des copies immédiates des impressions faites par des entités réelles. Les idées annexées aux mots et expressions *acte de la volonté, signe d'un acte de la volonté, acte physique* ou *acte du corps, événement, circonstance,* etc., sont soit, comme les premières, des copies immédiates des impressions faites par les entités réelles, soit des copies des affections sensibles d'entités réelles déterminables. Les idées annexées aux mots *commandement* et *prohibition* sont résolvables immédiatement en idées du même type que celles qui viennent d'être mentionnées. Or, il ne peut pas y avoir d'acte qui ne soit l'acte d'une personne ou d'un être sensible ; il ne peut pas non plus y avoir d'acte de loi qui ne soit ou un commandement ou une prohibition, ou le contraire de l'une ou de l'autre de ces opérations ; enfin, il ne peut pas y avoir de commandement ou de prohibition qui n'ait pour objet un certain type d'acte. Il s'ensuit que, quels que soient les autres mots que l'on peut employer en dehors de ceux-ci dans l'expression de la matière d'une loi ou d'un corps de lois, mots qui ne sont pas des noms d'entités réelles ou d'affections sensibles, d'entités réelles déterminables, le sens des mots que nous venons de mentionner servira de clé au sens de ces autres mots et, en même temps qu'il fera découvrir le sens de chacun des mots, il dévoilera aussi le lien entre les sens des uns et des autres. Ce sont les seuls moyens qui permettent de mettre au jour le sens de mots tels que devoir, obligation, pouvoir, droit, et d'autres noms d'entités morales fictives, les seuls moyens qui peuvent produire une analyse régulière des contenus d'un corps de lois.

Of Laws in General, p. 251-252.

II. L'utilité de la théorie des fictions

LANGUE ET POLITIQUE

La théorie des fictions a, entre autres, une portée politique. Elle doit être réinscrite de ce fait dans la conjoncture politique du radicalisme anglais bien décrit dans les travaux d'Halévy sur l'Angleterre. A la fin du XVIIIe siècle, la langue était devenue un objet et un enjeu de confrontation politique, les démocrates et les radicaux conjoignant la dénonciation des obscurités de la langue des groupes dominants et celle des privilèges.

Bentham a maintes fois vu en John Horne Tooke (1736-1812) un précurseur de sa propre théorie (sur ce point, cf. Dossier, Willard V. O. Quine, p. 269). Elle lui doit en effet beaucoup, et en particulier l'idée selon laquelle les significations des termes sont à rapporter à une dynamique linguistique, à une histoire de la langue, elle-même en étroit rapport avec les usages pratiques, économiques, politiques, sociaux des mots.

D'abord connu comme ardent défenseur des libertés civiles et des aspirations démocratiques, John Horne Tooke a préconisé et partiellement réalisé une théorie du langage en estimant que rien n'était plus important que le sens des mots pour les droits et le bonheur des hommes (ΕΠΕΑ ΠΤΕΠΟΕΝΤΑ, *or the diversions of Purley*, éd. 1798, I, p. 79). Tooke a voulu faire retour à Locke pour s'en prendre plus efficacement à la « métaphysique » politique. Cette dernière reposait sur une opposition entre la dignité des hautes classes, dont la langue raffinée et les abstractions désintéressées étaient comme les expressions naturelles, et l'activité pratique des basses classes, dont la langue vulgaire et les intérêts matériels étaient considérés comme les indignités essentielles. Pour J. Horne Tooke, l'*Essai sur l'entendement humain* était entièrement (et pas seulement son livre III) un traité sur le langage (*op. cit.*, I, p. 30-43) à condition, précisait-il, de corriger les démonstrations lockéennes sur l'abstraction par la description historique de la transformation des mots par abréviation. Cette lecture linguistique de Locke repose sur l'idée que les mots ont d'abord été des noms d'objets et de pratiques, que ces noms ont été des outils qui se sont perfectionnés à l'usage, qu'ils ont été rendus plus maniables par *abréviation*. L'enracinement de la langue dans la pratique s'oppose évidemment chez Tooke, puis chez Bentham qui a repris l'idée, à toute « métaphysique de l'esprit » utilisée fallacieusement par les dignitaires, les *ruling few*[1].

1. Cette idée dérive probablement des travaux de Warburton sur l'écriture égyptienne (*Essai sur les hiéroglyphes des Égyptiens*, 1738-1742). Le « modèle égyptien » est bien présenté par P. Tort in *Marx et le problème de l'idéologie*, Paris, PUF, 1988, p. 70 *sq*.

FALLACES ou SOPHISMES POLITIQUES

Le mot *fallacy*, repris de l'ancien français *fallace*, renvoie à l'idée de tromperie ou de supercherie. On peut le traduire par *sophisme*, qui est un terme courant en français, ce que *fallace* n'est plus du tout, le français ayant préféré le mot grec à sa traduction latine, *fallacia*, au risque alors de perdre la teneur spéciale de *fallacy* qui, chez Bentham, est de nature essentiellement politique. Bentham se réfère à la présentation et au classement des sophismes d'Aristote dans les *Réfutations sophistiques*, et affirme : « il n'y a rien entre Aristote et nous touchant les façons dont on peut utiliser les idées comme instruments de tromperie » (FSP, p. 184).

Les *fallacies*, qu'elles soient anarchiques (les droits de l'homme) ou parlementaires, sont l'objet d'analyses très précises, dès les années 1790, avant donc l'élaboration de la théorie des fictions. Elles font l'objet d'un manuel mis à la disposition de ceux qui ne veulent plus être trompés par le langage politique (*Manuel de sophismes politiques*). Ce sont des expressions trompeuses, des *paroles empoisonnées* qui se distinguent de l'argument erroné par l'intention et par l'intérêt qui se déguisent en elles. Ce sont des faussetés semblables aux fictions juridiques, qui ont fini, en raison de leur répétition constante, par corrompre les esprits, y compris les esprits de ceux qui les manipulent pour leurs propres intérêts. Certaines fallaces, comme l'invocation à mauvais escient de l'autorité, de la tradition, de la valeur intrinsèque d'une personnalité, ou bien l'évocation de menaces imaginaires ou du danger que représente une personne, sont scrutées selon leurs effets pernicieux sur le bonheur de la communauté.

LOGIQUE UTILE

Bentham désirait écrire une nouvelle logique sur les ruines de celle d'Aristote qui lui paraissait trop partielle et surtout très mal adaptée aux buts pratiques d'une réforme politique visant le maximum de bonheur. « La logique, selon les aristotéliciens, est l'art qui conduit l'esprit humain au tabernacle de la connaissance. Ajoutons que désormais elle est le chemin vers le temple du bonheur » (*Essay on Logic*, B, vol. VIII, P. 241). Cette logique utile, tournée vers la pratique, qui commence par proclamer l'inachèvement, l'incomplétude et l'imperfection de la logique aristotélicienne, devait être la pièce maîtresse ou, plus exactement, le fondement du projet utilitariste lui-même dont l'objectif suprême est *le plus grand bonheur du plus grand nombre*. C'est elle qui, dans l'esprit de Bentham, devait permettre d'éviter, dans tous les domaines, les tromperies du langage, les *fallaces*, les confusions entre le réel et le fictif et qui devait fournir les moyens d'accroître l'efficacité de l'action humaine, dans le champ des sciences de la nature comme dans celui des sciences de l'éthique et de la politique. Cette logique est d'autant plus importante à ses yeux qu'elle doit servir à la clarification du langage, et, par là, à une meilleure maîtrise de l'instrument de communication du désir, de formation des idées et de commandement dans l'action. Si le langage est utilisé très souvent pour tromper et pour servir les intérêts nuisibles des dominants, des *ruling few*, la logique sera l'un des principaux moyens de les combattre.

La logique de Bentham se définit et se distingue d'abord par son extension qui couvre, dit Bentham, « ni plus ni moins que le champ entier de la pensée et de l'action humaines. Elle comprend donc la totalité du champ de l'art et de la science, et englobe, en outre, le champ de la pensée ordinaire, c'est-à-dire non scientifique, et de l'action ordinaire, c'est-à-dire non artificielle, appelée aussi *pratique*, incluant, avec les contenus de ces champs respectifs, tous les sujets, non seulement de l'action humaine mais aussi de la pensée humaine, toutes les entités non seulement réelles mais fictives, non seulement toutes les entités réelles mais aussi toutes les entités fictives qui ont jamais été feintes ou qui restent susceptibles de l'être » (B, vol. VIII, p. 219). Cette extension situe la logique analogiquement dans la position du souverain régnant sur un territoire vis-à-vis des propriétaires des parties du même territoire (B, vol. VIII, p. 220).

Cette logique est ensuite particularisée comme celle de la *volonté* (*logic of will)*, permettant de décrire comment les volontés agissent les unes sur les autres. Le concept important ici est celui d'*influence*. Cette influence, qui est un pouvoir sur la volonté d'autrui, s'exerce généralement par le truchement du langage, par la mise en forme du désir et du jugement qui diffère selon les rapports hiérarchiques entre les individus concernés. Trois situations différentes sont examinées : supériorité, égalité, infériorité. Dans chacun de ces cas, la volonté agissante qui veut obtenir la conduite désirée doit en passer par des formulations spécifiques dont la logique de la volonté, qui est comparable à une pragmatique du pouvoir, précise les règles et les propriétés (B, vol. V, p. 270 et B, vol. III, p. 235).

NOMOGRAPHIE

Le terme de « nomographie » est utilisé quelquefois comme un synonyme de *logique de la volonté* bien qu'il ne se rapporte strictement qu'aux manières d'exercer une influence dans une situation de supériorité. C'est que, en effet, les règles et les conditions de la communication par laquelle le supérieur se fait obéir sont, aux yeux de Bentham, les plus importantes et les plus instructives. Si la nomographie s'intéresse à toutes les relations de supériorité, celles qui sont de nature proprement politique sont privilégiées. La logique de la volonté sert d'abord à éclairer l'art d'écrire la loi. Puisque toutes les relations de pouvoir passent nécessairement par le discours, l'étude approfondie de la mise en forme des lois dans la langue juridique permettra d'en apprendre beaucoup sur la langue en général et sur ses capacités de communication de la volonté et du désir (B, vol. III, p. 235). Il y a en effet dans la trajectoire benthamienne un rapport étroit entre l'analyse de la langue juridique, de ses composants et de ses effets, et l'analyse des langues naturelles et des fictions qui les constituent.

La nomographie se définit donc comme la branche de l'art juridique qui est concernée par la forme donnée aux lois édictées.

La loi, en tant que commandement du souverain, ne doit pas souffrir d'imprécision, d'obscurité, d'ambiguïté (cf. *Of Laws in General*). Les qualités requises par la forme de la loi (*Nomography*, B, vol. III, p. 233) recouvrent celles que la théorie du langage vise elle aussi (clarté, précision, exhaustivité du langage comme conditions de la production de l'utilité).

L'écriture, par opposition à la langue orale, est particulièrement mise en valeur pour son efficacité spécifique : elle seule permet d'inscrire durablement les lois dans le temps et se trouve être par là la meilleure condition de la *sûreté*, donc de la prévision, de l'investissement, du travail. Elle est la condition du déploiement de l'action dans le temps. La codification intégrale du corps des lois repose sur l'idée que l'action humaine est liée à l'écriture. Elle ne peut se développer efficacement que par une fixation relative des idées et des mots dans des propositions légales stabilisées ; elle a, sur l'autre bord, besoin d'une réécriture permanente en fonction des nécessités pratiques.

MÉTHODISATION ou ARRANGEMENT

La logique est un certain usage de la langue qui permet de diriger vers le plus grand bonheur la pensée et l'action, lesquelles n'obéissent pas à une raison imaginaire (parmi les mots confus et trompeurs, purement *eulogistiques*, celui de « raison » n'est pas le moindre) mais à des séries d'opérations que l'on peut détailler. Ces dernières sont contrôlables si l'on met au jour les entités fictives qui sont en jeu dans le fonctionnement de toute pensée. Bentham s'efforce, dans ses *Chrestomathia* comme dans ses écrits sur la logique, de distinguer les diverses opérations intellectuelles, qui renvoient elles-mêmes à des facultés différentes. Dans son sens le plus général, la méthodisation est l'exercice de l'une des facultés humaines, la faculté dite *tactique*, qui consiste à *imaginer* un ordre dans la disposition des objets. Il cite souvent l'arbre de Porphyre, les arborescences de La Ramée, les classifications de Bacon ou bien, dans un autre domaine, celles de Linné comme des exemples, encore imparfaits, de mise en œuvre de cette faculté. Arranger ou méthodiser des objets physiques ou psychiques présuppose des dénominations individuelles ou collectives. La méthodisation se compose de deux opérations, l'une qui consiste en la création de nouvelles dénominations qui permettent d'agréger et d'ordonner les noms communs selon des emboîtements (les noms sont comme *mis en boîte*) plus ou moins réglés et hiérarchisés (méthodisation collective), et l'autre qui crée une succession ordonnée des termes selon un avant et un après (méthodisation linéaire). Ces opérations de méthodisation qui permettent de construire des *enclosures*, des « boîtes », des « rangées », des « lignes », ou encore, quand on les combine, des rangées ou des ordres de boîtes ou de parcelles, supposent les entités fictives fondamentales examinées dans *Of Ontology*, en particulier celles de lieu, de temps, et de relation qui ne doivent elles-mêmes leur existence qu'au langage.

La méthode, l'ordre, la succession sont donc définis comme les réceptacles fictifs indispensables à toute pensée : « L'objet fictif, le réceptacle fictif appelé méthode est le résultat ou le produit fictif de l'opération nommée méthodisation » (*Essay on Logic*, B, vol. VIII, p. 259).

AGGREGATE (« **ensemble** ») **et** EXHAUSTIVITÉ

L'ensemble (*aggregate*) le plus vaste est ou doit être *exhaustif*. Cette qualité logique, avec celle de clarté et de correction, est essentielle à la maximisation du bonheur. Tout doit être compris dans l'ensemble pour tout compter dans le calcul du plus grand bonheur. La méthode de bifurcation, appelée aussi *système de division*, proposée dans *Of Ontology* s'inscrit dans cette recherche de l'exhaustivité. Le Panopticon est une illustration frappante de cette volonté de recensement de tous les éléments qui doivent entrer dans le calcul du dispositif de surveillance (cf. Dossier, Michel Foucault, p. 263).

Bentham emploie tantôt le terme de *all-comprehensive*, tantôt celui d'*exhaustive*. On notera ce fait remarquable : c'est Bentham qui, dans ses manuscrits sur le droit, entre 1786 et 1789, crée l'adjectif *exhaustive* en anglais, ainsi d'ailleurs que l'adverbe *exhaustively* et le substantif *exhaustiveness*, un peu plus tard, dans le sens de « totalisation des éléments ». Ces termes sont forgés à partir de la méthode mathématique d'*exhaustion* qui est, avec la méthode des fluxions et le calcul des chances, un instrument important de la nouvelle logique benthamienne. C'est par Étienne Dumont que le mot *exhaustif* en ce sens nouveau est introduit dans la langue française, précisément lorsqu'il traduit les manuscrits des années 1780 et les réunit dans la *Théorie des peines et des récompenses* (1811 pour la 1re édition et 1818 pour la 2e). Dans une note, l'on trouve cette première occurrence : « Je me borne à cette classification, qui n'est qu'une esquisse ; je placerai peut-être dans un appendice une "Vue analytique des peines", d'après la méthode *exhaustive* de l'auteur » (p. 13).

Les distinctions linguistiques, logiques, et les opérations qui leur sont liées ont toutes pour destination des usages pratiques, en particulier la mise en place d'un système d'institutions *qui comprendrait tout* et dont aucun élément n'échapperait à la règle de l'efficacité maximale au service du plus grand nombre.

DYNAMIQUE PSYCHOLOGIQUE

Parmi les termes immatériels de la langue, Bentham isole les mots qui désignent les facultés de l'esprit ainsi que leurs contenus en relevant leur caractère éminemment fictif. On ne parle, dit-il, de l'esprit et de ses diverses facultés qu'à la façon d'un ou de plusieurs réceptacles qui accueilleraient des objets appelés désirs ou idées, perceptions ou souvenirs. Bentham s'est efforcé de remplacer cette psychologie classique (âme, esprit, facultés), autant que cela lui est paru possible, par la langue de la *dynamique psychologique* et de la *pathologie mentale* qui utilise d'autres entités fictives : des opérations plutôt que des facultés (même si cette fiction n'est qu'un demi-mal), des corps en mouvement plutôt que des réceptacles : motifs, intérêts, désirs et leurs entités dérivées (*Essay on logic*, B, vol. VIII, p. 224-225), et des calculs réguliers plutôt que des évaluations morales vagues à partir des seules connotations des mots de la langue naturelle. Une grande partie des écrits de Bentham est ainsi consacrée à la substitution des entités dynamiques et relationnelles aux entités statiques et substantielles. Il parle de la *psychological dynamics* comme d'une des « principales branches de la psychologie » [TSA, p. 62, 71]. La dynamique psychologique et la pathologie mentale fournissent la *matière de la félicité et du malheur* au législateur pour comprendre les *ressorts de l'action humaine* (TSA, p. 87) et donc pour prévoir les conduites probables des individus placés dans des circonstances déterminées. Faute de semblables outils d'analyse psychologique de contrôle et de prévision, la science politique n'a, d'après lui, aucun sens.

TERMES NEUTRES, EULOGISTIQUES ET DYSLOGISTIQUES (approbatifs et désapprobatifs, laudatifs et dépréciatifs)

Parler, c'est opiner à propos d'un être, d'une action, d'un fait. La langue commune est composée d'un nombre considérable de termes dits *eulogistiques* et *dyslogistiques*, néologismes inspirés du grec, que l'on pourrait traduire par *laudatifs* et *dépréciatifs*. Ces mots contiennent des jugements implicites dont les locuteurs ne sont pas toujours conscients. Bentham, dans le *Manuel de sophismes politiques*, compare ces mots à de la fausse monnaie en circulation. Les mots de ce genre, qui transportent des jugements moraux, n'ont aucun fondement dans l'utilité. Les termes neutres sont plus rares et utilisés le plus généralement dans le domaine de la science.

Tous les textes de Bentham sont peuplés d'exemples et d'analyses de ces différentes sortes de termes, qu'il s'agisse des écrits sur la politique parlementaire ou des manuscrits sur la religion, sur la sexualité, sur les passions. Le premier texte qui l'a fait connaître, *Defence of Usury*, traitait ainsi une question économique, l'usure, sous l'angle de la réprobation attachée au mot. Cette réprobation n'était fondée sur aucun calcul des effets réels de la liberté laissée aux prêteurs de capitaux.

Établir la science des actions humaines, fondement de la réforme des lois et des institutions, suppose d'épurer le vocabulaire des termes *censoriaux* (*censorial*) qui ont pour caractéristique de contenir une proposition entière qui exprime un jugement soit d'approbation soit de désapprobation. C'est l'objet spécifique de la *Table of the Springs of Action*, texte écrit en 1815 et publié en 1817 qui vise à dresser le tableau des plaisirs et des peines, des motifs et des intérêts correspondants.

Selon sa théorie des propositions (cf. *proposition*, p. 243), une proposition apparemment simple qui contient un ou plusieurs termes est en réalité une proposition complexe, non perçue comme telle. Si, à l'origine de la langue, un mot exprimait une proposition entière, il en est encore de même avec ces termes qui contiennent des jugements. Quel que soit le fondement du jugement, il s'agit toujours d'une cause d'erreur dans l'appréciation que peut faire un individu ou une communauté de ce qui lui serait profitable sur la balance de l'utilité (TSA, p. 95). Par le biais du terme *censorial*, la condamnation (ou l'approbation) se transmet à l'ensemble du groupe d'entités psychologiques (intérêts, plaisirs, motifs) qui lui sont associées.

Ces termes importent au calcul et donc à l'action des individus qui les entendent et les utilisent. Pour Bentham, cette dimension *censoriale* de la langue est à relier à la fonction morale et politique du *tribunal de l'opinion publique* auquel participe tout individu parlant et dans lequel s'affrontent les intérêts des différentes classes sociales. De fait, ces termes ont une double nature dans la mesure où leur prolifération dans la langue commune témoigne des progrès du sens moral (B, vol. II, p. 436), tandis qu'ils empêchent la morale et la politique de devenir des sciences. En effet, tout individu, en employant l'un de ces termes, émet un jugement sur autrui et sur sa conduite, et participe ainsi, qu'il le sache ou non, à l'expression d'un intérêt, que ce soit le sien, celui de sa classe ou d'une autre classe qui l'influence ; mais il s'expose aussi constamment au jugement d'autrui qui a recours aux mêmes termes. Si la langue commune est si largement faite de *fausse monnaie*, cela rend évidemment fort problématique la réalisation d'un calcul des plaisirs et des peines dont les outils et les matériaux linguistiques sont défectueux, mais cela rend aussi indispensable le passage à la quantification pour parer à ce défaut. Une *théorie des sentiments moraux* ne peut advenir sans la critique des mots empoisonnés.

Dans nombre de domaines, Bentham a traqué l'utilisation calculée ou simplement habituelle de mots qui comportent des jugements dépréciatifs ou appréciatifs implicites, employés comme armes politiques par les minorités dominantes dans ce qu'il appelle la *guerre des mots*. Les oppressions multiples que Bentham a dénoncées à partir de la considération de l'utilité et de la maximisation du bonheur du plus grand nombre se couvrent toujours de « raisons alléguées ». Ce sont autant de propositions mensongères qui semblent contenues dans le seul substantif de ceux qui en sont les victimes : travailleur, hérétique, femme, homosexuel, par exemple. Tout se passe comme si le sujet ou la substance, cible de la critique, avait intégré les propriétés que les dominants veulent lui attacher. Cette intériorisation imaginaire de la qualité dans la substance explique l'inertie des jugements et leur imperméabilité à toute réelle mesure du plaisir ou de la douleur. Parmi les innombrables analyses faites par Bentham des usages disqualifiants du langage de la part des dominants, on peut retenir les stigmatisations du travail et de la pauvreté, les formes de mépris envers les femmes, les dénonciations politiques de toute proposition de changement, ainsi que les injures portées à l'encontre des non-conformités sexuelles. Comme l'a établi Lea

Campos Boralevi[1], Bentham a beaucoup écrit sur ce dernier sujet, dans lequel le « sixième sens » de la sexualité est réintégré parmi les sources légitimes du plaisir. Les *non-conformités*, définies comme des pratiques sexuelles qui procurent certaines sensations par le moyen d'un objet impropre (*Paederasty*, UC, LXXII, 191), doivent faire partie du compte général du bonheur. Infériorisations imposées et crimes imaginaires naissent de la différence de goût et d'opinion, c'est-à-dire, à leur racine, des différentes sources de plaisir. Ainsi l'accusation selon laquelle ces irrégularités sexuelles sont « non naturelles » témoigne-t-elle de cette propension systématique à faire fonctionner la tyrannie du langage pour imposer des goûts uniformes. L'échelle du pouvoir entre les individus est redoublée et renforcée par une échelle des goûts et des opinions qui s'est comme matérialisée dans des mots.

ONTOLOGIE

De même que, dans les années 1790, le théâtre parlementaire lui avait donné la scène discursive où il avait pu observer les arguments fallacieux, les *fallacies*, et analyser les formes variées de déguisement langagier des intérêts particuliers ; de même, dans les années 1810, c'est la scène de l'ontologie, vue comme un défilé réglé d'entités abstraites apparemment séparées des passions et des fausses monnaies du discours politique et religieux, qui lui procure la matière pour sa présentation des distinctions entre noms d'entités réelles et noms d'entités fictives. Aristote, on le voit, constitue à la fois la référence, le matériau, et presque toujours la cible de Bentham. Celui-ci pense en effet sa théorie des fictions comme une doctrine de substitution à l'aristotélisme dont, après des siècles d'immobilité doctrinale et d'inefficacité pratique, on ne peut plus rien attendre. Bentham entend *mettre en*

1. *Bentham and the Oppressed*, Berlin-New York, De Gruyter, 1984.

pièces la masse de l'édifice aristotélicien pour en réexaminer et en réordonner les matériaux à partir de sa théorie du langage (C, p. 259). La théorie des fictions, clarifiant ce qu'il en est des liens entre langage d'un côté, pensée et action de l'autre, aura des effets immenses sur le bien-être humain. En ne confondant plus les entités réelles et les entités fictives, l'humanité ne gaspillera plus ses efforts, comme elle le fait depuis toujours, en se laissant enchanter par de simples réalités verbales. Enfin et surtout, on comprendra combien le langage humain est lié de façon multiple et paradoxale au désir : il l'exprime alors qu'il se fait prendre pour sa relation exacte ; il contribue à sa réalisation d'autant mieux qu'il sait se détacher de ses expressions passionnées immédiates en s'épurant dans les formes de la science et en s'appliquant dans les disciplines de la technique. S'en prendre directement à Aristote et à ses successeurs, et relire la logique et la métaphysique à la lumière de la théorie des fictions, c'est donc s'emparer de la forteresse, pour reprendre une métaphore humienne, qui commande le champ entier de la pensée et de l'action et détruire les prétentions dominatrices d'une ontologie multimillénaire qui a partie liée avec la domination politique du petit nombre. Celle-ci ne s'exerce-t-elle pas au nom des entités ontologiques suprêmes, célestes ou métaphysiques, et de leurs correspondants éthiques et politiques, vertus, honneurs et dignités ? On comprend que la théorie des fictions se lie profondément à une volonté démocratique : la structure de la société coïncide avec celle de la pensée, non point par quelque inversion de reflet mais par une même hiérarchisation d'entités fictives dont on n'aperçoit plus les racines réelles dans la jouissance et la production. *Of Ontology* est à lire aussi dans un contexte politique, ne serait-ce que par l'étroit parallèle, dans la dernière période de la vie intellectuelle de Bentham, entre sa radicalisation politique en faveur de la démocratie représentative et l'élaboration de sa théorie des fictions.

NATURE

On impute parfois à Bentham un naturalisme un peu simple lorsqu'on s'appuie sur les premières lignes de l'*Introduction to the Principles of Morals and Legislation* : « La Nature a placé le genre humain sous le gouvernement de deux maîtres souverains, la douleur et le plaisir. » Mais il faut saisir l'ironie du passage : si Bentham entame un morceau de bravoure typique des philosophes qui l'ont sans aucun doute inspiré, il entend faire tout autre chose que de répéter des formules convenues sur la nature humaine. Dès la fin du premier paragraphe, ne dit-il pas d'ailleurs : « Mais assez de métaphore et de déclamation, ce n'est pas avec de tels moyens que l'on fera avancer la science morale. » ? La nature n'échappera donc aucunement à l'examen de la doctrine des fictions, même si, comme il le dit plus souvent, il est bien contraint en tant que locuteur d'utiliser les mots disponibles, imparfaits, dangereux, ambigus, avant de pouvoir se retourner vers eux comme autant d'objets d'investigation. « La nature » est l'une de ces expressions fictives qui est devenue, sous la plume ou dans la bouche de beaucoup, une entité fabuleuse. Bentham va jusqu'à suggérer que la déification de la nature n'est que l'envers de la déification de la raison (C, p. 168) ; ce qui jette un singulier aperçu sur les philosophies de la nature qui ont proliféré sur les ruines du culte que les Lumières avaient rendu à la raison.

TEXTE 9

La branche de l'art et de la science, que l'on désigne jusqu'à présent exclusivement par l'expression composée « histoire naturelle » est celle qui a pour sujet la matière en général, comprenant des corps de toutes sortes, considérés du point de vue des modifications dont elle donne l'exemple, avant qu'une action ait été exécutée par l'art humain, sous la direction de la science humaine ; en d'autres termes (si, par souci de familiarité, en dépit du caractère inutilement fleuri de l'expression, on jugeait convenable de recourir comme allant de soi, au nom du personnage fictif bien connu, la Nature), dans l'état où on l'a trouvée entre les mains de la Nature – de la Nature sans contrôle ni assistance.

Chrestomathia, p. 150.

TEXTE 10

La Nature est une espèce de personnage fictif, sans l'assistance occasionnelle duquel on doit avouer qu'il est presque impossible d'écrire ou de parler. Mais quand elle est mise sur le tapis, on doit l'y mettre sous son propre équipement – toute nue, non pas attifée d'attributs –, revêtue ni de qualités morales avantageuses, ni de telles qualités désavantageuses. Produire des minéraux, des végétaux, des animaux, telle est sa tâche spécifique ; et c'est bien suffisant pour elle ; à chaque fois que quelqu'un vous prie de constater qu'elle fait le travail de l'homme, soyez sûrs que ce n'est pas la Nature qui le fait, mais l'auteur qu'il sanctifie et qu'il a revêtu dans ce but des atours de cette déesse.

Chrestomathia, p. 268-269, note.

PROBABILITÉ

Les deux axes qui organisent la notion de probabilité aux XVIIIe et XIXe siècles sont ceux qui, d'une part, opposent la probabilité des chances à la probabilité des causes et, d'autre part, la probabilité objective (*probability*) à la probabilité subjective (*chance*).

La *probabilité des chances* tient dans le décompte des issues possibles envisagées systématiquement à partir d'une situation donnée. L'exemple type d'un problème de la doctrine des chances est fourni par le problème dit « des partis », résolu par Pascal, où il s'agit d'explorer l'ensemble des solutions qui donnent tel ou tel joueur gagnant ou perdant et d'évaluer leur probabilité respective de gagner ou de perdre à partir de ce décompte. La *probabilité des causes* consiste à s'interroger, étant donné une suite plus ou moins longue de subséquences d'événements A et B, A étant tour à tour suivi et non suivi de B, sur la probabilité qu'un événement de type A, qui vient de se produire, soit suivi d'un événement de type B.

La *probability* paraît s'appliquer directement aux événements ; on parlera volontiers de la *probability* de 1/6 qu'a l'as (ou n'importe quelle autre face d'ailleurs) de se présenter lors du jet d'un dé parfaitement équilibré sur lequel raisonne le mathématicien. Au sens strict toutefois, aucune probabilité ne s'applique directement aux événements : seule notre ignorance des événements passés et à venir et des causes qui les produisent nous fait parler de probabilité. Toutefois la chance désigne, plus précisément, en particulier dans le problème résolu par Bayes, la chance d'avoir raison lorsqu'on assigne un degré de probabilité à un événement. Il arrive en effet des situations de pénurie d'informations, où l'on ne peut assigner un tel degré de probabilité sans une marge d'erreur que la règle de Bayes se propose de déterminer. Cette « chance d'avoir raison » est variable en fonction de l'intervalle de probabilité que l'on se donne pour déterminer un événement ou une subséquence d'événements.

Bentham s'attache essentiellement à traiter la probabilité et la chance comme des entités fictives. Toutefois la *chance* paraît être une entité fictive d'ordre supérieur à la *probabilité*.

TEXTE 11

Dans la pratique des mathématiciens, on considère, dans une mesure qui ne paraît pas avoir été encore déterminée, que des propositions de l'espèce géométrique et des propositions de l'espèce algébrique sont convertibles les unes dans les autres, employées indifféremment les unes pour les autres et, à l'occasion, traduites les unes dans les autres. Lorsque, dans le domaine particulier où elles s'appliquent, la figure, quoiqu'elle ait sa place, puisse sans provoquer d'erreurs ni d'autres inconvénients, être mise entre parenthèses, dans ce cas, au lieu de la géométrie qui, pour le coup, paraît la forme la plus naturelle et la mieux adaptée, l'algèbre, si on y recourt, est utilisée sans fiction, et elle peut, par conséquent, être utilisée sous cette forme sans produire d'obscurité ni d'autre inconvénient ; et, dans la mesure où on est parvenu au résultat avec moins de peine et plus de promptitude, avec un avantage clair, particulier et net. Mais si, dans le cas où la figure n'a pas lieu d'être, comme on le voit dans le calcul concernant les degrés de probabilité que l'on exprime par des nombres, quelque proposition revêt la forme géométrique, dans cette mesure on aura utilisé la fiction et on aura introduit avec elle son immanquable acolyte, l'obscurité.

Chrestomathia, p. 372-373.

III. Langue et proposition

TOUT ET PARTIES

La théorie de Bentham s'inscrit dans une époque où les préoccupations linguistiques sont très intenses et donnent lieu à de multiples travaux. Elle doit beaucoup à James Harris (*Hermes, or a Philosophical Inquiry concerning Language and Universal Grammar*, 1751), en particulier l'idée de l'antériorité de la phrase sur le mot. James Harris a voulu établir sa linguistique sur les bases de la philosophie grecque contre Locke, et il s'inspire des courants néoplatoniciens comme d'Aristote. Bentham, quand il se met dans les traces de Harris sur ces points fondamentaux, opère donc un mouvement complexe. Il intègre l'idée de l'antécédence de la phrase sur le mot, ce qui lui permet de mettre l'accent sur le pouvoir de catégorisation et de classement de la langue, tout en rejetant « la métaphysique du langage » et ses implications politiques, la supériorité des formes intelligibles sur les sens et la précellence en dignité des castes dirigeantes sur les classes productives, auxquelles conduit la grammaire harrissienne. Bentham ne se contente donc pas de reprendre cette idée puisqu'il entend se situer aussi en continuateur de Locke et de Horne Tooke. Sa doctrine de la proposition avance que c'est la totalité linguistique de la phrase et même du langage entier (*fictitious whole*) qui doit être pensée en rapport au réel et non le mot isolé. Cette position originale l'éloigne et de l'atomisme linguistique et de l'idéalisme. Si c'est la totalité de la phrase qui crée le sens et qui rend compte originairement du réel, il peut donc radicaliser cette notion d'origine aristotélicienne et étendre considérablement le nombre de mots qui ne signifient rien par eux-mêmes, les « substances creuses », grâce à sa distinction des entités. Celle-ci vient se substituer à celle utilisée par Harris entre les mots *principaux* et les mots *accessoires*, reprise peut-être de John Wilkins qui distinguait les *integrals* et les *particles* (*Essay towards a Real Character*, 1668). En réalité, c'est surtout l'ancienne division en termes syncatégorématiques et catégorématiques qui tend à se fondre et à disparaître dans la nouvelle division benthamienne des entités.

Quand Harris fait du substantif un mot principal qui signifie une substance (*Hermes*, I, IV), Bentham montre que les substantifs, comme les adjectifs ou les verbes, peuvent parfaitement renvoyer à des entités fictives, ce qui n'est guère nouveau, mais aussi que les termes syncatégorématiques, comme les prépositions, peuvent renvoyer de façon beaucoup moins visible à des substances fictives qui ne sont pas nommées comme telles dans le cadre de l'unité de sens qu'est la phrase. C'est ainsi que, reprenant à nouveau frais les analyses de la représentation spatialisante du temps dans le langage menées par Harris (*Hermes*, I, VII), il montre dans *Of Ontology* que c'est par l'intermédiaire de prépositions utilisées dans des phrases se rapportant au lieu que l'on peut parler du temps (*supra*, p. 107). Le lieu est ainsi l'entité fictive clandestine que l'analyse peut mettre au jour dès que l'on parle dans la *langue immatérielle*. Cela lui permet encore de souligner, mieux que John Horne Tooke, comment cette structure du langage est productrice en même temps de significations et d'illusions, sous la forme notamment d'essences, de fausses substances et d'attributions considérées comme naturelles (quantité et qualité). Même si grammaticalement la phrase ne l'indique pas clairement, la proposition se ramène à une inhérence qui met *verbalement* tantôt un sujet dans un prédicat, tantôt, par un renversement qui ne change rien du point de vue de la fiction, un prédicat dans un sujet. S'il reprend à Harris l'idée que les prépositions étaient originairement destinées à « marquer des rapports de lieu » (*Hermes*, II, III), et s'il accepte l'idée que, par métaphore, elles ont servi à situer les rapports entre des notions abstraites, il tient que cette dérive métaphorique est à la fois le principal ressort de la dynamique de la langue et la base des grandes illusions langagières. C'est cela que les aristotéliciens n'ont pas pris en compte, aveuglement qui a des effets considérables de blocage dans les progrès du savoir, de fuite dans les faux problèmes métaphysiques et, de façon plus volontaire et intéressée, de justification et de maintien des privilèges.

OBJETS DE LA COMMUNICATION

Le *meaning* qui porte la proposition est l'intention de communiquer un certain état d'esprit propre au locuteur et non le réel lui-même. La parole n'est que transmission d'une opinion, et non pas, comme on se l'imagine parfois, transcription du réel en tant que tel. De là certaines assertions qui peuvent surprendre au premier abord. Une entité est supposée réelle dans la mesure seulement où on entend lui accorder réalité (cf. *entité réelle*, p. 205). Le rapport ou le récit (*report*) est l'opération même de la parole : on fait un récit, on rapporte une signification qui est de l'ordre de l'opinion, de la croyance, de l'interprétation. Cette remarque prend une importance toute particulière dans les écrits que Bentham consacre aux témoignages et aux preuves dans le domaine de la justice, comme dans les analyses qu'il produit de la vie parlementaire, pour ne rien dire des pamphlets sur la religion.

Par la parole, le locuteur transmet un état d'esprit, c'est-à-dire un certain état de l'entendement ou de la volonté. La connaissance d'un fait vient bien originellement des sens, mais même la conviction de son existence suppose l'implication du jugement. Il n'y a jamais communication immédiate d'un fait en tant que tel mais toujours communication d'une opinion relative à un fait. On doit donc distinguer deux objets de la communication : d'une part, l'*objet immédiat*, qui est toujours une opinion, une croyance, un désir ; d'autre part, l'*objet ultérieur*, c'est-à-dire médiatisé, qui est soit l'état du corps propre quand il s'agit d'exprimer une sensation, soit l'état d'un corps extérieur.

TEXTE 12

Le langage est le signe de la pensée, un instrument pour la communication de la pensée entre un esprit et un autre. Le langage est le signe de la pensée qui est dans l'esprit de celui qui émet le discours. Il peut être le signe d'une variété infinie d'autres choses et d'autres objets, mais il est toujours un signe de cette pensée, et c'est seulement au travers de celle-ci qu'il devient le signe d'un autre objet.

A cette occasion et pour cette fin, l'esprit humain entier peut être considéré comme composé de deux parties distinctes : la partie purement passive et la partie active. La partie passive comprend la partie intellectuelle. La partie active peut être aussi caractérisée comme la partie concupiscente. La partie passive est le siège de la perception, de la mémoire, du jugement, dans la mesure où elle est capable, comme dans le cas de la vision, de s'exercer sans conscience de l'intervention de la volonté. La partie active est le siège du désir, donc de la volition, et donc de l'action externe [...].

Nous en sommes donc arrivés à ce point. L'objet immédiat d'une communication faite au moyen du langage est toujours l'état de l'esprit de celui qui parle, l'état de la partie passive ou

réceptive, ou l'état de la partie active ou concupiscible de l'esprit.
Maintenant, quand il s'agit de la partie réceptive, quel est ou quel peut être l'objet ultérieur de la communication ?
On peut répondre que ce sera, d'une façon ou d'une autre, l'état (il faut entendre par là l'état supposé ou allégué) soit de la partie corporelle de la constitution de celui qui parle, soit l'état de quelque objet extérieur différent de la partie corporelle. On peut donner comme exemples du premier cas : je suis fatigué, j'ai faim, j'ai soif ; et, du second cas qui concerne un objet extérieur à celui qui parle : cette pomme est mûre, les pommes sont douces, les pommes sont bonnes.
Dans ces deux cas, un objet qui est différent de l'état de mon propre esprit constitue l'objet du discours que je tiens, mais dans aucun des deux ce n'est l'objet immédiat.
Dans les deux cas, l'objet immédiat n'est rien d'autre que l'état de mon propre esprit, une opinion que j'ai conçue relativement à l'objet ou sujet ultérieur.
Dans un cas, c'est une opinion dont l'objet est l'état de mon propre corps. Dans l'autre, il s'agit d'une opinion concernant l'état d'un corps extérieur à mon propre corps.

Essay on Language, B, vol. VIII, p. 330.

PROPOSITION

Si l'objet de la parole est la communication de la pensée, cette communication suppose au moins une proposition entière. Ce n'est pas le mot qui est premier logiquement et chronologiquement mais la proposition. Le sens d'une proposition ne vient pas d'un assemblage de mots-atomes, comme le prétendent les logiciens, c'est plutôt le sens de chaque mot qui est dépendant du sens de la proposition entière : « Tout mot, pour être rendu intelligible, doit être représenté comme une partie de quelque assertion ou proposition » (B, vol. VIII, p. 333). Les mots ne sont en effet que des fragments de cette totalité (*integer*) à partir de laquelle il est seul possible de définir leur sens. « Un mot est à une proposition ce qu'une lettre est à un mot» (B, vol. VIII, p. 186). Les mots ne sont pas des éléments primitifs du langage, ils proviennent en réalité d'un lent et progressif travail d'abstraction et d'un raffinement de plus en plus poussé dans l'analyse. La langue dans son état premier est décrite comme étant composée de propositions élémentaires exprimant des sensations et des sentiments rudimentaires. Ces propositions destinées à communiquer d'abord des événements corporels tels que le plaisir et la douleur n'ont pu être formulées que par le truchement de mots isolés, et en particulier d'interjections. Mais ces mots ne doivent pas tromper : ils témoignent non de la primauté de l'élément sur l'entier, comme beaucoup le croient, mais de l'antériorité des propositions de type *monoépique* – composé d'un seul mot – sur celles du type *polyépique* – qui en réclament plusieurs. Le développement a consisté en une fragmentation progressive de ces propositions monoépiques.

Bentham insiste à plusieurs reprises sur la non-correspondance entre le nombre de mots que contient la phrase et les parties logiques de la proposition pour rendre compte de la justification logique et chronologique de la primauté du tout sur le fragment. La phrase est dite déficiente, adéquate ou excédentaire selon le degré de correspondance entre parties logiques et nombre de mots. L'enjeu n'est pas seulement descriptif et typologique : il est théorique, car il lui faut conjoindre l'idée d'une totalité qui préexiste à ses composants – le langage étant communication d'un certain état mental qui constitue une totalité de sens – et la représentation historique d'une décomposition progressive des mots isolés, qui constituaient à eux seuls au départ des propositions complètes, en mots de plus en plus nombreux. Au début était la proposition supportée par un mot unique : l'interjection est comprise comme un vestige de cette langue primitive. A rebours, l'ellipse témoigne des possibilités maintenues d'abréviation des propositions dans les langues développées, les propositions pouvant s'exprimer dans un nombre réduit de termes puisque les mots absents peuvent toujours être suggérés par le contexte. L'ellipse, dit Bentham, « ne fait aucun trou dans le sens lorsque le sens des mots omis est suggéré par la nature du sujet ou le contexte, c'est-à-dire par les mots dont les propositions qui l'entourent sont composées » (B, vol. VIII, p. 188).

Cette analyse de la proposition a un lien direct avec l'existence des fictions. Selon Bentham, on ne s'est pas aperçu dans les écoles de logique que tous les mots n'avaient de sens que d'après le contexte dans lequel ils se trouvaient placés et non en eux-mêmes. Or, au cours de ce processus analytique qui développe la langue et fait progresser l'entendement humain pour répondre aux besoins pratiques, les entités fictives n'ont cessé de se multiplier, comme l'évolution du droit ou des sciences en donne l'exemple. Pour ne pas s'égarer dans le « labyrinthe » des mots et ne pas subir la « tyrannie » du langage, il est essentiel de toujours définir contextuellement les noms d'entités fictives par la méthode de la paraphrase (cf. *paraphrase*, p. 210).

La modernité de cet aspect de la théorie des fictions a été remarquée et examinée de près par plusieurs auteurs. Dans *Theories and Things* (1982), Quine retient spécialement cet aspect de la théorie benthamienne et n'hésite pas à en faire l'un des tournants majeurs de l'empirisme moderne qui anticipe la théorie russellienne de la définition contextuelle et, plus généralement, tout le virage linguistique de la théorie contemporaine (cf. Dossier, Willard V. O. Quine, p. 269). Ce rapport entre Bentham et Russell avait été déjà établi par J.-A. Miller en 1973, dans son texte intitulé *La Machine panoptique de Jeremy Bentham*. Il a été depuis développé dans plusieurs textes auxquels on pourra se reporter (le livre de R. Harrison, les articles de J. Bouveresse et de M.-A. Soubbotnik cités en bibliographie).

TEXTE 13

Le seul objet de la parole que l'on considère le plus immédiatement et le seul universellement, quels que soient la correction, l'extension et l'avancement de la pensée, dont les conséquences sont prodigieuses, reste cependant la communication de la pensée.

Mais il ne peut y avoir de communication par rien de moins qu'une proposition entière, par rien de moins que le sens d'une proposition entière.

Dans le langage donc, le *tout* que l'on doit rechercher est une proposition entière, ce que les logiciens veulent signifier en parlant d'une proposition logique. Aucune partie du discours, pas même celle qui est la plus significative, n'est guère plus qu'un fragment de ce *tout*. A ce propos, dans l'appellation composée de *partie du discours*, le mot *partie* est instructif. On peut estimer que ce mot transmet un avertissement quant à ce tout dont elle est une partie. Un mot est à une proposition ce qu'une lettre est à un mot.

Une phrase – au sens où l'entendent les grammairiens – peut contenir la matière d'une seule ou de plusieurs propositions. Souvent le sens d'une proposition entière est exprimé par un mot unique. Le cas où cela se produit, si tout le sens n'est pas formé par modification, est celui dans lequel se produit ce que les grammairiens appellent une *ellipse*, une omission des mots dont les significations doivent être présentes à l'esprit au moment même où elle se produit.

Le test de l'existence d'une ellipse ou de toute autre omission est le suivant : il faut veiller aux mots dont on peut supposer, bien que les termes eux-mêmes ne soient pas insérés, que celui qui parle a voulu transmettre la signification. Si tel est bien le cas, il apparaîtra alors que l'insertion de ces mots ne produit aucune addition de sens.

Une ellipse ne produit aucun trou dans le sens lorsque le sens des mots omis est suggéré par la nature du sujet ou le contexte, c'est-à-dire par les mots dont les propositions qui l'entourent sont composées.

Universal Grammar, B, vol. VIII, p. 188.

PRÉDICATION

« Dans sa plus simple acception, une proposition affirme l'existence d'une qualité dans un sujet. » Cette opération prédicative suppose un sujet, une copule et un prédicat, qui sont sinon présents par des mots qui correspondent à ces parties logiques, du moins suggérés par un contexte. Par contre, tout mot excédentaire pourra être considéré comme constituant à lui seul une proposition elliptique, de sorte que l'on aura alors affaire à une proposition complexe (B, vol. VIII, p. 186).

Le sujet de la proposition est soit le nom d'une entité réelle, soit celui d'une entité fictive. L'adjectif est le nom d'une qualité, c'est-à-dire d'une entité fictive. La copule indique que, selon l'opinion du locuteur, la qualité existe dans le sujet (B, vol. VIII, p 189). Bentham soutient à ce propos que les logiciens qui ne veulent voir dans la structure de la proposition que trois constituants – le signe du sujet, celui de la qualité et celui de la relation – en oublient en réalité un quatrième, qui est celui de l'existence de la relation, et plus précisément de l'*inhérence*. L'oubli ou l'effacement de la relation est manifeste, non seulement dans le cas de l'adjectif, mais aussi dans celui du verbe. Cette opération prédicative, décrite par Bentham, est l'opération même de la fiction comme mode de représentation, laquelle conduit obligatoirement à parler des différentes entités de façon indistincte et, surtout, à les faire apparaître comme s'interpénétrant sur le plan du réel.

TEXTE 14

Cette pomme est mûre. Les pommes sont douces. Une pomme est une entité réelle. En disant que la pomme existe, j'exprime une opinion quant à l'existence d'une entité réelle. Mais lorsque je dis que cette pomme est mûre, quelle est l'existence à propos de laquelle j'exprime une opinion, en sus de celle que j'exprime quant à l'existence de la pomme elle-même ?

→

C'est une opinion sur l'existence de la qualité de maturité dans la pomme. Mais la qualité de maturité est-elle une entité réelle ? Cette qualité, ou n'importe quelle qualité, différente des pommes et de toute autre chose qui en serait susceptible, a-t-elle une existence séparée ? S'il n'y avait aucune autre pomme au monde que celle que j'ai dans la main, cette pomme n'en aurait pas moins de l'existence. Mais s'il n'y avait rien au monde qui fût susceptible d'être mûr, où serait donc la qualité de maturité ? Nulle part.

En disant « cette pomme est mûre », qu'est-ce-que j'affirme ? J'affirme que dans cette pomme se trouve la qualité de maturité. Les deux expressions sont équivalentes. Mais dans l'assertion : « dans cette pomme se trouve la qualité de maturité », quelle est l'image que je mets au jour ? Celle selon laquelle la pomme est un réceptacle et que, dans ce réceptacle, est logée la qualité de maturité, l'entité imaginaire, l'entité fictive appelée une qualité, car telle est la signification de la préposition *dans*. En témoigne la pomme que je suis supposé avoir dans ma propre main, en témoigne encore la plume qu'en ce moment même je tiens réellement dans la main.

Ainsi donc, dans l'usage que l'on fait du langage, au tout premier pas que l'on peut faire dans le champ du langage, dans le cas le plus simple ou presque le plus simple d'emploi du langage, la fiction devient une ressource nécessaire.

Et dès qu'on effectue les premiers pas dans la recherche d'une explication claire de la nature du langage, il faut tout de suite indiquer la distinction nécessaire entre les entités réelles et les entités fictives, et la distinction correspondante entre les noms des entités réelles et les noms des entités fictives.

Essay on language, B, vol. VIII, p. 330-331.

SENS, SIGNIFICATION, PORTÉE
(*sense*, *meaning*, *import*, *archetype*, *signification*)

La théorie du langage de Bentham implique que le sens soit défini dans un contexte et dans un usage, comme une activité. Pour désigner le sens d'un mot, Bentham utilise des termes différents. Il emploie parfois le terme de *sense*, qui indique le signifié du mot dans un sens relativement fixe et déterminé. Le terme *meaning* est déjà beaucoup plus dynamique et renvoie à l'intention de transmission d'une volonté, d'un sentiment, d'un intérêt, c'est-à-dire d'éléments de la faculté active de l'esprit. Mais beaucoup plus souvent il emploie celui d'*import*, auquel le français ne permet pas de donner une traduction spécifique. Nous nous sommes vus obligés de le rendre par *signification*, qui fait perdre cependant beaucoup. Le traduire par *portée* aurait permis de conserver certains contenus du mot anglais, mais il convient mal en de nombreuses occasions, en particulier lorsqu'il est plus immédiatement utilisé comme simple synonyme de *sens*.

Le terme d'*import* est particulièrement riche dans la langue anglaise, et il contient en outre des implications doctrinales chez Bentham d'une très grande importance. C'est un terme essentiellement dynamique, ne serait-ce que par l'idée de déplacement d'un bien ou d'une valeur qu'il contient. *Import* ne dit pas platement le seul *sens* comme élément d'une représentation : c'est le mot qui dit en plus comment opère le discours, ce qu'il est capable de produire dans le réel, et comment et pourquoi il convient de peser chacun des outils linguistiques disponibles pour en mesurer la portée. Il est d'ailleurs un parfait exemple de lui-même à cet égard.

C'est un mot d'abord qui est un bon exemple du parallélisme entre langue matérielle et langue immatérielle cher à Bentham, qui ne manque pas d'ailleurs de souligner que l'on parle des significations et des informations qui circulent entre les esprits, grâce aux mots, comme de marchandises échangées entre pays (*imports* en anglais). Il emploie d'ailleurs systématiquement les termes aux connotations les plus physiques pour décrire la circulation du sens, comme ceux de *conveyance*, de *convey*, de *transport*. Les mots convoient ou charrient du sens qui est comme transporté ou importé d'un esprit dans un autre. La réflexion sur le langage comme *véhicule* était déjà très présente à l'esprit de John Horne Tooke, qui soulignait que les mots des langues développées sont au langage ce que sont les roues aux moyens de transport (*wheels of language*).

On notera à ce propos le constant parallèle que fait Bentham entre langage et monnaie. Le rapport en lui-même est une composante de l'*épistémê* classiquc. Tous les mots qui ont rapport de près où de loin avec l'intérêt ou le désir, tous les termes de la langue des passions, du droit et de la politique, ont un *support* qui est celui du plaisir et de la douleur, exactement comme la valeur économique a son support dans le travail et la peine selon Smith. Le but de *A Table of the Springs of Action*, par exemple, est de montrer dans « la chaîne entière, la relation de chaque maillon au *support* commun, et, de là, à tout le reste ». Mais Bentham, tout à fait dans le fil de la doctrine économique de Smith, dépasse la seule dichotomie représentative du réel et du nominal (ou fictif). La monnaie et le langage sont, d'une part, les grandes « roues de la circulation » de la valeur et du sens. Mais l'argent intervient, d'autre part, plus directement dans le réel quand il se transforme en capital dans la production des richesses ; la fiction du langage, elle aussi, est pensée comme un outil de production de la pensée et, partant, de l'efficacité pratique, comme un capital accumulé de mots et d'idées (*stock of language*).

La communication est encore analysée comme un *rapport* (*report*), terme qui comporte bien l'idée de déplacement ainsi que la notion de l'écart et du retard de la parole sur la situation ou sur l'événement (Bentham a produit une analyse de la presse qui s'appuie sur cette théorie du *report*). Communiquer, c'est reporter de la signification d'un esprit dans un autre. Cette portée du terme renvoie donc au commerce humain dans ses différentes dimensions.

Import renvoie aussi à la notion de contenu. Un mot, dont l'image matérielle est le réceptacle, porte un et, le plus souvent, plusieurs contenus de significations que l'analyse doit porter au jour de façon exhaustive, en mettant en évidence et en scrutant les usages multiples du terme dans des propositions différentes. Si le sens d'un mot dépend de la proposition dans laquelle il opère, réciproquement tout mot porte avec lui, dans ses plis, de façon plus ou moins implicite, les significations qu'il prend ou qu'il a pris dans les usages multiples qui en ont été faits dans les diverses propositions où il s'est trouvé employé. Cette mise au jour est d'autant plus nécessaire que Bentham part toujours du défaut des mots de n'avoir pas une idée fixe et claire qui leur soit à chacun définitivement attachée. Il y a donc, si l'on peut faire un jeu de mots, des *importations clandestines* de significations qui sont charriées dans la plupart des mots et des propositions. C'est le principe des distinctions entre les mots *eulogistiques*, *dyslogistiques* et *neutres*, un mot contenant et supportant à lui seul un jugement implicite. C'est aussi, très largement, celui de l'*influence* entre les individus, entre les classes, ou entre le souverain et les sujets. L'*influence* que l'on exerce sur autrui, l'action sur sa volonté, se fait par la pénétration dans l'esprit de *flux* de significations qui sont plus ou moins contrôlés. De là l'importance de l'*exposition* du mot et de la proposition, permettant de drainer et d'épuiser leurs contenus et leurs implications.

Les contenus des signes s'étagent aussi selon les dérives qui les ont éloignés de leurs racines dans des entités réelles. La distance prise avec ce réel peut tenir au fait que plusieurs systèmes de signes peuvent se rapporter les uns aux autres. Bentham, pour désigner ce rapport, se sert de la distinction du type et de l'archétype (cf. *supra*, p. 120 *sq.*). Les signes sont signes d'autres signes, mais savoir lesquels sont les signes des autres dépend des usages et de l'importance, dans une circonstance précise, que l'on attribue à l'un ou l'autre ordre. Il y a un archétype fondamental, un sens ultime, à chercher dans le réel.

Import est directement lié en anglais à *importance*. L'*importance* est la qualité de l'*import*, ce qui renvoie à l'idée de force et de poids d'un mot et d'une proposition. Le terme est pris dans le sens de l'efficace qu'il a sur le destinataire et parfois sur le locuteur lui-même. Les mots doivent être en quelque sorte pesés et examinés comme les outils qui produisent tantôt un effet trompeur voulu ou non voulu, par déguisement des intérêts ou par simple faiblesse intellectuelle des utilisateurs, tantôt un effet bénéfique, la plupart du temps à la suite d'un contrôle de leur effet réel. L'utilitarisme apparaît alors comme un questionnement généralisé des outils linguistiques disponibles et une volonté de mesure systématique de leurs effets (cf. Dossier, J. Lacan, p. 269).

TEXTE 15

La signification des mots (*the import of words*)

La signification des mots : dans cette courte expression, on trouvera en vérité le sujet, le seul sujet [*de la logique aristotélicienne*]. Il s'agit de savoir de quelle manière la signification de tel ou tel mot s'accorde ou non avec la signification de tel autre. A ce propos, une notion, et une notion erronée, une proposition, et une proposition fausse, était continuellement présente : c'est celle qui consiste à penser que chaque mot avait une signification qui lui était inhérente naturellement, que la connexion entre le signe et la chose signifiée était entièrement une œuvre de la nature.

Ce qui est désormais très généralement et en même temps très clairement compris est que la connexion entre un mot et sa signification est entièrement arbitraire, qu'elle est le résultat d'une convention tacite et d'un usage très ancien ; et la simple preuve de la vérité de cette proposition réside dans l'infinie diversité des langues, dans l'infinie multitude des signes que l'on voit représenter, dans les différentes langues, le même objet. Le cas est le suivant : les connexions entre ces signes et les choses, signes employés respectivement pour signifier et représenter à l'esprit les choses, sont si étroitement connectées par l'habitude qu'à l'époque d'Aristote, les hommes n'avaient pas suffisamment appris à les distinguer les uns des autres ; une conséquence et, de ce fait, une preuve de cette incapacité était leur aptitude, à chaque fois qu'ils considéraient un mot qui, dans sa forme grammaticale, passait pour le nom d'une chose (cette forme étant celle qui a été donnée aux mots qui étaient en réalité et en vérité les noms respectifs de choses), à inférer l'existence d'une sorte particulière de chose réelle correspondant à ce mot, l'observation n'ayant pas encore été faite que les buts poursuivis par le commerce humain ne pouvaient en aucun cas être atteints à moins d'ajouter aux mots qui sont des noms d'entités réelles un vaste composé [*mixture*] de mots qui ne sont qu'autant de noms d'autant d'entités purement fictives.

Essay on Logic, B, vol. VIII, p. 238-239.

LANGAGE **(formes, usages, propriétés)**

Formes

Bentham distingue deux formes principales du langage : la forme audible, la parole, et la forme visible, l'écriture. Le langage étant une collection de signes, ces deux formes correspondent à deux types de signes : les signes évanescents et les signes permanents. Le premier type est celui que l'on trouve seul dans la langue en son état primitif, le second type apparaît progressivement et caractérise les langues les plus avancées. Les signes visibles permanents sont des signes de second rang, signes des signes audibles dans la plupart des langues, à l'exception toutefois des langues chinoise et japonaise. Bentham signale que l'ingéniosité technique a permis l'invention d'un type nouveau de signes : les signes tactiles à l'usage des aveugles.

De même que les mots sont des fragments issus d'un processus d'analyse des propositions entières, les lettres sont le produit d'une fragmentation des mots.

Toujours attentif aux mots employés, Bentham ne manque pas de souligner en plusieurs endroits combien les termes utilisés pour désigner les différents types de signes sont inappropriés : langage et langue renvoient étymologiquement aux seuls signes audibles (*lingua*). L'effacement des signes écrits par cette dénomination n'est pas sans rapport avec la conception étroite et partielle des usages de la langue et des relations entre langage et pensée.

Usages et fonctions

Bentham distingue deux usages du langage, l'usage transitif et l'usage intransitif (B, vol. VIII, p. 228), appelés ailleurs l'usage social et l'usage solitaire, ou encore l'usage extrospectif et l'usage introspectif. L'usage transitif (social ou extrospectif) correspond à la fonction de véhicule et de communication de la pensée. C'est l'usage primitif, originaire, correspondant au besoin de relation sociale auquel le langage doit son existence sous la forme audible. L'usage intransitif (solitaire ou introspectif) correspond à la fonction de formation de la pensée elle-même. L'opposition des deux fonctions est toute relative puisque la formation de la pensée d'un individu et, plus encore, l'avancement de la pensée à l'échelle collective et historique, sont au service de fins sociales. Cet usage intransitif a été moins remarqué que l'usage transitif. Cela est lié à l'utilisation des termes de « langue » et de « langage » qui renvoie plutôt à la fonction transitive. Pourtant, nous dit Bentham, l'usage intransitif est d'une très grande importance car le langage est « un instrument employé dans la création et la fixation de la pensée elle-même » (B, vol. VIII, p. 229).

La distinction entre les deux fonctions faite par Bentham lui permet de rompre avec la définition unilatérale, la plus courante de son temps, qui ne voyait dans le langage qu'un support plus ou moins déformant de la pensée. Le langage, spécialement dans sa fonction intransitive, apparaît comme un facteur décisif dans le surgissement et dans l'élaboration des idées. Toutes les facultés mentales et intellectuelles que l'on peut distinguer utilisent le langage. En ce sens, celui-ci est défini comme « source aussi bien que comme régulateur des pensées » (B, vol. VIII, p. 229). Bentham va d'abord accorder une place importante au rôle des mots comme fixateurs des idées, comme « ancres ». Les signes assurent tous, quel que soit leur type, une détermination et une permanence à la matière de la pensée, qui ne serait autrement que nuage éphémère. Si le rythme et la rime dans la poésie donnent aux signes audibles un certain degré de permanence, ce sont surtout les signes visibles de l'écriture qui jouent le rôle primordial dans cet ancrage (transmission de l'écrit, accumulation des textes, fixation du rapport entre le mot et l'idée). L'écriture joue un rôle décisif dans le domaine juridique (cf. *nomographie*, p. 227). Grâce à son inscription durable par les signes, cette pensée peut avancer par le retour sur elle-même. C'est là, selon Bentham, la plus grande supériorité de l'homme sur l'animal (B, vol. VIII, p. 229). Cette possibilité offerte à la méditation, fonction distincte de la communication, est évolutive puisqu'elle dépend de l'usage plus ou moins étendu de l'écriture ainsi que de ses propriétés.

TEXTE 16

Il n'existe pas de position sociale, aussi humble soit-elle, dans laquelle le bien-être de quelqu'un ne dépende plus ou moins, d'une façon ou d'une autre, du degré de connaissance et de maîtrise qu'il a de sa propre langue, de la langue dans laquelle non seulement il converse mais il pense. Le langage n'étant pas seulement l'instrument du discours mais aussi celui de la pensée, le capital (*stock*) de ses idées est limité par celui des mots qu'il a à sa disposition pour exprimer ses idées.

Essay on Language, B, vol. VIII, p. 319.

Propriétés

Comme tout instrument fabriqué par l'être humain, la langue ne vaut qu'à proportion des qualités qu'il attend d'elle. Bentham attribue un très grand rôle à la précision et à l'exhaustivité qui définissent, selon Condillac, une « langue bien faite », tout particulièrement en matière juridique et politique. S'il suit largement Condillac sur l'importance de la facture de la langue, il se particularise en vantant le génie de l'anglais, langue la plus apte à réunir les qualités exigées par la pratique. Ces qualités sont elles-mêmes référées aux principaux usages de l'outil linguistique : son emploi, son apprentissage et son enseignement, ses possibilités d'amélioration.

Bentham distingue trois classes de propriétés de la langue :
– les propriétés relatives à la transmission de l'information (*information-regarding class*) : clarté, correction, richesse, exhaustivité, non-redondance, concision ;
– celles relatives au caractère national de la langue (*nation-regarding class*) : facilité de prononciation, caractère mélodieux, enseignabilité, perfectibilité, ornementabilité ;

– celles relatives à l'intention de la communication (*purpose-regarding class*) : force, dignité, capacité d'émouvoir (B, vol. VIII, p. 204).

Toutes ces qualités désirables ne sont pas équivalentes du point de vue de la recherche du bonheur. En premier lieu vient l'abondance des termes qui permet d'englober et de maîtriser le maximum d'éléments susceptibles d'affecter la somme totale de bonheur ; puis la clarté, le caractère imposant (*impressiveness*), la simplicité et la concision ; en dernier lieu, l'aspect mélodieux et la facilité de prononciation (B, vol. VIII, p. 310-311).

NÉOLOGISMES

Dans la nomographie benthamienne, les néologismes occupent une place très importante, puisque c'est souvent par eux seuls que l'on peut parvenir à cette clarté, à cette précision et à cette exhaustivité qui sont les qualités requises pour la langue juridique et la langue politique. L'invention verbale est justifiée par l'interdépendance entre idées nouvelles et mots nouveaux : « Celui qui, dans n'importe quelle branche des arts et des sciences, y compris l'éthique, est résolu à ne pas avoir affaire aux mots nouveaux, se résout par cette même résolution à se confiner lui-même au capital existant d'idées et d'opinions, aussi grand que soit le degré d'incorrection, d'imperfection, d'erreur et de nuisance que peuvent impliquer ces idées et ces opinions » (B, vol. VIII, p 127, note).

La révision du langage en général et du droit en particulier est toujours considérée par Bentham comme l'une des conditions indispensables de la maximisation du bonheur du plus grand nombre (B, vol. III, p. 271). C'est l'utilité qui doit donc commander l'invention des mots selon un postulat ainsi formulé : « Postulat : que tous les mots nouveaux et phrases nouvelles nécessaires à la substitution de la vérité à l'erreur, de la clarté à l'obscurité ou à l'ambiguïté, de la concision à la verbosité, soient forgés, énoncés, acceptés. Que la frappe du plus grand bonheur, la frappe de la raison et de l'utilité soit celle qui les forge » (B, vol. III, p. 271).

Suivent quelques exemples de néologismes créés par Bentham.

Droit international

International est un mot forgé par Bentham pour remplacer l'ancienne expression juridique de *droit des gens* (en anglais, *law of nations*) par celle de *droit international*. C'est évidemment l'un des néologismes qui a connu le plus de réussite. Dans une note de *An Introduction to the Principles of Morals and Legislation* (chap. XIX, § 25), ouvrage rédigé vers 1780, Bentham explique pourquoi il lui est apparu nécessaire de créer ce terme nouveau : « Ce mot est calculé pour exprimer, d'une manière plus significative, la branche du droit que l'on appelle ordinairement le *droit des gens*, une appellation si peu caractéristique que, n'était la force de la coutume, elle semblerait se rapporter plutôt à la jurisprudence interne. »

Le mot correspond en effet aux souhaits toujours affirmés par Bentham de précision, de correction, de clarté, puisqu'il s'agit de qualifier sans ambiguïté possible cette partie du droit qui concerne les relations entre les nations.

Déontologie

Autre mot inventé par Bentham pour désigner l'une des deux branches de l'éthique. Celle-ci comprend en effet deux parties, que Bentham, à la suite de Hume, entend nettement distinguer : celle qui expose ce qui est et celle qui énonce ce qui doit être. L'invention du mot *déontologie* est destinée à inscrire dans la langue cette distinction. Le mot est forgé à partir du verbe grec *to deon*, devoir être, en opposition au verbe *to on* qui a le sens d'être (B, vol. V, p. 389). Cette branche de l'éthique a pour objet d'apprendre ou de montrer les moyens dont dispose un individu, que l'on considère en cette occasion séparé des autres, pour augmenter son stock de bonheur.

La vertu et le vice sont deux entités fictives indispensables de la déontologie (D, p. 126).

Panoptique ou panopticon

Le terme désigne à la fois le principe qui sert à édifier une prison modèle et l'édifice lui-même. Pouvoir tout voir à tout instant est le ressort de ce dispositif qui peut être étendu à une très grande diversité d'institutions. Œuf de Christophe Colomb des disciplines modernes, selon Michel Foucault (cf. Dossier, p. 263), le principe panoptique est celui qui commande aussi l'édification de l'État et des organes représentatifs dans la théorie benthamienne de la démocratie telle qu'elle est exposée dans le *Constitutional Code*.

Pannomion

Ce terme désigne le corps complet de législation que cherche à bâtir Bentham et pour la rédaction duquel il a entrepris l'élaboration de sa théorie du langage et des fictions. A noter que la notion du *Pannomion* dépend de la théorie juridique qui veut qu'une loi ne puisse jamais se déclarer ou s'analyser sans tenir compte du système complet du droit.

A de nombreuses reprises, Bentham souligne qu'une loi ne s'exerce jamais seule : « En situation d'isolement, une loi est inopérante : pour produire l'effet désiré, elle doit s'appuyer sur et être renforcée par une autre loi qui, à son tour, réclame l'assistance d'autres lois » (B, vol II, p. 199).

Dossier de textes

John Stuart Mill

De la classification par séries

Bien qu'on ne trouve jusqu'à présent que dans les classements scientifiques de la nature organique une application complète des vrais principes de classification rationnelle, soit pour la formation des groupes, soit pour celle d'une série, ces principes doivent régir tous les cas où il s'agit de coordonner mentalement les différentes parties d'un vaste sujet. Ils sont aussi bien de rigueur pour les classements faits en vue d'un art ou des affaires que pour la science pure. L'arrangement convenable d'un code de lois, par exemple, est soumis aux mêmes conditions scientifiques que les classifications de l'histoire naturelle ; et il n'y aurait pas de meilleure préparation pour cet important travail que l'étude des principes d'un arrangement naturel, non seulement à un point de vue abstrait, mais dans leur application actuelle à la classe des phénomènes pour laquelle ils ont été d'abord élaborés, et qui est encore la meilleure école où l'on puisse en apprendre l'usage. C'est ce que savait parfaitement la grande autorité en matière de codification, J. Bentham ; et son premier *Fragment sur le gouvernement*, admirable introduction à une série d'écrits sans rivaux dans leur spécialité, contient sur ce point des aperçus aussi lumineux que justes, qui n'auraient guère pu se présenter à l'esprit de personne avant l'époque de Linné et de Bernard de Jussieu.

Système de logique, liv. IV, chap. VIII, § 5, p. 292-293 (trad. L. Peisse, Paris, Librairie philosophique de Ladrange, 1866 ; réédition P. Mardaga, Liège-Bruxelles, 1988).

Les variations du sens des mots

La connotation additionnelle qu'un mot prend le plus vite et le plus facilement est donc celle du plaisir ou de la peine, de toute nature et à tous les degrés, celle d'être une chose bonne ou mauvaise, à désirer ou à éviter ; d'être un objet de haine, de crainte, de mépris, d'admiration, d'espérance, d'amour. Ainsi trouverait-on difficilement un seul nom, exprimant un fait moral ou social propre à exciter la sympathie ou l'aversion, qui n'emporte avec lui une connotation de ces fortes impressions, ou tout au moins d'approbation ou de blâme ; de telle sorte que l'emploi de ces noms conjointement avec d'autres qui expriment les sentiments contraires produirait l'effet d'un paradoxe ou même d'une contradiction dans les termes. La funeste influence d'une connotation ainsi acquise sur les habitudes dominantes de l'esprit, surtout en morale et en politique, a été signalée plus d'une fois par Bentham. Elle donne naissance au sophisme « des noms à cercle vicieux ». La propriété même dont il s'agit de reconnaître la présence ou l'absence dans une chose s'est à la longue associée au nom de la chose de manière à constituer une partie de sa signification, de sorte qu'en prononçant seulement le nom on admet la chose en question. C'est là une des sources les plus fréquentes des propositions prétendues évidentes par elles-mêmes.

Système de logique, liv. IV, chap. V, p. 246-247.

Les sophismes par confusion

De toutes les manières de supposer ce qui est à prouver, il n'y en a pas de plus commune que l'emploi de ce que Bentham appelle les « appellations à cercle vicieux » ; de noms qui supposent ce qui est en question, sous le semblant de l'exposer. Les plus puissants de ces noms sont ceux qui ont un caractère de louange ou de blâme, par exemple, en politique, le mot Innovation. Dans l'acception donnée par le dictionnaire, ce terme signifiant simplement « changement en quelque chose de nouveau », il est difficile aux promoteurs de la mesure la plus utile de nier qu'elle est une Innovation ; ce qui, ce mot ayant acquis dans l'usage commun une connotation défavorable, est toujours pris pour un aveu qui discrédite la chose proposée.

Système de logique, liv. V, chap. VII, § 2, p. 404-405.

Karl Marx

Relation d'utilité et rapport d'exploitation

Combien cette théorie de l'exploitation réciproque, que Bentham a développée jusqu'au rabâchage, pouvait, dès le début de ce siècle, être considérée comme une phase du siècle précédent, nous en avons la preuve dans la *Phénoménologie* de Hegel [a]. Vouloir dissoudre l'ensemble des relations diverses entre les hommes dans l'*unique* relation de l'utilité peut paraître une niaiserie, une abstraction métaphysique ; en vérité, celle-ci s'explique par le fait qu'au sein de la société bourgeoise moderne toutes les relations sont pratiquement subordonnées à une seule relation abstraite, celle de la monnaie et du vil trafic. Cette théorie surgit avec Hobbes et Locke, en même temps que la première et la seconde révolution anglaise, ces premiers assauts qui livrèrent à la bourgeoisie le pouvoir politique. Chez les économistes, elle constitue naturellement, dès avant cette période, une hypothèse informulée. La science proprement dite de cette théorie de l'utilité, c'est l'économie politique ; les physiocrates lui donnent son vrai contenu, car ce sont eux qui, les premiers, font la synthèse systématique de l'économie politique. Chez Helvétius et d'Holbach déjà, cette doctrine subit une idéalisation tout à fait conforme au rôle d'opposition que la bourgeoisie française assume avant la Révolution. Chez d'Holbach, toutes les formes d'activité des individus sont expliquées par leur commerce réciproque, comme des rapports d'utilité et d'utilisation, par exemple le langage, l'amour, etc. Par conséquent, les relations réelles que l'on présuppose ici sont le langage, l'amour, telles manifestations de telles facultés des individus. Or, on vient maintenant prétendre que ces relations n'ont pas la signification qui leur est propre, mais qu'elles sont l'expression et la manifestation d'un troisième rapport qu'on leur substitue, le *rapport d'utilité et d'utilisation*. Cette *paraphrase* ne cesse d'être absurde et arbitraire qu'à partir du moment où ces relations, au lieu d'exister pour les individus eux-mêmes comme leur manifestation personnelle, existent au contraire comme des enjolivements, non pas de la catégorie « utilisation » mais d'un troisième but réel, d'une troisième relation réelle, laquelle se nomme « rapport d'utilité ».

Cette mascarade dans le langage n'a de vrai sens que si elle est l'expression, inconsciente ou consciente, d'une mascarade dans la réalité. Dans ce cas, le rapport d'utilité a un sens tout à fait précis, à savoir que je me rends service à moi-même en faisant du tort à autrui (*exploitation de l'homme par l'homme*) ; en l'occurrence, le profit que je tire d'un rapport est complètement étranger à ce rapport même, comme nous l'avons vu plus haut à propos du pouvoir, du *Vermögen* : on exige de chaque « pouvoir » un produit qui lui est étranger, relation imposée par les conditions sociales – et voilà précisément la relation d'utilité. Tout cela est vraiment le cas chez le bourgeois, pour qui un seul rapport a de la valeur en lui-même, le rapport d'exploitation ; tous les autres rapports n'ont de valeur pour lui que dans la mesure où il peut les soumettre à cette seule relation, et même lorsqu'il aperçoit des relations impossibles à subordonner directement au rapport d'exploitation, il les subordonne à celui-ci, tout au moins dans l'illusion. L'expression matérielle de ce profit c'est l'argent, ce représentant de la valeur de toutes choses, de tout homme et de toutes les relations sociales.

(a). Voir *ibidem* le chapitre « Le combat des Lumières et de la superstition », où la théorie de l'utilité est présentée comme l'ultime résultat des Lumières. [Note de Marx.]

L'Idéologie allemande (*Die Deutsche Ideologie*, 1845-1846), in *Œuvres*, III, *Philosophie*, trad. de M. Rubel avec la collaboration de L. Evrard et L. Janover, Paris, Gallimard, coll. « Bibliothèque de la Pléiade », 1982, p. 1297-1298.

Michel Foucault

Le panoptique et la société moderne

Je demande des excuses aux historiens de la philosophie pour cette affirmation, mais je crois que Bentham est plus important pour notre société que Kant ou Hegel. On devrait lui rendre hommage dans chacune de nos sociétés. C'est lui qui a programmé, défini et décrit de la manière la plus précise les formes de pouvoir dans lesquelles nous vivons, et qui a présenté un merveilleux et célèbre petit modèle de cette société de l'orthopédie généralisée : le fameux *panoptique*. Une forme d'architecture qui permet un type de pouvoir de l'esprit sur l'esprit ; une espèce d'institution qui doit valoir pour les écoles, les hôpitaux, les prisons, les maisons de correction, les hospices, les usines.

Le *panoptique* est un édifice en forme d'anneau, au milieu duquel il y a une cour, avec une tour au centre.

L'anneau se divise en petites cellules qui donnent aussi bien sur l'intérieur que sur l'extérieur. Dans chacune de ces petites cellules, il y a, selon le but de l'institution, un enfant travaillant, un prisonnier se corrigeant, un fou actualisant sa folie. Dans la tour centrale, il y a un surveillant. Comme chaque cellule donne à la fois sur l'intérieur et l'extérieur, le regard du surveillant peut traverser toute la cellule ; il n'y a aucun point d'ombre, et, par conséquent, tout ce que fait l'individu est exposé au regard d'un surveillant qui observe à travers les persiennes, les guichets semi-fermés, de façon à pouvoir tout voir, sans que personne, en revanche, ne puisse le voir. Pour Bentham, cette petite et merveilleuse ruse architectonique pouvait être utilisée par une série d'institutions. Le *panoptique* est l'utopie d'une société et d'un type de pouvoir qui est, au fond, la société que nous connaissons actuellement, utopie qui s'est effectivement réalisée. Ce type de pouvoir peut parfaitement recevoir le nom de panoptisme. Nous vivons dans une société où règne le panoptisme.

« La vérité et les formes juridiques » (1974),
in *Dits et Écrits, 1954-1988*, Paris,
Gallimard, 1994, t. II, p. 594.

En fait, je pense avoir trouvé la figure qui rend compte de ce type de pouvoir, de ce système de pouvoir. Une description très juste m'en a été fournie par le panoptique de Bentham. Nous pouvons décrire, de manière très générale, le système par lequel on a exclu la folie aux XVIIe et XVIIIe siècles. A la fin du XVIIIe siècle, la société a instauré un mode de pouvoir qui ne se fondait pas sur l'exclusion – c'est encore le terme que l'on emploie –, mais sur l'inclusion à l'intérieur d'un système dans lequel chacun devait être localisé, surveillé, observé nuit et jour, dans lequel chacun devait être enchaîné à sa propre identité. Vous savez que Bentham a rêvé la prison idéale – c'est-à-dire le type de bâtiment qui pouvait être aussi bien un hôpital qu'une prison, un asile, une école ou une usine : au centre, une tour, entourée de fenêtres, puis un espace vide, et un autre bâtiment circulaire comprenant des cellules percées de fenêtres. Dans chacune de ces cellules, on peut loger, selon les cas, un ouvrier, un fou, un écolier ou un prisonnier. Un seul homme posté dans la tour centrale suffit pour observer très exactement ce qu'à chaque instant les gens font, dans leur petite cellule. Cela, pour Bentham, figure la formule idéale d'enfermement de tous ces individus dans des institutions. J'ai trouvé, en Bentham, le Christophe Colomb de la politique. Je pense que le panoptique représente une sorte de motif mythologique d'un nouveau type de système de pouvoir – celui auquel notre société a recours aujourd'hui.

« Dialogue sur le pouvoir » (1978),
ibidem, t. III, p. 466.

L'extension des méthodes disciplinaires s'inscrit dans un processus historique large : le développement à peu près à la même époque de bien d'autres technologies – agronomiques, industrielles, économiques. Mais il faut le reconnaître : à côté des industries minières, de la chimie naissante, des méthodes de la comptabilité nationale, à côté des hauts fourneaux ou de la machine à vapeur, le panoptisme a été peu célébré. On ne reconnaît guère en lui qu'une bizarre petite utopie, le rêve d'une méchanceté – un peu comme si Bentham avait été le Fourier d'une société policière, dont le Phalanstère aurait eu la forme du Panopticon. Et pourtant on avait là la formule abstraite d'une technologie bien réelle, celle des individus.

Surveiller et Punir,
Paris, Gallimard, 1976, p. 226.

Jacques Lacan

La réversion utilitariste et le symbolique

Ce qui s'est passé au début du XIXe siècle, c'est la conversion, ou réversion, utilitariste. Nous pouvons spécifier ce moment, sans doute tout à fait conditionné historiquement, d'un déclin radical de la fonction du maître, laquelle régit évidemment toute la réflexion aristotélicienne, et détermine sa durée à travers les âges. C'est dans Hegel que nous trouvons exprimée la dévalorisation extrême de la position du maître, puisqu'il fait de celui-ci la grande dupe, le cocu magnifique de l'évolution historique, la vertu du progrès passant par les voies du vaincu, c'est-à-dire de l'esclave, et de son travail. Originellement, dans sa plénitude, le maître, au temps où il existe, à l'époque d'Aristote, est bien autre chose que la fiction hégélienne, qui n'est que comme l'envers, le négatif, le signe de sa disparition. C'est peu de temps avant ce terminus que, dans le sillage d'une certaine révolution affectant les rapports interhumains, se lève la pensée dite utilitariste, laquelle est loin d'être la pure et simple platitude que l'on suppose.

Il ne s'agit pas simplement d'une pensée qui se pose la question de ce qu'il y a comme biens sur le marché à répartir, et de la meilleure répartition de ces biens. Il y a là toute une réflexion dont je dois à M. Jakobson, ici présent, d'avoir trouvé le ressort, la petite chevillette, dans l'indication qu'il m'a donnée de ce que permettrait d'entrevoir un ouvrage de Jeremy Bentham, ordinairement négligé dans le résumé classiquement donné de son œuvre.

Ce personnage est loin de mériter le discrédit, voire le ridicule, dont une certaine critique philosophique pourrait faire état quant à son rôle au cours de l'histoire du progrès éthique. Nous verrons que c'est autour d'une critique philosophique, linguistique à proprement parler, que s'est développé son effort. Il est impossible de bien mesurer ailleurs l'accent mis au cours de cette révolution, sur le terme de réel, qui est opposé chez lui à un terme qui est en anglais celui de *fictitious*.

Fictitious ne veut pas dire illusoire, ni en soi-même trompeur. C'est très loin de pouvoir se traduire par fictif, comme n'a pas manqué de le faire celui qui a été le ressort de son succès sur le continent, à savoir Étienne Dumont, qui a en quelque sorte vulgarisé la doctrine. *Fictitious* veut dire fictif, mais au sens où j'ai déjà articulé devant vous que toute vérité a une structure de fiction.

L'effort de Bentham s'instaure dans la dialectique du rapport du langage avec le réel pour situer le bien – le plaisir en l'occasion, dont nous verrons qu'il l'articule d'une façon toute différente d'Aristote – du côté du réel. Et c'est à l'intérieur de cette opposition entre la fiction et la réalité que vient se placer le mouvement de bascule de l'expérience freudienne.

Une fois opérée la séparation du fictif et du réel, les choses ne se situent pas du tout là où l'on pouvait s'y attendre. Chez Freud, la caractéristique du plaisir, comme dimension de ce qui enchaîne l'homme, se trouve tout entière du côté du fictif. Le fictif, en effet, n'est pas par essence ce qui est trompeur, mais, à proprement parler, ce que nous appelons le symbolique.

Le Séminaire, liv. VII, « L'éthique de la psychanalyse »,
Paris, éd. du Seuil, 1986, p. 21-22.

La pensée de Jeremy Bentham n'est pas la simple continuation de l'élaboration gnoséologique à laquelle toute une lignée s'est exténuée pour réduire le transcendant, le surnaturel d'un progrès soi-disant à élucider de la connaissance. Bentham, comme le montre la *Théorie des fictions* récemment mise en valeur dans son œuvre, est l'homme qui aborde la question au niveau du signifiant.

A propos de toutes les institutions, mais dans ce qu'elles ont de fictif, à savoir de foncièrement verbal, sa recherche est non pas de réduire à rien tous ces droits multiples, incohérents, contradictoires dont la jurisprudence anglaise lui donne l'exemple, mais au contraire, à partir de l'artifice symbolique de ces termes, créateurs de textes eux aussi, de voir ce qu'il y a dans tout cela qui puisse servir à quelque chose, c'est-à-dire à faire justement l'objet du partage. La longue élaboration historique du problème du bien se centre en fin de compte sur la notion de comment sont créés les biens, en tant qu'ils s'organisent non à partir de besoins soi-disant naturels et prédéterminés, mais en tant qu'ils fournissent matière à une répartition, par rapport à quoi s'articule la dialectique du bien, pour autant qu'elle prend son sens effectif pour l'homme.

Le Séminaire, liv. VII, « L'éthique de la psychanalyse »,
Paris, éd. du Seuil, 1986, p. 269.

Ça rate. C'est objectif. J'y ai déjà insisté. C'est même tellement frappant que c'est objectif que c'est là-dessus qu'il faut centrer, dans le discours analytique, ce qu'il en est de l'objet. Le ratage, c'est l'objet.

Je l'ai déjà dit depuis longtemps, le bon et le mauvais objet, en quoi ils diffèrent. Il y a le bon et il y a le mauvais, oh là là ! Justement, aujourd'hui, j'essaie d'en partir, de ce qui a affaire avec le bon, le bien, et de ce qu'énonce Freud. L'objet, c'est un raté. L'essence de l'objet, c'est le ratage.

Vous remarquerez que j'ai parlé de l'essence, tout comme Aristote. Et après ? Ça veut dire que ces vieux mots sont tout à fait utilisables. Dans un temps où je piétinais moins qu'aujourd'hui, c'est à cela que je suis passé tout de suite après Aristote. J'ai dit que, si quelque chose avait un peu aéré l'atmosphère après tout ce piétinement grec autour de l'eudémonisme, c'était bien la découverte de l'utilitarisme.

Ça n'a fait sur les auditeurs que j'avais ni chaud ni froid, parce que l'utilitarisme, ils n'en avaient jamais entendu parler – de sorte qu'ils ne pouvaient pas faire d'erreur, et qu'ils ne pouvaient pas croire que c'était le recours à l'utilitaire. Je leur ai expliqué ce que c'était que l'utilitarisme au niveau de Bentham, c'est-à-dire pas du tout ce qu'on croit, et qu'il faut pour le comprendre lire la *Theory of Fictions*.

L'utilitarisme, ça ne veut pas dire autre chose que ça – les vieux mots, ceux qui servent déjà, c'est à quoi ils servent qu'il faut penser. Rien de plus. Et ne pas s'étonner du résultat quand on s'en sert. On sait à quoi ils servent, à ce qu'il y ait la jouissance qu'il faut. A ceci près que – équivoque entre faillir et falloir – la jouissance qu'il faut est à traduire la jouissance qu'il ne faut pas.

Le Séminaire, liv. XX, « Encore »,
Paris, éd. du Seuil, 1975, p. 55.

Willard V. O. Quine

La leçon copernicienne de Bentham

Durant les deux derniers siècles, l'empirisme a opéré en cinq endroits différents un virage bénéfique. Le premier d'entre eux est le passage des idées aux mots. Le deuxième est le déplacement du foyer sémantique des termes vers les phrases. Le troisième est le déplacement du foyer sémantique des phrases vers les systèmes de phrases. Le quatrième est situé, selon l'expression de Morton White, dans le monisme méthodologique, l'abandon du dualisme analytico-synthétique. Le cinquième est le naturalisme, l'abandon de l'objectif d'une philosophie première avant une science de la nature. J'avancerai en donnant au fur et à mesure plus de précision sur chacun de ces virages.

Le premier a été le déplacement de l'attention des idées aux mots. Ce fut l'adoption dans la théorie de la connaissance [*epistemology*] d'une politique consistant à parler d'expressions linguistiques plutôt que d'idées à chaque fois que possible. Cette politique était naturellement déjà celle poursuivie par les nominalistes médiévaux, mais je pense qu'elle a seulement fait son entrée dans l'empirisme moderne en 1786, quand le philologue

John Horne Tooke écrivit : « La plus grande part de l'essai de M. Locke, en l'occurrence, tout ce qui se rapporte à ce qu'il appelle l'abstraction, la complexité, la généralisation, la relation, etc., des idées, concerne en vérité tout simplement le langage » (p. 32).

L'empirisme britannique était suspendu à la proposition selon laquelle seuls les sens font le sens [*sense makes sense*]. Les idées n'étaient recevables que si elles étaient fondées sur les impressions des sens. Tooke estima pourtant que l'idée *idée* elle-même se montrait bien pauvre mesurée à l'aune des critères empiristes. Traduite dans les termes de Tooke, donc, la proposition de base de l'empirisme britannique semblerait dire que les mots font le sens [*words make sense*] pour autant qu'ils sont définissables en termes sensoriels.

C'est en ce point précis que survient le problème des particules grammaticales : qu'en est-il de nos prépositions, de nos conjonctions, de notre copule ? Elles sont indispensables à la cohérence du discours, mais comment donc les définir en termes sensoriels ? John Horne Tooke adopta ici une direction héroïque en affirmant que les particules étaient des termes concrets ordinaires sous une forme dégénérée. Il proposa des étymologies ingénieuses : « if » venait de « give », « but » venait de « be out ». Cependant cette voie était vaine et désespérée. Si nous avions pu laisser les termes concrets faire tout le travail des particules grammaticales, nous aurions pu le leur faire faire sans attendre les justifications des étymologistes. Mais nous ne le pouvons sûrement pas et il n'y a aucune raison valable de le vouloir, car il y a une autre approche qui surmonte le problème de la définition des particules en termes sensoriels. Il suffit de reconnaître que ce sont des particules *syncatégorématiques*. Elles ne sont pas définissables isolément mais dans un contexte.

Ceci nous mène au deuxième des cinq virages, le passage des termes aux phrases. Les médiévaux avaient la notion des mots syncatégorématiques, mais ce fut un contemporain de John Horne Tooke qui la développa en une théorie explicite de la définition contextuelle, nommément Jeremy Bentham. Il appliqua la définition contextuelle non aux seules particules grammaticales et à leurs semblables mais même à certains termes authentiques, à des termes catégorématiques. Devant un terme qu'il trouvait pratique mais ontologiquement embarrassant, la définition contextuelle lui permettait dans certains cas de continuer de bénéficier des services du terme tout en désavouant sa dénotation. Il pouvait déclarer le terme syncatégorématique, en dépit des apparences, et pouvait ensuite justifier la continuité de son emploi s'il pouvait montrer systématiquement comment paraphraser en tant que totalités toutes les phrases dans lesquelles il choisissait de l'encastrer. Voilà donc ce qu'était sa théorie des fictions [(a)] : ce qu'il appelait paraphrase et que nous appelons maintenant définition contextuelle. Un terme, du même genre que les particules grammaticales, est signicatif comme partie de totalités significatives [*meaningful*]. Si chaque phrase dans laquelle nous utilisons un terme peut toujours être paraphrasée en une autre phrase qui fait du bon sens [*that makes good sense*], il n'y a rien à demander de plus.

Un soulagement pouvait ainsi découler de la doctrine benthamienne de la paraphrase qui profitait à tous ceux qui avaient hérité des hésitations de Locke et de Hume devant les idées abstraites. Reconsidérées dans l'esprit de John Horne Tooke, ces hésitations deviennent des hésitations devant les termes abstraits ; et par la suite, l'approche de Bentham offre l'espoir d'accommoder ces termes, toujours dans certains contextes, sans admettre une ontologie d'objets abstraits. Je suis persuadé que l'on ne peut faire un grand coup de balai sur tous les objets abstraits sans sacrifier beaucoup de la science et, y compris, les mathématiques classiques. Mais on peut cependant poursuivre ces visées nominalistes bien au-delà de ce qui a pu être conçu avant Bentham et Tooke.

La définition contextuelle précipita une révolution en sémantique : moins soudaine peut-être que la révolution copernicienne en astronomie mais semblable par le décentrement qu'elle constitue. Le véhicule premier de la signification n'est plus conçu comme étant le mot mais la phrase. Les termes tels que les particules grammaticales signifient par leur contribution à la signification des phrases qui les contiennent. L'héliocentrisme promu par Copernic n'était pas évident, et cette révolution non plus. Elle n'est pas évidente parce que nous comprenons en grande partie les phrases seulement par la construction de mots qui sont compris. Il en est nécessairement ainsi car les phrases sont potentiellement infinies en variété. Nous apprenons quelques mots isolés, en fait comme des phrases d'un seul mot ; nous apprenons davantage de mots en contexte, en apprenant de courtes phrases variées qui les contiennent ; et nous comprenons davantage de phrases par construction à partir de mots appris de cette façon. Si la langue que nous apprenons ainsi est par la suite compilée, le manuel que l'on obtiendra consistera en très grande partie nécessairement en un dictionnaire de mot-à-mot, qui obscurcit par là même le fait que les significations des mots sont des abstractions des conditions de vérité des phrases qui les contiennent.

Ce fut la reconnaissance de cette primauté sémantique de la phrase qui nous donna la définition contextuelle et *vice versa*. J'ai attribué cela à Bentham. Des générations plus tard, nous trouvons Frege célébrant la primauté sémantique des phrases, et Russell donnant à la définition contextuelle sa plus complète exploitation en logique technique. Mais la contribution de Bentham n'est pas restée sans effet durant tout ce temps. Au cours du XIXe siècle, émergea une pratique dans le calcul différentiel consistant à utiliser des opérateurs différentiels comme des coefficients simulés tout en reconnaissant que les opérateurs n'étaient réellement intelligibles que comme des fragments de termes plus grands. Ce fut cet usage, en réalité, plus que les écrits de Bentham qui inspirèrent directement les définitions contextuelles de Russell [(b)].

En conséquence de ce déplacement d'attention du terme à la phrase, la théorie de la connaissance [*epistemology*] devint au XXe siècle une critique non pas d'abord des concepts mais des vérités et des croyances. La théorie de la signification fondée sur la vérification qui domina le cercle de Vienne s'intéressait plus à la signification, et à ce qu'elle est, qu'aux mots. Les philosophes anglais du langage ordinaire ont, eux aussi, dirigé leurs analyses vers les phrases plutôt que vers les mots, en accord avec l'exemple montré à la fois par le premier et le dernier ouvrage de leur mentor Wittgenstein. La leçon de Bentham, à la fin des fins, a pénétré et a entièrement envahi la théorie de la connaissance [*epistemology*].

(a). Voyez Ogden. [Quine se réfère à la *Bentham's Theory of Fictions* éditée en 1932 par Ogden.]

(b). Voyez Whitehead et Russell, 2e éd., p. 24. [Il s'agit évidemment d'une référence aux *Principia Mathematica*, Cambridge University Press, 1935.]

« Cinq étapes de l'empirisme » (« *Five Milestones of Empiricism* »), in *Theories and Things*,
reproduit avec l'aimable autorisation de l'éditeur,

Bibliographie

I. Œuvres de Jeremy Bentham

En anglais

La première collection (incomplète) des écrits se trouve dans *Works of Jeremy Bentham*, éd. John Bowring, 11 vol., Edimbourg, 1838-1843.

Des 65 volumes prévus pour la nouvelle édition des œuvres de Bentham, intitulée *The Collected Works of Jeremy Bentham*, une vingtaine ont déjà paru. Parmi ceux-ci, on s'est spécialement reporté dans le présent travail aux volumes suivants :

A Comment on the Commentaries and a Fragment on Government, éd. J. H. Burns et H. L. A. Hart, The Athlone Press, 1977.

An Introduction to the Principles of Morals and Legislation, éd. Harrison, Blackwell, Oxford, 1967 ; éd. J. H. Burns et H. L. A. Hart, The Athlone Press, 1970 ; nouv. éd. Oxford University Press, introduction de F. Rosen, 1996.

Of Laws in General, éd. H. L. A. Hart, The Athlone Press, 1970.

Deontology together with a Table of the Springs of Action and Article on Utilitarianism, éd. Amnon Goldworth, Oxford, Clarendon Press, 1983.

Chrestomathia, éd. M. J. Smith et W. H. Burston, Oxford, Clarendon Press, 1983.

Constitutional Code, vol. I, éd. F. Rosen et J. H. Burns, Oxford, Clarendon Press, 1983.

First Principles preparatory to Constitutional Code, éd. Philip Schofield, Oxford, Clarendon Press, 1989.

Securities against Misrule and other Constitutional Writings for Tripoli and Greece, éd. Philip Schofield, Oxford, Clarendon Press, 1990.

Official Aptitude Maximized ; Expense minimized, éd. Philip Schofield, Oxford, Clarendon Press, 1993.

Colonies, Commerce and Constitutional Law : Rid Yourselves of Ultramaria and other writings on Spain and Spanish America, éd. Philip Schofield, Oxford, Clarendon Press, 1995.

Les écrits économiques ont été réunis dans *Jeremy Bentham's Economic Writings*, éd. W. Stark, 3 vol., Londres, 1952, 1954.

Bentham's Theory of Fictions, éd. C. K. Ogden, New York, Brace & Co, Londres, Kegan Paul, Trench, Trubner & Co, 1932, est une reprise de certains textes du volume VIII de l'édition Bowring portant sur le langage et la logique.

En français

On dispose tout d'abord des adaptations-traductions d'Étienne Dumont qui ont fait connaître Bentham au début du XIXe siècle :

Traités de législation civile et pénale, éd. Dumont, 3 vol., Paris, 1802. Signalons que ce texte a été traduit en anglais plusieurs fois, et que c'est donc par la retraduction dans la langue d'origine que nombre de manuscrits sur la législation ont été accessibles au public de langue anglaise.

Théorie des peines et des récompenses, éd. Dumont, 2 vol., Londres, 1811.

Tactique des Assemblées législatives, éd. Dumont, 1816.

Traité des preuves judiciaires, éd. Dumont, 1823.

De l'organisation judiciaire et de la codification, éd. Dumont, 1828.

On dispose de trois publications récentes : une réédition par Michelle Perrot du *Panoptique*, Paris, Belfond, 1977, avec un entretien de Michel Foucault ; une traduction récente, par J.-P. Cléro, du *Fragment sur le gouvernement*, suivi du *Manuel de sophismes politiques*, Paris, LGDJ, 1996, accompagnée d'une introduction ; une traduction de l'édition d'Ogden a été publiée par l'Association internationale de psychanalyse en 1996, sous le titre de *Théorie des fictions*.

II. Commentaires

Sur les fictions benthamiennes

BOUVERESSE J., « La théorie des fictions chez Bentham », in *Regards sur Bentham et l'utilitarisme*, Recherches et Rencontres, Genève, Librairie Droz, 1993.

CLÉRO J.-P., « La théorie des fictions chez Jeremy Bentham », in *Nouvelles de la République des Lettres*, Naples, Prismi, 1993, II, p. 47-71.

—, « La réflexion benthamienne sur les mathématiques », in *Revue de synthèse*, Centre international de synthèse, Paris, Albin Michel, 1997.

HARRISON R., *Bentham*, Londres, Routledge and Kegan Paul, 1983.

LAVAL C., *Jeremy Bentham, le pouvoir des fictions*, Paris, PUF, 1994.

—, « Le "sense of interest" de Jeremy Bentham », in *Œconomia*, série PE, n° 18, décembre 1993.

—, « Fiction et utilité chez Bentham », in *La Revue du MAUSS*, n° 6, 2e semestre 1995.

MARI E., « J. Bentham : du souffle pestilentiel de la fiction dans le droit à la théorie du droit comme fiction », in *Revue internationale d'études juridiques*, n° 15, 1985.

MILLER J.-A., « La machine panoptique de J. Bentham », in *Ornicar*, n° 3, 1975.

OGDEN C. K., introduction à la *Bentham's Theory of Fictions*, Londres, Kegan Paul, Trench, Trubner & Co, 1932.

QUINE W. V. O., *Theories and Things*, Cambridge, Mass., Londres, Harvard University Press, 1981.

SKORUPSKI John, *English-Language Philosophy, 1750-1945*, Oxford University Press, 1993.

SOUBBOTNIK M.-A., « Le tissu de la fiction : approche de Bentham », in *Revue du littoral*, n° 36, octobre 1992.

WIDSDOM J., *Interpretation and Analysis in Relation to Bentham's Theory of Definition*, Londres, Kegan Paul, 1931.

Autres commentaires sur l'œuvre de Jeremy Bentham

Actualité de la pensée juridique de Jeremy Bentham, ouvrage collectif sous la direction de Gérard P., Ost F., Van de Kerchove M., Bruxelles, Facultés universitaires Saint-Louis, 1987.

BAUMGARDT D., *Bentham and the Ethics of Today*, Princeton, 1952.

BINOCHE B., *Critiques des droits de l'homme*, Paris, PUF, 1989.

CAMPOS BORALEVI L., *Bentham and the Oppressed*, Berlin-New York, De Gruyter, 1984.

DINWIDDY J., *Bentham*, Oxford University Press, 1989.

FOUCAULT M., *Surveiller et Punir*, Paris, Gallimard, 1976.

GUIDI M., *Il sovrano e l'imprenditore*, Bari, Laterza, 1991.

HALÉVY É., *La Formation du radicalisme philosophique*, 3 vol., Paris, 1901 ; rééd. PUF, 1995.

HART H. L. A., *Essays on Bentham*, Oxford University Press, 1982.

HUME L. J., *Bentham and Bureaucracy*, Cambridge University Press, 1981.

KEETON G. W. et SCHWARZENBERG G., *Jeremy Bentham and the Law*, Londres, 1948.

KELLY P. J., *Utilitarianism and Distributive Justice, Jeremy Bentham and the Civil Law*, Oxford, 1990.

LYONS D., *In the Interest of the Governed*, Oxford, 1973.

MACK M. P., *Jeremy Bentham : an Odyssey of Ideas, 1748-1792*, Heinemann, Londres, 1962.

OGDEN C. K., *Jeremy Bentham, 1832-2032*, Bentham Centenary Lecture, 1932.

PAREKH B., *Jeremy Bentham, Ten Critical Essays*, Londres, 1974.

POSTEMA G. J., *Bentham and the Common Law Tradition*, Oxford, Clarendon Press, 1986.

—, *Regards sur Bentham et l'utilitarisme*, sous la direction de Mulligan K. et de Roth R., Recherches et Rencontres, Genève, Librairie Droz, 1993.

ROSEN F., *Jeremy Bentham and Representative Democracy*, Oxford University Press, 1986.

ROSENBLUM N., *Bentham's Theory of the Modern State*, Cambridge, Mass., Harvard University Press, 1978.

SEMPLE J., *Bentham's Prison : a Study of the Panopticon Penitentiary*, Oxford, 1993.

STEINTRAGER J., *Bentham*, Londres, George Allen and Unwin, 1977.

STEPHEN L., *The English Utilitarians*, 3 vol., Londres, Duckworth and Co., 1900.

III. Numéros spéciaux de revues consacrés à Bentham ou à l'utilitarisme en général

« L'utilitarisme des origines », *Œconomia*, PE, n° 18, PUG, décembre 1993.

« Qu'est-ce que l'utilitarisme ? », *La Revue du MAUSS*, n° 6, 2e semestre 1995, La Découverte.

On trouve dans la revue *Utilitas*, publiée par Oxford University Press et Edinburgh University Press, de nombreux articles sur l'utilitarisme et en particulier sur J. Bentham.

Index des textes et des passages cités de Bentham

Les textes cités dans l'index renvoient aux éditions accessibles en anglais ou en français. Les titres sont donnés en français lorsqu'il existe une traduction disponible.

Anarchical Fallacies 207.
Chrestomathia 14, 18, 31, 32, 34, 38, 41, 42, 46, 58, 73, 216, 228, 235, 236, 237.
Commentary on Humphreys'real property code, 257.
Constitutional Code 18, 45, 68, 221, 258.
Defence of usury 232.
De l'organisation judiciaire et de la codification 12.
Deontology 9, 15, 16, 28, 32, 41, 44, 50, 51, 56, 59, 64, 231, 232, 258.
Essay on Language 15, 35, 61, 71, 72, 73, 74, 83, 121, 205, 206-7, 213-215, 216-219, 242-3, 255, 256.
Essay on Logic 71, 73, 210, 226, 229, 231, 247-8, 252, 253, 254, 255, 256.
Fragment on Ontology 72, 74, 81, 199.
Fragment sur le gouvernement 13, 18, 58, 67, 69, 259.
Introduction to the Principles of Morals and Legislation 14, 18, 50, 51, 53, 55, 67, 215, 236, 257.
Logical Arrangements and Instruments of Discovery 18, 204-205, 211.
Manuel de sophismes politiques 13, 36, 40, 43, 44, 45, 46, 47, 49, 225, 231.
Nomography 18, 19, 227, 228, 256.
Of Laws in General 18, 40, 220, 221-223, 228.
Of Ontology 11, 17, 32, 38, 58, 62, 69-76, 81, 205, 208, 209, 219, 229, 235, 240.
Pannomial Fragments, 18.
Plan of Parliamentary Reform, 67-68.
Rationale of Judicial Evidence 47.
Rationale of Reward, 258.
Table of the Springs of Action 28, 41, 44, 50, 51, 53, 56, 64, 231, 232, 250.
Tactique des Assemblées parlementaires 12.
Théories des peines et des récompenses 12, 230.
Traités de législation civile et pénale 12, 19, 68.
Traité des preuves judiciaires 12.
Universal Grammar 244, 245, 246, 247.

Index des noms propres

Alembert (Jean Le Rond d') 13, 31, 197, 204-5.
Archimède 35,
Aristote 44, 69, 145, 147, 185, 209, 225, 226, 234, 235, 239, 240, 241, 252, 266, 267, 268.
Bacon (Francis) 229.
Bayes (Tomas) 27, 38, 41, 42, 43, 48, 49, 54, 55, 238.
Beccaria (Cesare) 9, 67.
Bentham (George) 29, 73.
Bentham (Jeremy)
Biographie 9, 19, 67-68.
Bibliographie 72, 75, 196.
Bentham Project 70, 74, 76.
Bergson (Henri) 35.
Berkeley (George) 10, 13, 21, 22, 24, 29, 34, 37, 39, 40, 67, 183, 185, 205, 206, 220.
Bernoulli (Jacques) 41, 44, 46, 51.
Binoche (Bertrand) 202.
Blackstone (Sir William) 67, 200.
Boswell (James) 183.
Bouveresse (Jacques) 245.
Caillé (Alain) 10.
Campos Boralevi (Lea) 232, 234.
Cicéron, 9.
Colls (John Flowerdew) 71, 72.
Colomb (Christophe) 258, 265.
Condillac (Étienne Bonnot de) 67, 215, 255.
Copernic (Nicolas) 269, 271, 272.
Cot (Annie) 202.
Descartes (René) 60.
Diderot (Denis) 10.
Dumont (Étienne) 11, 12, 20, 68, 76, 196, 202, 230, 267.
Durkheim (Émile) 11.
Finch (Henry) 209.
Foucault (Michel) 10, 62, 63, 64, 230, 258, 263-265.
Fourier (Charles) 62, 265.
Frege (Gottlob) 272.
Freud (Sigmund) 267, 268.
Galilée (Galileo Galilei, dit) 15, 145.
Gassendi (Pierre) 42.
Guyau (Jean-Marie) 11.
Halévy (Élie) 9, 11, 14, 18, 32, 52, 54, 57, 59, 61, 62, 63, 64, 223, 263.
Hamilton (William Rowan) 26.
Harris (James) 239, 240, 241.
Harrison (Ross) 245.
Hazlitt (William) 76.
Hegel (Georg Wilhelm Friedrich) 10, 261, 263, 266.
Helvétius (Claude-Adrien) 57, 67, 262.
Hobbes (Thomas) 32, 33, 39, 40, 209, 261.
Holbach (P. H. Thiry, Baron d') 262.
Hume (David) 13, 14, 15, 16, 21, 23, 24, 25, 26, 27, 28, 29, 32, 33, 38, 39, 40, 42, 43, 47, 48, 54, 56, 59, 60, 61, 64, 67, 139, 206, 257, 271.
Hutcheson (Francis) 9, 46, 51.
Jakobson (Roman) 10, 266.
Johnson (Samuel) 183, 205-6.
Jussieu (Bernard de) 260.
Kant (Emmanuel) 25, 263.
Kantorowicz (Ernst) 197.

Lacan (Jacques) 10, 62, 196, 197, 252, 266-269.
La Ramée (Pierre) 229.
Legendre (Pierre) 200.
Leibniz (Gottfried Wilhelm) 21, 22, 24, 35, 36, 43, 60, 220,
Linné (Carl von) 229, 260,
Locke (John) 21, 22, 24, 29, 34, 37, 42, 67, 224, 239, 240, 261, 270, 271.
Mackintosch (Charles R.) 59.
Marx (Karl) 55, 56, 62, 63, 202, 224, 261-263.
Maupertuis (Pierre Louis Moreau de) 52.
Mill (John Stuart) 47, 59, 259-261.
Miller (Jacques-Alain) 12, 245.
Moïse 177.
Newton (Isaac) 32, 37, 145.
Ogden (Charles K.) 10, 11, 72, 269, 273.
Pascal (Blaise) 10, 22, 35, 43, 47, 51, 55, 60, 237.
Paul (saint) 177, 181.
Platon 53.
Porphyre 229.
Priestley (Joseph) 9.
Quine (Willard Von Orman) 22, 219, 224, 234, 245, 269-273,
Russell (Bertrand) 55, 245, 272, 273,
Sanderson (Robert) 69, 185.
Sextus Empiricus 21.
Skorupski (John) 213.
Smith (Adam) 18, 50, 79, 250.
Smith (Thomas Southwood) 68, 72-73, 74, 83, 121.
Soubbotnik (Michaël A.) 245.
Spinoza (Baruch) 35,
Stewart (Dugald) 59.
Thomas (Yan) 197, 198, 200, 201.
Tocqueville (Charles Alexis de) 11.
Tooke (John Horne) 22, 219, 223, 224, 240, 241, 249, 270, 271.
Tort (Patrick) 224.
Voltaire (François Marie Arouet) 67, 205.
Warburton (William) 224.
Whitehead (Alfred North) 273.
Wilkins (John) 240.
Wittgenstein (Ludwig) 273.

Index des notions

abréviation 109, 224, 244.
absence 153.
acte, action 9, 11, 16, 17, 27, 43, 45, 59, 61, 99, 103, 111, 113, 115, 131, 133, 135, 137, 139, 141, 145, 151, 161, 189, 193, 198, 199, 220, 222, 223, 226, 227, 228, 231, 235, 236, 242, 243, 245, 249, 251, 255.
agent, patient 131, 133, 135, 137, 141, 149, 151, 193.
aggregate, aggregation 119, 209, 229-230.
  ensemble 119, 120, 169, 191, 209, 210.
  exhaustivité 119, 120, 143, 169, 171, 179, 229, 230, 255, 256.
âme, animé 74, 135, 165, 169, 171, 175, 177, 179, 205, 230.
ange 74, 165, 169, 179, 181.
archétype 111, 121, 123, 125, 187, 189, 212, 214, 216, 248-252.
argent 33, 56, 57, 58, 63, 222, 231, 232, 233, 234, 250, 261, 263.
auteur 39, 40, 133, 137, 139, 199, 222, 230, 237.
autorité, autorisation, maîtrise 24, 28, 31, 39, 40, 43, 44, 45, 46, 145, 147, 159, 177, 225.
bifurcation, trifurcation 12, 169, 171, 229.
bon, mauvais 56, 99, 135, 149, 151, 267, 268.
bonheur, malheur 14, 15, 19, 30, 50, 51, 55, 171, 198, 204, 209, 221, 224, 225, 226, 228, 229, 231, 232, 234, 235, 256, 257, 268.
but, fin 115, 135, 149, 151, 185, 187, 199, 205, 225, 252, 262.
capital 78, 79, 250, 255, 256, 257.
caractère 101, 103, 173.
cause, effet 23, 24, 26, 29, 38, 39, 40, 99, 103, 113, 129, 131, 133, 137, 139, 141, 143, 145, 149, 151, 159, 191, 206, 215, 237, 238.
certitude, incertitude 41, 51, 52, 57, 60, 115, 143, 153, 155, 206.
champ 115, 117, 123, 145, 147, 157, 175, 195, 198, 204, 214, 219, 226, 235, 248.
chance 16, 17, 26, 29, 37, 57, 217, 237, 238.
  théorie des chances 27, 31, 38-49, 52, 230, 237.
circonstances 43, 52, 141, 143, 145, 147, 149, 185, 187, 217, 221, 222, 231.
classement, classification 24, 27, 28, 29, 32, 48, 75, 85, 121, 133, 169, 171, 177, 179, 181, 183, 204, 211, 218, 229, 230, 235, 239, 240, 259.
common law 19, 20, 200.
communication 83, 87, 199, 227, 242, 243, 246, 250, 252, 253, 255, 256.
contradiction 11, 15, 16, 25, 26, 34, 81, 95, 155, 157, 177, 196, 206, 213, 260.
corps, corporel 28, 89, 91, 93, 95, 97, 99, 105, 109, 113, 115, 117,

129, 131, 133, 135, 137, 141, 143, 149, 157, 163, 165, 167, 169, 171, 173, 175, 179, 181, 183, 185, 187, 189, 191, 193, 205, 206, 207, 209, 216, 217, 220, 222, 223, 229, 231, 236, 242, 243, 244.
croyance 16, 27, 40, 41, 42, 56, 57, 60, 61, 175, 177, 203, 205, 206, 209, 241, 242.
définition (contextuelle) 101, 175, 205, 207, 210, 211, 214, 243, 245, 254, 263, 270-271, 272.
démocratie 45, 47, 49, 68, 202, 223, 224, 235, 258.
déontologie 15, 17, 50, 52, 53, 68, 257-8.
dessein 125, 135, 151.
dieu 17, 23, 28, 39, 74, 139, 141, 165, 169, 171, 175, 177, 179, 183, 205, 206, 209, 236, 237.
droit 19, 20, 24, 33, 61, 68, 159, 200-203, 204, 207, 212, 213, 215, 220, 221, 222, 223, 224, 225, 230, 245, 250, 256, 257, 258, 267.
dynamique psychologique 19, 22-23, 26, 29, 39, 48, 64, 230-231.
ellipse 244, 245, 246.
empirisme 25, 245, 269, 270.
entités fabuleuses, imaginaires 80, 81, 86, 87, 196, 199, 204, 208-209, 221, 222, 236, 248.
entités fictives 12, 13, 15, 16, 17, 18, 20, 23, 27, 28, 29, 30, 31, 32, 34, 35, 40, 50, 60, 69, 71, 72, 79,80-193, 196, 203-205, 207-208, 208-209, 210, 211, 212, 214, 215, 218, 221, 223, 226, 231, 235, 240, 245, 247, 248, 252, 258.
- entités fictives du droit 21, 36, 209, 220-223, 240.
- non-entités 82, 85, 87, 151, 179.
- ordre des entités fictives 30, 32, 33, 35, 41, 165, 167, 187, 209, 210, 213, 219-220, 235.

entités inférentielles 27, 28, 29, 74, 139, 143, 145, 163, 165, 169, 171, 173, 175, 177, 179, 181, 183, 205, 206, 208.
entités perceptibles 27, 163, 165, 169, 171, 173, 177, 181, 205, 206, 208.
entités réelles 12, 15, 16, 23, 27, 28, 30, 31, 32, 34, 35, 40, 50, 60, 61, 69, 71, 72, 80-193, 203-205, 205-207, 211, 212, 213, 214, 222, 223, 226, 235, 240, 241, 243, 247, 248, 251, 252.
ergastique, inergastique 133, 135.
espace 25, 26, 42, 89, 95, 103, 105, 187, 189, 191, 199, 209, 216, 240.
espérance 16, 20, 31, 37, 44, 51.
esprit 28, 42, 83, 85, 107, 111, 147, 157, 199, 208, 212, 216, 217, 218, 225, 226, 229, 230, 242, 243, 249, 251, 260, 263.
état de choses 129, 153, 155, 212, 215, 222,
existence, non-existence 87, 89, 93, 95, 103, 129, 149, 151, 153, 165, 169, 171, 177, 181, 183, 185, 187, 203, 205, 207, 209, 218, 242, 245, 247, 248, 254.
expectation (voir aussi espérance) 16, 61, 112.
expérience 11, 40, 43, 151, 157.
exposition 83, 157, 210, 211, 213, 214, 215, 251, 257.
faculté 14, 87, 101, 113, 115, 161, 173, 179, 208, 213, 228, 229, 230, 231, 249, 254.
fallacy, fallace ou sophisme 12, 20, 24, 36, 42, 58, 60, 61, 70, 202, 204, 210, 222, 225, 226, 234, 260, 261.
fausseté (*falsehood*) 201, 202, 203, 206, 216, 225.
fictio 197, 198, 200-203.
fiction
- diversité des significations 20, 196, 197, 198-199, 260.
- fictions juridiques 20, 36, 159, 197-198, 199, 200-203, 209, 225.

fictions logiques ou mathématiques 25, 36, 37, 187, 198, 199, 209, 227.
théorie des fictions 11, 12, 13, 18, 21, 26, 30, 36, 37, 41, 43, 48, 58, 59, 60, 63, 64, 65, 69, 195, 196-197, 198, 199, 200, 206, 221, 223, 234, 235, 236, 237, 239, 245, 250, 258, 267, 271.
traduction de *fiction* et *fictitious* 18-19, 20, 72, 80, 81, 196-198, 208, 240, 267.
fluxions (théorie des) 15, 16, 26, 27-37, 43, 216, 230.
force de persuasion 48, 159, 179.
force probatoire 29, 43, 44, 45, 48, 61, 157, 175.
forme 89-91, 97, 99, 103, 141, 149, 159, 179, 191, 211, 214, 227, 228, 235, 240, 252, 253-256, 263.
genèse 32.
histoire 30, 31, 62, 64, 65, 177, 212, 213, 215, 222, 224, 236, 244, 254, 263, 265, 266, 268.
idées, idées abstraites 21, 22, 23, 26, 27, 28, 29, 31, 32, 34, 42, 83, 91, 125, 127, 151, 171, 173, 181, 183, 212, 216, 217, 218, 219, 220, 222, 223, 224, 228, 230, 241, 244, 254, 256, 269, 270, 271.
identité, diversité 18, 23, 39, 101, 103, 107, 264.
idéologie 59, 64, 65, 224.
imagination 41, 81, 119, 151, 155, 173, 179, 189, 196, 207, 218, 225, 229, 234.
import 80, 84, 106, 143, 163, 248-252,
importance 123-125, 251.
impossibilité 85, 103, 153, 155, 157.
impression 23, 25, 26, 27, 28, 53, 173, 222.
in, dans 91, 97, 99, 109, 167, 184-185, 186-187, 189, 193, 217, 218, 221, 248.
individu 14, 29, 89, 119, 173, 187, 191, 205, 207, 209, 215, 227, 231, 232, 233, 234, 254, 257, 262, 264, 265.
influence 141, 143, 145, 147, 149, 227, 232, 233, 235, 251.
inhérence 97, 99, 241, 247, 252.
instrument 83, 127, 133, 135, 139, 199, 201, 204, 221, 224, 225, 226, 230, 231, 232, 233, 242, 249, 251, 254, 255.
integer 243.
intérêt 18, 19, 46, 51, 55, 63, 99, 133, 147, 202, 213, 224, 231, 232, 233, 249, 250, 251.
sinister interest 12, 199, 201, 221, 225, 234.
international 155, 234, 257.
jusnaturalisme (droit naturel) 64, 202, 207, 220, 221.
justice 10, 201, 204, 242.
langage 11, 12, 13, 18, 20, 21, 22, 29, 30, 31, 33, 34, 35, 36, 37, 40, 41, 42, 55, 58, 64, 68, 69, 70, 71, 73, 74, 75, 79-193, 195, 196, 197, 198, 199, 202, 203, 204, 206, 207, 208, 209, 210, 212, 214, 215, 216, 217, 219, 222, 224, 225, 226, 227, 228, 229, 232, 234, 235, 237, 241, 242, 243, 244, 246, 248, 249, 250, 251, 252, 253-256, 260, 261, 262, 267, 269, 271, 272.
langue et politique 19, 30, 171, 197, 210, 223-224, 233, 234.
langue matérielle et langue immatérielle 113, 212, 215-219, 230, 241, 249.
législateur, législation 15, 17, 52, 53, 64, 65, 177, 197, 209. 220, 231, 258.
lettre 125, 244, 246, 253.
libéralisme, liberté 19, 63, 221, 224.
lieu 91, 95, 103, 105, 107, 109, 153, 161, 175, 185, 187, 189, 214, 215, 240, 241.
limite 93, 95, 97.
logique de la volonté 19, 227.

logique utile 69, 181, 211, 225-227, 230.
loi 18, 19, 28, 39, 40, 55, 145, 202, 221, 222, 223, 227, 228; 258.
manuscrits 69-76, 230, 285.
matière, matériel 34, 37, 39, 42, 89-91, 95, 97, 99, 103, 117, 123, 131, 141, 149, 185, 191, 199, 216, 217, 218, 223, 224, 231, 233, 234, 235, 236, 246, 250, 254, 263.
meaning 27, 205, 241, 248-252, 271.
méthodisation 83, 210.
méthodisation ou arrangement 228-229, 229, 259.
morale, éthique 10, 38, 57, 64, 147, 159, 197, 203, 204, 213, 214, 226, 231, 232, 233, 235, 237, 256, 257, 260, 266.
mouvement, repos 15, 32, 95, 97, 103, 109, 111, 113, 129, 131, 133, 135, 137, 141, 143, 149, 167, 169, 171, 189, 191, 193, 199, 219, 220, 231.
naturalisme 25, 236.
nature 14, 16, 39, 101, 208, 221, 226, 236-237, 252.
néant 131, 153.
nécessité 133, 153, 155, 199, 228.
néologismes 155, 231, 256-258.
nombre 93, 157, 185, 239, 244.
nomographie 18, 19, 227-228, 254.
objet 16, 23, 35, 58, 83, 85, 87, 99, 101, 109, 113, 115, 117, 119, 131, 139, 155, 157, 173, 175, 207, 210, 212, 215, 216, 217, 218, 223, 229, 230, 234, 236, 242, 243, 246, 252, 260, 268.
objet de la communication 83, 207, 341-343,
obligation, droit 19, 20, 159, 161, 212, 213, 214, 215, 221, 223.
obstacle 141, 143, 147, 222.
ontologie 70, 74, 79, 81, 83, 105, 163, 181, 234-235, 271.
opération 125, 129, 133, 135, 141, 147, 211, 212, 214, 216, 222, 223, 228, 230, 231, 241, 247.
ordre 103, 123, 159, 165, 169, 185, 204, 213, 229, 238.
pannomion 20, 258.
panopticon, panoptique 12, 62, 63, 229, 258, 263-5.
paraphrase 12, 60, 75, 157, 210-215, 215, 216, 220, 221, 245, 262, 271.
passion 14, 26, 39, 42, 49, 50, 51, 53, 55, 103, 111, 147, 189, 193, 207, 223, 232, 234, 235, 249, 250, 260.
pathématique, apathématique 173.
pathologie mentale 19, 231.
perception 23, 29, 53, 81, 101, 121, 173, 175, 177, 179, 181, 183, 193, 206, 215, 216, 222, 230.
personne 27, 28, 99, 133, 183, 205, 209, 222, 223, 225, 237.
phraséoplérose 211, 214.
plaisirs, douleurs 14, 15, 28, 49, 50, 51, 52, 53, 56, 57, 99, 135, 151, 159, 161, 183, 199, 205, 206, 211, 212, 213, 214, 234, 236, 244, 250, 260, 269.
calcul des plaisirs et des douleurs 15, 17, 24, 30, 33, 42, 49-58, 145, 147, 202, 221, 229, 231, 232, 233, 234.
possibilité 103, 237, 244.
pouvoir 20, 31, 62, 63, 87, 115, 131, 147, 157, 159, 179, 181, 193, 201, 208, 220, 221, 223, 227, 234, 239, 262, 263, 264, 265.
prédication 87, 151, 206, 214, 241, 247-248.
préposition 111, 187, 189, 212, 217, 240, 241, 270.
principe d'utilité 9, 14, 20, 44, 49, 50, 61, 213, 221, 226, 230, 231, 232, 233, 256.
probabilité 16, 28, 37, 38-49, 52, 53, 55, 57, 58, 121, 141, 153, 177, 193, 204, 206, 231, 237, 238.
production, productif ; improductif 131, 135, 141, 143, 149, 159, 222, 228, 235, 237, 241.

progrès 30, 31, 233, 241, 266, 267.
proposition 22, 35, 44, 91, 155, 157, 163, 195, 203, 209, 210, 211, 214, 215, 221, 228, 233, 238, 239-241, 243-246, 245, 246, 247, 250, 251, 252, 253, 260, 270.
propriété 19, 20, 61, 95, 97, 159, 208, 221, 227, 232, 241, 253-256, 255-256, 260.
qualité 56, 83, 85, 97, 99, 101, 103, 119, 151, 153, 155, 169, 175, 185, 193, 206, 218, 221, 229, 233, 241, 247, 248, 255, 256.
quantité 32, 35, 46, 56, 89, 93, 95, 97, 99, 103, 107, 131, 137, 141, 143, 147, 155, 185, 189, 193, 232, 233, 237, 241.
radicalisme 16, 31, 61, 68, 223.
relation 32, 56, 87, 99, 101, 103, 105, 121, 129, 137, 149, 165, 193, 227, 231, 235, 247, 250, 257, 261, 262, 263, 270.
relativisme 31, 153, 187, 189, 191, 193.
religion 38, 45, 47, 68, 159, 177, 181, 208, 214, 232, 234, 242.
sanction 159.
scepticisme 15, 16, 23, 24, 25, 28, 30, 48.
sens, signification, portée 22, 23, 29, 34, 42, 47, 75, 80, 81, 85, 187, 196, 199, 203, 205, 210, 211, 212, 217, 218, 219, 223, 224, 240, 241, 243, 245, 246, 248-252, 260, 262, 270, 271, 272.
sensation 15, 22, 23, 49, 52, 151, 163, 165, 171, 173, 177, 183, 185, 205, 206, 208, 209, 213, 214, 215, 216, 217, 222, 223, 234, 242, 244, 270.
sensualisme 15, 208.
signe 83, 123, 125, 127, 217, 218, 222, 242, 247, 251, 252, 253, 254, 266.
somatologie 163.
subalternation 103, 119.
subject-matter 117.
substance, substantif 89, 97, 151, 165, 169, 181, 183, 185, 187, 189, 203, 204-205, 208, 209, 218, 220, 221, 231, 232, 233, 240, 241.
sujet 113, 115, 117, 169, 189, 211, 212, 214, 216, 217, 232, 233, 241, 243, 245, 247, 252, 259.
symbole, symbolique 127, 197, 203, 221, 266, 267, 268.
temps 103, 105, 107, 109, 123, 131, 153, 155, 161, 167, 187, 189, 209, 228, 240.
termes
  dyslogistiques 50, 59, 198, 231-234, 233, 251.
  eulogistiques 50, 198, 228, 231-234, 233, 251.
  neutres 50, 198, 231-234, 251.
thélématique, athélématique 131, 133, 135, 137.
tout (totalité) et parties 93, 95, 107, 191, 230, 239-241, 243, 246.
type 125, 244, 251.
utilitarisme 9, 10, 13, 15, 16, 17, 27, 56, 60, 61, 62, 69, 195, 197, 198, 221, 226, 251, 266, 268, 269.
utilité 10, 14, 44, 60, 61, 63, 181, 204, 228, 232, 233, 256, 257, 261, 261, 262.
valeur 10, 14, 20, 33, 37, 45, 48, 49, 57, 59, 60, 61, 159, 204, 225, 228, 250, 262, 263, 266.
vérité 10, 16, 30, 34, 35, 36, 41, 45, 47, 48, 53, 59, 60, 61, 65, 85, 157, 183, 197, 200, 201, 203, 204, 207, 216, 252, 267.
volonté, volition 10, 43, 113, 115, 125, 131, 133, 161, 179, 200, 207, 218, 222, 227, 242, 249, 251.
work, travail 33, 132, 133, 135, 139, 141, 143, 228, 232, 237, 244.

Concordance entre les manuscrits et la présente édition de *Of ontology*

Parties	Manuscrits	Dates
Titre	CII, 21	23 septembre 1814
Introduction	CII, 3	25 septembre 1814
§ 1	CII, 21-25	23 septembre 1814
§ 2	CII, 35-39	25-26 septembre 1814
§ 3	CII, 40-42	27-28 septembre 1814
§ 4	CII, 43-47	28-29 septembre 1814
§ 5	CII, 48-50	28 septembre 1814
§ 6	CII, 51-54	29 septembre 1814
§ 7	CII, 55-56	29 septembre 1814
§ 8	CII, 468-471	30 septembre 1814
§ 9	CII, 57-73	29-30 septembre et 2 octobre 1814
§ 10	CII, 74-77	2-3 octobre 1814
§ 11	CII, 78-79	25 septembre 1814
Annexe A	CII, 2	23 juillet 1813
Annexe B	CII, 7, 16-17, 19, 8, 20	7 juillet 1821
Annexe C	CII, 13-14, 9-11	26-27 septembre 1814
	CII, 12	23 juillet 1814
	CII, 15	25 septembre 1814
Annexe D	CII, 27-34	20-21 août 1813

TABLE

Liste des sigles 8
Introduction 9
Biographie 67
Note sur la présente édition 69
Of Ontology / De l'ontologie 77
Glossaire 195
Dossier de textes 259
Bibliographie 275
Index des textes et des passages cités
de Bentham. 279
Index des noms propres 281
Index des notions. 283
Concordance entre les manuscrits
et la présente édition de *Of Ontology*. 288

RÉALISATION : ATELIER GRAPHIQUE DES ÉDITIONS DE SEPTEMBRE, PARIS
IMPRESSION : MAURY-EUROLIVRES S.A. À MANCHECOURT (LOIRET)
DÉPÔT LÉGAL : OCTOBRE 1997 – N° 32332 (97/09/60770)